日本古代史の「病理」

戦争体験を風化させる学界の風潮

相原精次
Seiji Aihara

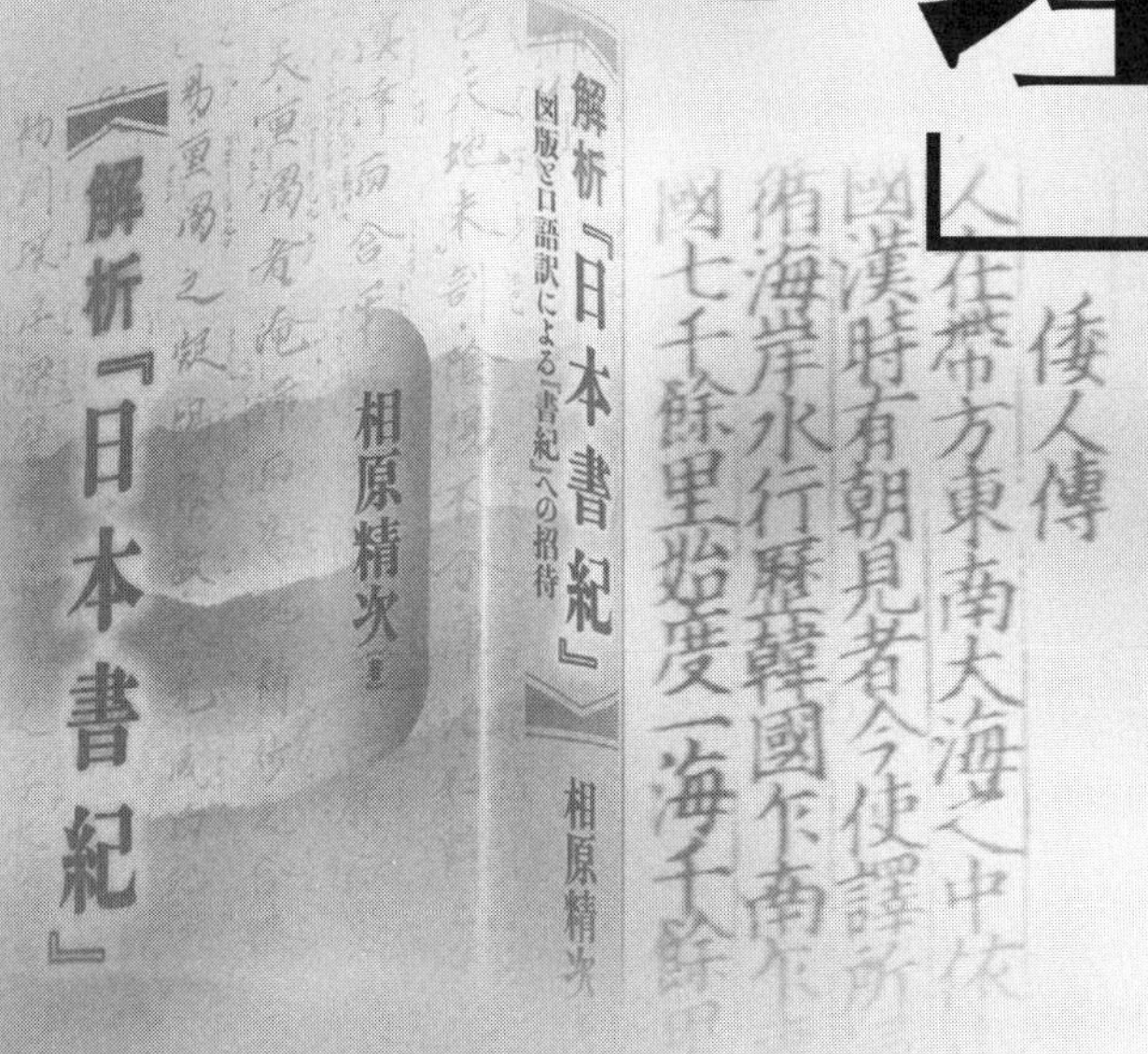

彩流社

目　次／日本古代史の「病理」

序章　「古代史」の現状——戦後七十年の忘れ物とその中身

「日・中古文献」の恣意的な読み

私はこの本のテーマを「日本古代史の病理」とした。この「病理」とは何か。それは、文献の「恣意的な読み」のことであり、そのことによって発生していた歴史研究のゆがみの問題である。そしてその「ゆがみ」を述べるにあたって「古代史」に絞ってタイトルとした理由は何だったのか。実は戦前に展開していた「古代史」は「近代が造った」ものであり、タイトルの「日本古代史の病理」というのは「近代の病理」と言いかえることも可能な問題であり、さらにそこに、それが十分払拭し切れていない「現代という時代の病理」という意味もこめている。いやそれは、「現代社会での古代史の病理」という方が正しいだろう。

わが国の「古代史」は、近代(明治維新から第二次世界大戦の終戦まで)の中で、時とともに微妙に変質していた。つまり「古代史」は近代の中での「生き物」でもあった。この生き物としての古代史が、エネルギーとして作用して、以下のような戦争の繰り返しであった時代を、縁の下から支えていたのである。

初めの頃は東アジアをその活動範囲として展開し、それが世界を舞台としての戦争への突入と広がり、その果ては日本各地の主要都市が空爆され、広島・長崎への原爆投下、という悲惨な結末となった。戦時の日本全国に及んだ空襲の状況をまとめた表が一八八ページにあるので、参照されたい。これが「戦前」という時間の終末だった。

そこに展開した大きな戦争を年表風に列挙すると以下のようになる。

1　一八九四(明治二七)年、日清戦争
2　一九〇四(明治三七)年、日露戦争
3　一九一四(大正　三)年、第一次世界大戦

4　一九三七（昭和一二）年、日中戦争（盧溝橋事件）

5　一九四一（昭和一六）年、太平洋戦争へ突入（真珠湾攻撃以降）

このようにわが国の近代の歩みを確認する際、戦争を避けては語ることができないのだが、その背後に「古代史の捏造」という現象が介在し、それを下地として「政策と古代史の造作」はあたかも併走するかのようにともに歩んでいたのだった。

こうした過去を感情的に糾弾してみたところで何の意味もないと思っている。だがしかし、こうした戦争がどのようにして起きたのかを、ありのままに確認し、そこにあった問題をしっかり分析することは重要なことで、そのことと感情的な糾弾とは全く意味のちがうものであると私は思っている。そして、戦争にあけくれたことと不離一体にリンクしていたのが「古代史のゆがみ」という問題だったことは今述べた。

この戦前の歴史問題については戦後、焼け野原の中で繰り返し語られては来た。それは焼け野原の中の小・中学校に満ちていたエネルギーでもあったように、今さら思い出す。

一九四二（昭和一七）年の生まれである私自身は横浜での空襲に遭遇している。ただ親の背中にあってのことで、自分の空襲の体験は記憶の外のことになる。そういう意味では実質上戦争体験はなかったと言え、戦争にかかわる記憶としては戦後の焼け野原の風景という間接的な状況認識に過ぎなかった。そうした記憶から今日まで、七十有余年を経過している。

私自身が小学校・中学校と過ごした一九五〇年代を振り返ると、まず小学校ではその年代なりに「クラスの問題はみんなで話し合って決めよう」という状況だった。小学校高学年のころは、週に一度クラス討論会があって、「……についてはお互いに気をつけましょう」などという「クラス憲章」のようなものが常に討議され、作られ、更新され、教室の背後にあった黒板はクラスのニュース板のように活用されていた。

また、中学生になると、「生徒会が学校を動かすように」そんな空気が校内に充満していた。生徒会活動は活発で、クラスの代議員は月に一度の代議委員会に出て、そこでの決定をクラスに戻って伝え、生徒会役員改選期には立候補者による立ち会い演説会が活発に行われ、さらに校内弁論大会などは運動会とともに大きな学校行事でもあった。

これらを主導していたのは当然、当時の先生方だった。先生たちは自分の育った学校生活にはなかった「自由・自治」という重大なものを、せめて教え子には伝えたい、という使命感のようなものが若い先生たちに共通してあった。今にして思うと、生徒であった私自身は当然そうした先生方の重大な決心、といったものの出どころは知る由もなかったが、戦後の教育の世界にはそういったエネルギーが満ちていたな、と今にして思う。

しかし、そういった「戦前への反省」という雰囲気は「景気回復」「東洋一の……」という新しい時代の波のもとに、その後間もなくはやった「もはや戦後ではない」というキャッチフレーズと、「高度経済成長」という言葉の流行の中でかき消されていった。

ふと思う。私のこんにちの七十有余年という人生と、あの「戦争にあけくれた戦前」も同じ時間の幅だったということを。そして戦後という「七十年」は戦前とは対照的に平和な日々であり、そのことは心から幸いなことだったと思っている。

ただしかし、戦後（現代のこと。昭和の後半・平成・そして新元号の令和）に関して、私個人はある種の「自己糾弾」といった思いを加えながら「何かが不十分なまま過してきてしまったのではないか」との悔恨が排除できないでいる。

それは「戦前」のように「既に過ぎ去った過去」という認識なのではなく、現代社会で今動いており、自己がまさに能動的に立ち向かうべき問題の継続している時、という思いによる。

その思いとはどういうことかをもう少し分析してみたい。

戦前の重大な過ちは究明されたか

戦後という時間への憤りとは、戦前の「古代史のゆがみ」をありのままに分析し、正すことをしないまま流れた「戦後という七十年」だったのではないか、ということである。

たしかに「戦後」は平和が維持された。その部分では立派に責任は果たした。ただ、しかし、一方で戦前の「古代史のゆがみ」という問題には無頓着だったのではないか。あんな戦争は思い出したくもない、そんな思いがその「ゆがみ」という戦前の重大な問題を、ありのままに分析する作業をおろそかにしてきてしまったのではないか、そういう「恨み」である。

既に「戦前」は過去であり、感情的に「糾弾」してみたところで何の意味もない、とは先にも述べた。ただ過去を正しく認識し、「現代に生かす」、あるいは「今後への指針にする」、その作業をすることは、過ぎ去った時を感情的に「糾弾」することとは意味が違う。

私には戦前の「ゆがめられた古代史」がほぼ相似形で「現在も存在している」、ふとそんなことを思うことを、つたない人生の中で、時々に、さまざまな部分で感じ取ってきた。これは自分の感じた内容の正誤を問うという意味を含めて「今を生きる者」としての責任として検討するべき、そんなことを思いつつ、小さいながらこれまでも著述する機会に恵まれてきた。

しかしまだ足りない。そうした小さな部分を修正すべき、との思いのもとに、私はこのたびの著作物に「病理」の名をつけて「現行古代史への疑問」として率直に、改めて披瀝したいのである。

そして、改めて「今動きつつある現在という時」を生きている者として「検討することへの怠慢によって、過去の相似形を現代という時の中に許していたとしたら……」、そして「あるべきでないものが放置されていた、としたら」それは「今を生きる者」の、つまり進行形の「怠慢」なのではないか。「過去はさておき、現在は、今という時間は、恨むべき……」そんな思いがする。

現行「古代史」への疑問とは

現行古代史への疑問を述べるにあたって重大なある視点を基本に置いている。それは文献の「恣意的な読み」という問題についてである。

その文献とは日本古代史を語るにあたって最も重要な原典に絞って、

1　中国側に発したもの

2　わが国側に発したもの

この二つの視点から確認したいと考えている。

中国側に発した古代文献としては主に『三国志・魏書・東夷伝』であり、わが国側に発した古代史文献としては『古事記』であり『日本書紀』についてである。

そして中国側の古代文献で問うことは「倭」にかかわる記事の読み方のこと、特に「東夷伝」中の「韓」と「倭人」の条、その二つの条に記載されている「倭」の問題である。

なお、この「倭人」条に関しては一つの注釈が必要になる。それは日本古代史学の世界では一般にその「倭人」条を特に独立させて『魏志倭人伝』と呼んで、あたかもこうした名の別の本があるかのような扱い方にして語られてきた事実、その事実の中にどんな問題があるかという意味の確認のこと、とでも言うべき注釈である。

一方、わが国側の古代史文献とは何を指すか。それは『古事記』であり『日本書紀』についてである。ただ、論点を簡略にする意味から、ここで述べるのは主に『日本書紀』に絞って検討することにしたい。それというのも「神話」の問題を語る場合であれば、はずすことのできない『古事記』なのだが、ここでは主に歴史編年にかかわる問題であり、そうした古代史資料としては『日本書紀』が勝るからである。

ただ、さらに言えば『三国志・魏書・東夷伝』にしても『日本書紀』にしても原典自体、記事内容にはさまざまな検討するべき要素はあるが、資料の分析ということより以上に、それらに取り組む際の「資料利用者側」の読み方での問題ということにここでは注目することにしたい。

というのも利用する以前から「期待値」「結論の想定」が用意されていた上で資料が扱われ、読まれてきていたのではないか、という問題を主たるテーマとしてここでは確認したいからである。

言いかえれば、日本古代史を扱う中で『三国志・魏書・東夷伝』にしても、『日本書紀』についても、「ありのままに読む」という本来の姿から逸脱した形で読まれてきたという状況を確認し、その判断について読者諸氏に問うてみたいのである。

「国」とは？　「わが国」とは？

ここでの問題提起の意味を端的に述べよう。それは、古代史資料での「倭・倭人」の問題である。

さらに言えば中国側に発した古代の文献にしても、わが国側に発した古代史上の文献にしても、両者の成立した時代性を考慮しないで一律に、これらに記載されている「倭とはわが国・日本」のことである、と強引に語る日本歴史学のあり方についての問題である。

古代史を語る際の「わが国」という言葉の使い方は微妙である。さらに「日本」という国名については、「その頃、日本は……」のようには当該の文脈上、あるいは時代背景の上から、使うべきではない場合は多々あるのだが、そうした面からの検討でもある。

ところで中国文献の「倭」を「わが国」と理解するあり方は、既に江戸時代に起こっている。さらにはその発生そのものは奈良や平安時代に遡りうる。そのため「倭」を問題にする場合に一つの流れとして、当然のことかのように「倭とはわが国のことと見るのは長い伝統の中にあった」と自己の説の正当性を演出することになってしまう。ただそうした状況を不用意に使うのは問題がある、ということである。

それというのも江戸時代や、さらにそれより以前での「わが国」や「日本」という語の概念自体と、近代以降での「国」という概念認識での「わが国」論には重大な違いがあるからである。その違いの検討がないまま近代人の「国家観」で過去の時代を論じてはならないだろうという問題である。

例えば中国の「史書」を見ながら躊躇なく「当時のわが国は倭と呼ばれ…」「倭（わが国）は…」「倭（日本）は…」等々の書き方で論を展開しているのをよく目にする。私はこれらの使用のし方は間違いだと思う。二・三世紀頃の場合と七・八世紀頃の場合とでは当然違いはあるのだ。その文脈上での時代性の違いを定義した上で述べていない「わが国」表現は、両者とも正しくないと私は思っている。

時代分けの定義を持たない「わが国は…」「倭（わが国）は…」「倭（日本）は…」等々の書き方ではいつの間にか論の内容は近現代での「国家概念」中の「古代史像」、つまり「そうありたい」という予見したイメージが含まれた状態で古代を語っていることになると見ていいだろう。そのようにして語られた立論は無意識に一般読者にもおのずから組み込まれてゆく効果が発生してしまう。

現行の古代史の本を見てみよう。

現在なされているほとんどの論文なり書籍が「当時のわが国は……」「倭（わが国）は……」「倭（日本）は……」等々の書き方であると私は思っている。

そうした混乱の最も大きな原因は中国側の文献『三国志・魏書・東夷伝』「倭人」条を『魏志倭人伝』との名に作りかえて教科書のように喧伝した上で古代を語り続けてきた。それが近代の歴史学の重大なミス・リードであると私は思っている。

なかなか古代史の原典には目の通せない国民をあざむく方法として、学者同士はこのことを「承知しながら」まずほとんど全員が『魏志倭人伝』なる書名を利用し、これを使ってきた。そして学者間では、一見重大な見解の違いを議論しあっているかのように、あえて議論をディテールの違いに持って行き、互いの知識を披露しあい、たった今のテーマではないところに意識をそらさせ、認識の深さを競い合っているかのように見せかける。シンポジウムや講演などであればパネラーは一般の参加者や聴衆に敬意を抱かせるように詳細なデータをならべたてる、そんな場面も多々見てきたように思うのである。

筆者によってはその著書などでは『魏志倭人伝』という言い方を避けて『魏志』「倭人伝」と表現する場合も見られるが、それも私の知る限りほとんどが『魏志倭人伝』と言っているのと実質は変わってはいない。

私は「わが日本帝国は古代以来倭と呼ばれ……」「私たちの日本は古く倭と呼ばれ……」という根本理解から発している「古代史」はその発想において「虚偽」の中にある、と思っている。

著名な学者が、例えば東アジア全体に目を通す広大な知識と論理を持っていて、いかに滔々と論を展開していたとしても、あるいは古墳学の権威者が、いかに古墳の形態やその実態の詳細を例に挙げて語ろうとも、その論理の根本に「わが日本帝国は古代以来、倭と呼ばれ……」「私たちの日本は古く倭と呼ばれ……」との発想がある間は「知識の深さ」には敬意を感じても、本来の「学者のあるべきあり方」という点からは疑問に思わざるを得ない。そして日本古代史のほとんどの大家がこの過ちの中にある、と私には思えるのである。

言いかえれば「現行の日本史は病理におかされている」と。

この判断は知識の多寡の問題ではなく、「認識の根幹」という問題であって、このことは「ありのまま」という発想に立ったとき見えてくる問題なのである。

「ありのままに読む」とは？

先にも触れたが、たしかに江戸時代頃から中国古文献での「倭・倭人・倭国」などの問題を議論する風潮が高まっていた。そして「漢」対「わが国」という認識の中で「国粋的な思考」も出始めて「やまとごころ」という言い方の概念が語られるようになった。これは文化論としての重大な内容を含み、今後とも大切に理解しなければいけないテーマなのだと思う。ただここでの議論は別の所にある。

江戸時代以前と近・現代での国家観での「わが国」という言葉の違いは決定的である。厳密な国際交流の中での「国家観」こそ近・現代のものであり、そのことの考慮なしに、

「江戸時代には既に当時の学者が倭をわが国のことと言っているように……」

とやってはいけないと私は考える。

それは「やまと」の当て字として「倭・大和・日本」などの表現が使われ始めた時期がいつからかという検討でもある。江戸時代以前の人が「倭・大和・日本」とは「わが国」とのことと認識していたのと近代を生きる人間が持つ「国概念」とは全く別の物なのである。江戸時代以前の「わが国」とは近代のあり方と比較した場合ごく曖昧なものであり、それ以上には出ようもなかったはずである。

新井白石（一六七五～一七二五）や本居宣長（一七三〇～一八〇一）などがそれぞれの論点のもとで中国古文献『三国志・魏書・東夷伝』での「倭人」条にある記述について「邪馬台国」や「女王卑弥呼」の問題としての議論も進めた。とりわけ「邪馬台国の位置は？」という問題から「女王とある卑弥呼」とわが国側の『記・紀』などにある「天照大神（あまてらすおおみかみ）」や「神功皇后（じんぐうこうごう）」との関係についてなども話題になっていた。

ただしそこにあった「わが国観」はせいぜい平安時代以降に常識となっていた「倭・和」の概念か、それ以前に遡って

も『記・紀』編纂時・八世紀頃の「倭・和」あるいは「日本」の概念なのであり、その頃、人々は近代以降が問題とする「〇世紀成立の文献では……」という言い方での議論は厳密ではなかった。

実は『続日本紀』の時代になって「倭・倭人・倭国・大倭」という用字はあった。ただそれは今流に言えば国郡制度での「ヤマトの国」であって、奈良県程度の意味での「ヤマト」に「倭・倭人・倭国・大倭」の漢字を当てたのであり、それは時に「日本」の文字も使われた。

当然、この時代に編纂された『記・紀』にその用法はある。時には神話を語る中にも「倭」「日本」の文字は使われている。しかしここでの「倭」も「日本」も『記・紀』成立時にあった「国郡制」という状況の中での「国」の意味であり、言うなら「奈良県史」ほどの意味で理解するのが正しいのだと思う。近代の学者は江戸期に多く語られた「やまとごころ」という発想から学んだことと「歴史のありのまま」とはしっかり区別しなければならなかったはずである。

明治維新以降の「歴史」という学問では「〇世紀成立の文献では……」という検討こそが重要な問題になっていた。当然、学者もそこを議論し始めようとしていた。そうした矢先、国が「わが国の古代は神話に始まる」という方向性を打ち出し、一気に「歴史」の科学性は失われ、「古代概念」は曖昧模糊としたものに変わっていった。古代は情緒的にしか語れなくなした上で「ヤマト朝廷」の名で古代を語った。

そして「近代」はもう一つの歴史も作っていた。「近代科学としての歴史」と「神話」先行の古代とをうまく並行させ、融合させた。その方法論の重大な「文献」こそ中国に発した『三国志・魏書・東夷伝』の「倭人」条だった。これを『魏志倭人伝』という名にした「史料」として、いかにも近代科学的手法にかなった歴史であるかのように「二・三世紀」を念頭に置いた古代を語ったのである。

戦前でもその濃淡はあり、明治時代のごく初期頃は「新時代の科学」としての様子はあった。歴史における実証的な研究「辛酉革命説」に基づいて日本の紀年問題を研究し「上世年紀考」などを発表した那珂通世（一八五一〜一九〇八）などは、第一高等学校や東京高等師範学校の教授として後学を育て、東京帝国大学での直接の教え子として明治時代の歴史学を支えた白鳥庫吉などを育てている。

ただこうした歴史学の新しい波も次第に当時の国際的な関係維持のために政府によって推進されていた富国強兵政策の実践。さらに、大陸への進出方針、そしてそれらと抱き合わせで展開した国粋主義的な国内世論の喚起という方向性、こうした「国是」のあり方、これによって国の権威の介在が強まっていった。この影響をいち早く受けたのは歴史学であった。中国文献などは主に「科学としての歴史」という視点を補う資料として利用されながら、ここに「わが国の古代」という期待値が生まれ、わが国近代の歴史学は、本来あるべき「自由な研究への模索」が一気にしぼんで行く方向となったのだった。

各資料は国の方針に沿って読む。それに合わないような内容があればその部分は議論からはずす。あるいはその資料そのものを取り上げない、これが戦前の学者には強く要求され、その反動で次第に本質論とは別のところで「知識の豊富さ」を競い、無難な「形態論」で自己の発言の危なさを避けていく、という方向が顕著になっていった。

こうした状況が「戦前」と呼ばれる「近代の歴史学」であり、敗戦とともに始まった「戦後民主主義」はこうした戦前の状況をすぐに排除するはずだった。

廃墟から立ち上がるのは視覚的な復興ばかりではなく「現代での歴史学」のありかたそのものの変革への出発でもあった。たしかにそれが戦後の大きなうねりとなって展開を見せはじめてはいた。

ただそうとはいえ、一方では強烈だった過去の時代を清算できずに、戦争に明け暮れた七十有余年という時を引きずったまま流れ始めたという状況も各方面にあり、戦後の歴史学での世界はそうした状況が色濃く残ったのではないかと私は思っている。

ところで先に述べた『魏志倭人伝』という言い方のどこがいけないのか、あるいは『日本書紀』の読み方のどこに問題があるのかについては改めてⅠ章の〔古代史での「倭・大和・日本」のこと〕で述べることにする。

さて、「古代史の病理」について端的に理解しやすい問題が「古墳学」にもあると私は考える。

ここではまず「古墳」の問題に絞って、戦前から現代までの状況をたどる、そしてそのことをここ冒頭の「序」に置いて、「日本古代史の病理」というこの本のタイトルの意味を語るための第一歩としたい。

「古代史の病理」理解への第一歩――「古墳」

近代の新政府が発足してまだ間もない一八七四（明治七）年、政府から太政官布告として古墳を発掘してはならないという通達が出されている。さらに一八八〇（明治一三）年、明治政府は府県宛への宮内省の通達として「人民私有地内古墳等発見ノ届出方」という通達を出した。そして一八九九（明治三二）年には「学術技芸若ハ考古ノ資料トナルヘキ埋蔵物取扱ニ関スル件」という内務省訓令が出された。これは、古墳からの出土品に関しては「宮内省の管理」とするというもので、これら一連の通達は「古墳」に関して他の遺跡などとは違う緊張感を以て政府が対処しようとしていたことのあらわれと言えた。

こうして「古墳」への探索・検討への縛りは明治という時代の深化とともに強化されて行ったのだった。

ところで、イギリス人のウイリアム・ゴーランドは日本で「ドルメン」（古墳）について調べており、多くの実績を残した人物だった。

彼は一八七二（明治五）年一〇月に日本に招聘され大阪造幣寮（明治一〇年に造幣局と改称）の化学兼冶金技師として着任している。

その本務の傍らイギリス本国にいた頃から多少関心を持っていたドルメン（わが国の古墳のこと）に関心を寄せた。そして登山をはじめ、ボート漕法指導、日本絵画収集など、多くの分野で精力的な活動をしていた一方で、別にとりわけ強く関心を寄せたテーマがその「古墳」だった。イギリスへ帰国してからもなお研究を続けており、イギリスでその成果を論文としてまとめている。その著者『日本古墳文化論』は上田宏範校注・稲本忠雄訳によって戦後一九八一年に創元社から刊行されている。

それを見ると、ゴーランド自身が日本で手がけた石室の展開図や、古墳外形の測量図、あるいは出土品等々の画像などは今日、各地の「発掘調査報告書」などに載っている図版と遜色ないものだった。

一八八八（明治二一）年一一月に雇用期限満了により帰国。その間、一六年ほどの日本での滞在だった。

こうした活動中その行動に対して彼は次第に妙な圧迫感を感じるようになっていた。それというのも日本国内にあって「歴史」の問題は軽々に語れなくなり、とりわけ「古墳」の問題については「日本国家の成り立ち」とのからみもある問題だったため、しめつけが顕著に現れたのである。

古墳研究に関して何ら先入観のない発想にあったはずのゴーランドだったにもかかわらず、古墳探訪そのものが次第に微妙な問題となり、ゴーランドの帰国する前後の一八八七（明治二〇）年あたりになると、それはより明確になりはじめていたのだった。

同じ頃、ゴーランドに触発され、自身も古墳の調査や研究を始めたわが国の若い学者がいた。坪井正五郎である。彼は一八六三（文久三）年に江戸に生まれ、東京大学在学中の一八八四（明治一七）年に「人類学会」を創設し、その後英国に留学し、二十九歳で帝国大学理科大学教授となって人類学教室を主宰することになる人物である。

一八八六（明治一九）年、足利丘陵地帯にあった古墳群をその坪井正五郎が発掘調査している。これは近代日本における古墳の本格的な学術調査として最も早い時期のものであり、港区の芝公園内にある芝丸山古墳も一八九八（明治三一）年、同じく坪井正五郎によって発掘調査されたものであった。

ところで、日本の古代史での時代区分に「古墳時代」がある。これは四世紀代に始まり（最近は三世紀の半ばころまで遡ると言われることが多くなった）、七世紀半ば頃までの約四百年間ほどの時代を指すとされている。そしてこの時代はこの名が示しているように「古墳」が時代の中心案件である。

ただその「古墳」が、戦前の話というのではなく、現在に至っても、果たして公平な学問の対象として各地域にあるものの等々、十分に光を当てられているのかどうか、さまざまな部分で私は疑問を感じている。

おびただしい数におよぶ「古墳」の存在。でも愛情次第では「そこにある」にもかかわらず見えないものかのように放置されているのが「古墳」でもある。とりわけ戦前は関東の古墳など関心も持たれていなかった。まして古墳が東北の地にあるとは発想さえなかった。場合によってある予断のもとで、ある地域の、ある古墳は「あっては困るもの」にさえなっていた。それは決して戦前の話だけのことではない。

現在なお、私たち一般人の抱いている古墳時代へのイメージは非常に狭隘なままといえるだろう。さらにいえば、長く検討が停滞していたためか、古墳が築造された「古墳時代」についての解釈や古代史の古墳についての年代観、あるいはその背景論などは今も学者によってイメージはバラバラであるとともに、加えて「文献学」と「考古学」という言い方があって、古墳を理解しようという学問へのアプローチのしかたでの意見の食い違いもあり、結論の持って行き方も微妙にちがっている場合もある。

ただし、そうしたなかでも古墳理解のパターンにおいてある種の共通点も見られる。

その「ある種の共通点」とは、「予見」といえる。そして「予見」の期待する「結論」に合わない事例に関しては極力無視するというパターンである。古代を確認する遺跡調査や立論でも、とりわけ「古墳」の存在をからめて語る場合、そうした傾向は顕著であるように私には思える。こうしたことの実例は第Ⅳ章〔監視され、「遅延」した歴史学〕の「三　古墳時代」で改めて述べるつもりである。

とりあえず古代史の病理を語る上での象徴的な対象が「古墳」であり、ここではその古墳の問題の一端を紹介しておきたい。

それは宮崎県の西都原古墳群のことである。

「神話の国」で嫌われた古墳群

西都原古墳群は神話の国、日本建国のおおもとの国などとも言われていた宮崎県にある。つまり日向の地の古墳群である。この古墳群はざっと十三支群からなりたっている。次ページの地図はその分布の状況を示している。

総数は三二九基（前方後円墳三一基、方墳一基、円墳二九三基）である。その群中の代表的な古墳として、日本最大の帆立貝形と言われる男狭穂塚（おさほづか）古墳（墳長約一五四メートル）および、前方後円墳である女狭穂塚（めさほづか）古墳（墳長約一七六メートル）の二基がある。この二基については戦前の一九三四（昭和九）年、国の史跡指定を受けており、天皇陵ではないがそれに準ずる「陵墓参考地」として現在宮内庁の管理になっている。この西都原古墳群について戦前に異例な形で、大々的に国を挙げての発掘調査がおこなわれたことがあった。

それは当時「日向国」が日本神話のなかでも重要なところであるとの認識があってのことだった。この古墳群、大正時代末に当時の県知事だった有吉忠一の発案により「皇祖発祥の地」として古代の日向を歴史学の上から実証する、という目的で国を挙げての発掘調査となった。そのねらいは「神武天皇が日向を出発して大和入りした」とする『記・紀』にある記事の真実性を証明しようということであり、学者もそうした意図のもとでの発掘調査だった。

それは大正元年から昭和六年にかけてのことであり、当時としては考古学上初めてといわれるほどの大規模な発掘となった。

神話の展開と古墳の存在とを結びつけることによって国史に厚みを増したかったのは、時代のリーダーたちの思いだった。当時の名だたる考古学者が総動員されて発掘は始まったのである。ところが発掘結果は予想していたこととは違う展開になったのだった。

発掘に向けての準備には浜田耕作（京都大学）、関保之助（東京帝室博物館）等々が趣旨の賛同者として名を連ね、そればかりか、さらに東京帝国大学の黒板勝美も加わわったのであった。

黒板勝美はこれまで「古墳を発掘してはならない」と主張する中心的な人物でさえあった。にもかかわらず、この発掘が実現できたのは「神武天皇ゆかりの伝承に富む日向国の古墳においてなされる」ことであったからである（『日本の発掘・発見史』斎藤忠・ＮＨＫブックス）。そしていよいよ実際の発掘となった。

発掘対象とされたそれぞれの古墳ごとに学者が役割分担され、そこに名を連ねた発掘主管者は当時の名だたる考古学の指導者たちだった。

しかし、この大々的な発掘ながら、成果としては「偶発的な地下式横穴墓の発見をおいて他になかった」という状況で、当初の「皇祖発祥の地」という観点での盛り上がりは、一気に冷めてしまったのであった。

『日本考古学の百年』（斎藤忠著・二〇〇一年・東京新聞出版局刊）という本の「宮崎県西都原古墳の発掘」のところに当時民間で歌われたこんな戯れ歌が紹介されている。

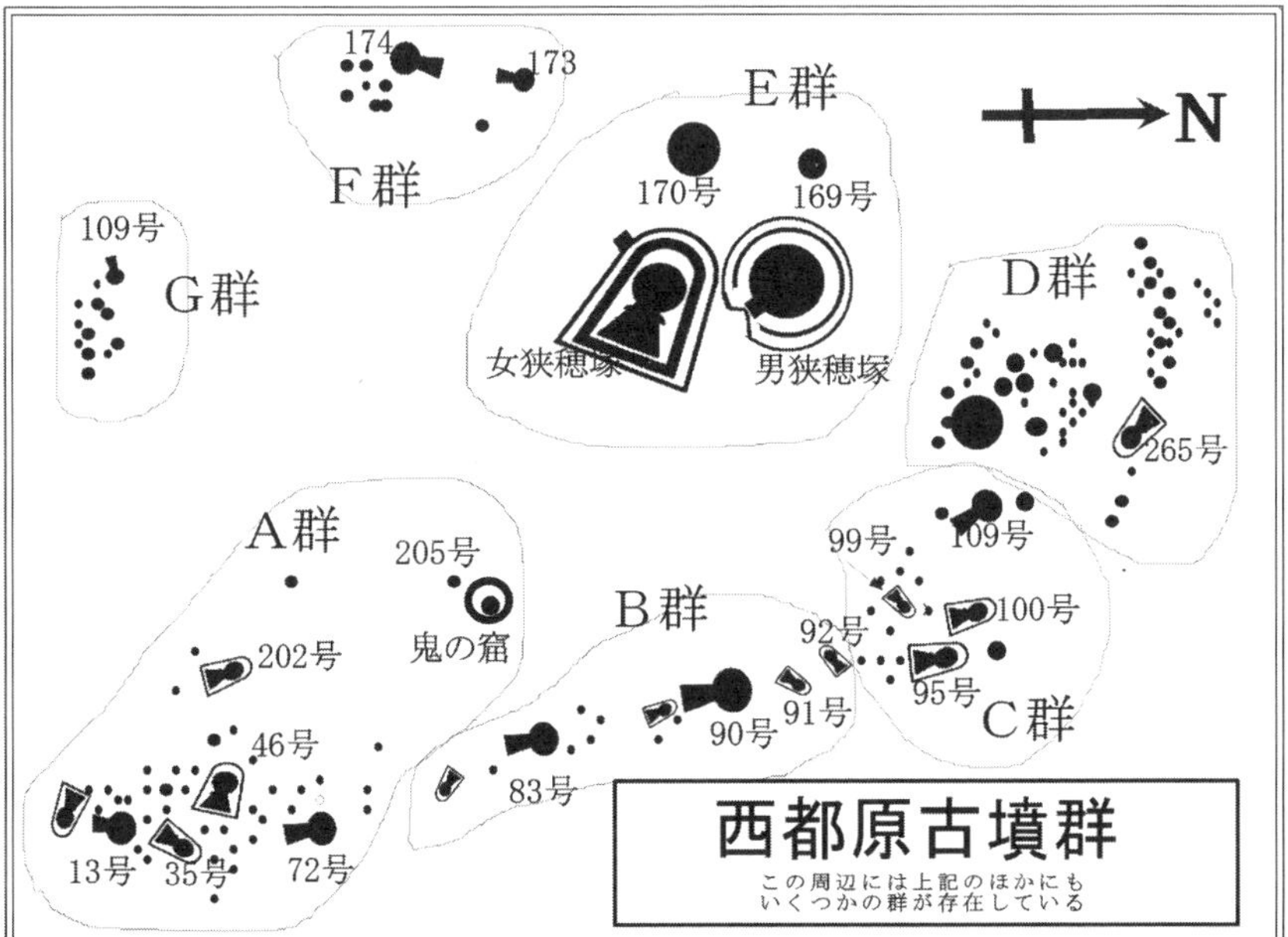

一つ　姫塚掘り初めて
二つ　舟塚ちょっとのぞき
三つ　三穂塚手もつけず
四つ　世の中さわがして
五つ　いつまで掘ったとて
六つ　昔が分からうか
七つ　何でもかきまわし
八つ　やたらに掘りくずし
九つ　こまかにしらべても
十で　とうとう分りゃせぬ
　西都　西都　ちゃかぽか　ちゃかぽか
　　へいこう　へいこう

大々的な発掘を土地の人たちが遠巻きに見ていて、そこに期待される成果がなかった様子を、このようにちゃかした、そんな歌なのだろうか。

当時の学会の中心的な人たちにとって、古墳はあるのだが「成果を得られなかった西都原古墳」はもはや全くその存在価値のないものとなったのであった。

このようにある種の期待（予見）の上からは成果を得られなかった西都原古墳ではあったが、日本の古代を語る上で重要な古墳群である実態とは全く無関係な失望なのであった。

その後、古墳群は破壊される悲劇にまでには至らなかったものの、放置された存在となって忘れ去られようとしていた。

そしてそのまま戦後を迎え、文化庁の主導で始まった「風土記の丘構想」における史跡公園化活動によってこの古墳群は整備されることになった。このことにより、現在は領域内には花壇もあり、史跡案内の資料館も備えている広大な「古墳のある史跡公園」となっている。

「風土記の丘」構想の実態

ところで、この「風土記の丘」構想の中心テーマが「古墳」であったということについても確認しておきたい。

そもそも事の起こりは法隆寺金堂火災での壁画消失がきっかけとなって一九五〇（昭和二五）年五月三〇日に「文化財保護法」が施行され、一九五四（昭和二九）年にこの法律は改訂された。

さらに戦後復興の勢いが増す中で開発の波は各地の郊外に広まっていった。そうした状況と文化財など破壊の実情は同一の問題として改めて注目され、一九六六（昭和四一）年、奈良、京都、鎌倉など「古都」と呼ばれていた都市及び政令で定める市町村を対象に、歴史的な風土を守り保存することを目的として「古都保存法」が定められた。

一九六四（昭和三九）年の東京オリンピックをめざした開発の波、さらには一九七〇（昭和四五）年の大阪での日本万国博覧会の開催など戦後における復興に向けての大きなうねりの中でのことだった。

一方、その「古都保存法」の公布に付随してその翌年「風土記の丘整備事業」が開始された。それは文化庁による遺跡及び歴史資料の保存及び活用を目的とした活動計画だった。国庫補助金事業として予算化され、遺跡を中心とする野外博物館・公園を造るというのが基本の構想で、各県ごとに一ヶ所設けるという計画であった。

この理念の中に実は史跡といっても他とはおもむきのちがう「古墳」が、はじめから念頭に置かれていた可能性がある。「風土記の丘構想」の第一号が「西都原風土記の丘」であり、つぎにできたのが「さきたま風土記の丘」だったことが事態の状況を物語っている。例の「稲荷山古墳・金錯銘鉄剣」の確認された史跡公園こそが「さきたま風土記の丘古墳群」

だった。

当時は一般的な史跡などとは違い「古墳を本気で研究してはいけない」といった明治以来の伝統に縛られ、戦後になったとはいえ遺跡の中でも扱いかねていたのが「古墳」だった。とりあえず公園のなかに隔離してしまえ、という雰囲気がどこかに漂った上での政策という印象が強かった。

この「公園化」ではテーマの曖昧さのためか、「風土記の丘」構想は次第に隅に追いやられ、平成になってからはさらにめまぐるしく変化した。風土記の丘構想とは別に史跡保存事業が別に始まるという行政側の混乱が重なったのでもある。

風土記の丘一覧表

山形県立うきたむ風土記の丘	山形県東置賜郡高畠町	
しもつけ風土記の丘	栃木県下野市	
なす風土記の丘	栃木県那須郡那珂川町	
さきたま風土記の丘	埼玉県行田市	国庫補助
常陸風土記の丘	茨城県石岡市	
千葉県立房総風土記の丘	千葉県印旛郡栄町	国庫補助
立山風土記の丘	富山県中新川郡立山町	国庫補助
甲斐風土記の丘	山梨県甲府市	国庫補助
風土記の丘史跡公園	岐阜県高山市	
近江風土記の丘	滋賀県近江八幡市安土町	国庫補助
大阪府立近つ飛鳥風土記の丘	大阪府南河内郡河南町	国庫補助
和歌山県立紀伊風土記の丘	和歌山県和歌山市	国庫補助
八雲立つ風土記の丘	島根県松江市	国庫補助
吉備路風土記の丘	岡山県総社市	国庫補助
広島県立みよし風土記の丘	広島県三次市	国庫補助
肥後古代の森	熊本県山鹿市玉名郡和水町	国庫補助
宇佐風土記の丘	大分県宇佐市	国庫補助
西都原風土記の丘	宮崎県西都市	国庫補助
壱岐風土記の丘	長崎県壱岐市	

上記には国庫補助によらない「風土記の丘」もはいっている

平成元年には「史跡等活用特別事業」（通称「ふるさと歴史の広場事業」）が始まり、平成四年からの「地域中核史跡等整備特別事業」と平成七年からの「大規模遺跡等総合整備事業」は平成九年に「地方拠点史跡等総合整備事業」（「歴史ロマン再生事業」）に統合され、さらにそれらが平成一五年からの「史跡等総合整備活用推進事業」（「ふるさと文化の体験広場事業」）へと統合され現在に至っている。（『史跡整備と博物館』青木豊編著所収「風土記の丘と博物館」山本哲也著）

結局、不徹底なままに「風土記の丘」は全国で一九施設までできたところで平成六年にその構想は消滅したのである。

「わが国の古代史」にかかわることなのだから「古墳と風土記」は無関係ではないはずとして進められ、「古墳」と「風土記の丘」という時代的にも、文化的意味内容においても違和感があるのは否めない。これを同居させて出発したこの構想。結局構想半ばにも満たずに消えていってしまった。

私はこういった行政の状態の中にも「古代史の病理」は見えていると思っている。

百舌鳥古墳群・古市古墳群の世界遺産……？

さて、「古墳」そのものの話に戻ると、まず発掘調査されたかどうか、といった議論より前に、全国各地の古墳の存在そのものの実態について、現在なお一般国民はほとんど知らないでいる。十数万基とあるといわれている古墳の全てを知る必要はないまでも、このおびただしい数の古墳が築造された時代というのはどう見てもただごとではない。にもかかわらず、現状の古代史では「古墳時代」という時代のイメージは曖昧である。「わが国の古代史上での古墳の意味」といった基本的な見解さえまとまっていないからであり、こういった現状は、どういうことなのか。

簡単に言ってしまえば、歴史学界が「古墳への愛情を持っていない」、まともには「国民に知らせるべきではない」というのがわが国の現状なのである、としか言いようがない。

現在のところ国民の古墳への関心は、あたかも「好事家の趣味」程度であって、一般の人の現状は無関心、実態把握すべき、という愛情は放置という状況に置かれている。そもそも「古墳とは」「古墳時代とは」そして当然その古墳と連動しているはずの「わが国の古代史とは」……、これらは模糊としたままのである。

例えば、次ページに「前方後円墳の県別数」という表を示した。前方後円墳といっても大山古墳のように墳丘の単純な長さだけでも四五〇メートルもあるものからほんの数十メートルというものまでさまざまであるが、その数が各県ごとに何基あるかという数である。古墳はこの前方後円墳以外に円墳・方墳等々さまざまあって、その数が全体で十数万基はあろう、ということなのである。

それにしても、この前方後円墳の県別実数、という表を見るだけで、おそらく読者の皆さんは「思いがけない！」とい

http://www.osakac.ac.jp/jinbun-db/
人文系データベース協議会・前方後円墳データベース
検索日・2010 年 4 月 23 日
前方後円墳総数5765基・前期古墳数448 基

県名	前方後円墳基数	県名	前方後円墳基数
岩手	1	宮城	44
山形	31	福島	78
栃木	280	千葉	685
群馬	410	東京	12
茨城	444	神奈川	32
埼玉	131		
新潟	13	山梨	23
長野	61	愛知	
岐阜	87		119
静岡	112	三重	160
富山	24	福井	139
石川	111		
滋賀	132	奈良	239
京都	183	大阪	182
兵庫	174	和歌山	58
鳥取	280	岡山	291
島根	155	広島	248
山口	28		
香川	126	愛媛	31
徳島	18	高知	3
福岡	219	熊本	65
佐賀	53	宮崎	149
長崎	32	鹿児島	25
大分	77		

う実感をお持ちになるに違いない。

　このたび百舌鳥古墳群と古市古墳群をセットにして近頃世界遺産に指定された。この世界遺産への指定をきっかけに「古墳」と共にこの決定が古代史理解のための第一歩ということになったなら、それは意味があるのだろう。ただ現状は古墳の注目度を上げる意味には多少なったものの、百舌鳥古墳群中の中心になる古墳のことであるが「応神天皇の古墳…」という言い方に一部疑問が出され、その議論も中途のままなのであり、そうした実態の中での古墳ブームであって、事の本質を「国民のものにする」という視点から見ると、このたびの世界遺産指定の申請と指定には「問題あり」という可能性もある。それというのも、近頃では主に「大仙陵古墳」と「大山古墳」二つの表現のしかたが多く目につく。この「大仙」「大山」ともに「だいせん」と読んでいるのだが、実はこの他にも「仁徳天皇陵」「仁徳帝陵」等々あり、この古墳は名前も定まっていないからである。

　『日本書紀』では大鷦鷯（仁徳）天皇の紀の末尾にこの天皇が「百舌鳥（もず）野陵」に葬られたと述べられており、宮内庁はこの大阪府堺市堺区大仙町にある古墳が『日本書紀』記載の仁徳天皇の墓であると比定しているのだが、学問的な結論はまだ出ていない。天皇名の大鷦鷯（仁徳）とは?、その実在性は?、等々さまざまな疑問がまだ残っているからである。

この混乱は、この古墳だけのものではなく、これはわが国の古墳そのものの混乱の「象徴的な例」ということができるだろう。

このような古墳のさまざまな問題のことを「知らなかった」という現状を一般国民自身が恥じる要素は何もない。そうした状況にあるのは学者たちが戦後七十年も経った今日なのに、こぞって重大な「何か」を「ありのまま」に見つめることを避け、戦前を清算しないまま十分に議論しあってこなかったことが原因なのだから。

例えば、ここでは基本的には『日本書紀』に記載され、宮内庁が管理している「古代史関係の天皇陵と陵墓参考地」について、この後、〔ありのままに読む『日本書紀』〕というテーマで述べるが、それは戦前の「皇国史観」を取り払って読む『日本書紀』そのものの実態、ということであり、「天皇紀」内の天皇の実在性ということの問題があり、即そのまま各天皇紀の末尾に記載されている「陵とその所在地」のこととも連動してくる。

私は『日本書紀』の記事そのものの「歴史的資料性」のことは、結局まだ究明の途上にある、というのが正しくて、当然連動して「天皇陵」の最大の資料がその『日本書紀』に依ってるという状況から、天皇陵そのものも「究明の途上にある」と見るのが正しいだろうと思っている。

「天皇陵を発掘せよ」の問題

私は日本の天皇制というのは世界に類のない、誇るべき伝統性があり、付随してあったさまざまな文化現象も掛け替えのない「遺産」であると思っている。その伝統ある天皇制そのものの今後の健全な維持の上からも、また誇るべき文化と伝統を汚さない意味でも『日本書紀』をありのままに読むこと、そして「古墳文化」の実態を知るということは合わせて一つとも言えるほどの重大なことなのだと、思っている。

ところで、ひと頃「天皇陵を発掘せよ」という本の出版とともに、天皇陵が発掘されれば、古代史の常識も代わりうる、という意見も活発になったことがあったが、それはそのとおりでありそのこと自体は大賛成なのだが、私はこの発声に対してある種の「欺瞞性」を感じ取らせる要素があるようにも思っている。

古墳研究がどのような状態であるのかを知らない人の発言なら「大賛成」と声が出るところなのだが、その専門性を持つ人による「天皇陵を発掘せよ」というのは一見、勇ましい発言のように見える要素を持っていながら、少なくとも古墳研究の現状を知っている専門家の言葉とは思えないのだ。専門家の言葉なら「天皇陵の問題もさることながら、その他の古墳の調査もすぐに解放せよ」の方が、よっぽどそれらしい発言だからである。

実は、確かに天皇陵とされるほとんどが宮内庁の管理のもとで未発掘の場合が多い。ほとんどが巨大であり、その内部の様子がわかればすばらしいとは思うが、しかし、一方でそれ以外の「古墳」そのものが新たな発掘を、こちらは文化庁によって実際上抑えられているのである。

その理由は「古墳」は「墓」であり、死者の魂の安置されている所であるから、発掘調査といったことになじまない、というのがどうも最大の理由のようなのである。発掘が「あばく」という不謹慎なことであればレーザーなどによる「透視」はどうなのか。現在はかなり一般化している「透視」の技術は様々あるのではないか。ファイバースコープはわずかキトラ古墳にその例はあるが、実質現状はどれも「だめ」なのである。

それというのも古墳の学問的な検証を抑えている真の意味とは、実は古墳の真実がわかってしまうと「そっとしておきたい古代史の常識」が変わってしまう畏れがあるから、というのが実際なのではないか。私にはそう思えるのである。

日本全国におびただしい「古墳」が存在しているのにそうした古墳実態に即した古代史は見えてこない、その事実を見るだけで、すでに「現行古代史の虚」は明らかなのだが、この事実を知っている学者側から「天皇陵を発掘せよ」という勇ましい声の出ている背後に、発言者の意図かどうかは分からないが「古墳研究の実態から目をそらさせている」という効果がその発言には見えてしまうのだ。

かつて昭和四十年～五十年の高度経済成長期での開発にともなう遺跡の発見、その遺跡の発掘は日本全国でおびただしい数だった。これら遺跡の中には古墳も多かった。

当時当該する市町村の担当者は数名で、専門の大学の学部や財団などに発掘を依頼できる件数はごくわずかだった。それでもその時期に確認された出土品は膨大で、各市町村の博物館や資料館の保管庫は未処理に近い発掘品であふれた。開発の波が落ち着いた現在でも保管庫に収蔵のままのというものも数々あるに違いない。

とりわけ新発見の遺跡が古墳であると分かった場合、既に壊されている部分への調査はあっても、実質現状のままでの保護というのが一般なのである。いうなら現在の「古墳学」は遺跡保護以前の盗掘、既に壊れてしまっていた部分の調査などで成り立ち、「学術調査」ということによる成果ではなく偶然がもたらしたおこぼれで成り立っている、と言えるだろう。

古墳概要の説明などを読んで、現存する古墳に「調査・発掘」という文字があっても、あるいは現在発掘中、といわれるものがあっても、ほとんどが外形的な測量や、古墳の裾部や周辺への「トレンチ（試掘）」を入れて、測量的な資料を得るか、周囲に散乱していた埴輪片を採取する程度のものが多い。数少ない学問的な見地での本格的な発掘とみえるようなものでもほとんどがせいぜいこの程度の「古墳学」なのである。

それでも、現在は各県や市町村単位の古墳に関する博物館や資料館は充実してきている。その多くは先の風土記の丘構想とは別の真摯な保存活動の中で、一般国民が古墳を理解するための公園という形でそれらの施設は多くのことをわれわれ市民に語ってくれている。

しかし、それらも、おおもとの歴史学の世界が本気を出していない分、学芸員の説明には何か奥歯に物の挟まった解説が多く、古墳そのものの実態は微妙に浮いた状況にあるといえる。

私には、こうした古墳の存在に対する実態を見たとき「古墳時代」という時代区分とはいったい何なのかがわかりにくいと感じている。「古墳」そのものについて、もう一度「正しい扱いはどうあるべきか」について見直さないと、「日本古代史」そのものが、未来のずっと長きにわたって重大な錯誤から抜け出せないのではないか、そんなことが思われてならない。

古墳文化は「畿内」が原点で、ここを起点にして広がっていったものであるかのような認識や、説明が力を持っている印象はぬぐえない。そうした立論は全国各地にある初期古墳の実態を十分確認したうえでの近畿主導論なのかどうか、私は怪しいと感じている。

私は古墳時代以降に「畿内」と呼ばれるほどに繁栄した地域に展開した「奈良時代」への道筋の実際が、荘厳な大仏、シルクロードの終着点、といったキャッチフレーズで語られているが、その陰に隠されているまだまだ本気で解明され切っていない文化の存在があるのではないか。古墳を見るとそう思う。今後この「古墳時代」を含めて虚心に「ありのままを見る」意識のもとで古代史が再検討されない限り古墳時代も飛鳥時代も、そして奈良時代も「謎」という文字の消えるときはないのではないか。

古代史の「謎」という文字は、自然な状態で発生している一般にある「不明事項」という意味ではなく「日本古代史特有の不明」のことであって、ものを語れない部分を「謎」と曖昧に言うことと表裏一体のことなのではないかと私は感じている。

そして、このことは稲荷山鉄剣の象嵌文字以来定説化した「大王とは天皇の古い言い方」という説明のされ方の問題などとはっきりリンクしていると思っている。

さらに、その「不明」の原点とも言えるのが「倭・倭国・倭人」の問題等々、あるいは「卑弥呼の墓」などに関しての認識そのものであり、これらの説が多方面の発想と肩を並べた上で議論が十分なされての方向付けではなく、現在も「あなたのことは知らないが、私の意見はこうだ」という権威的な言い方に抑えられている状態であり、これが元凶でもあると思うのである。

「古代史」と「謎」

今「謎」のことについて述べた。このことをもう少し述べておきたい。

戦後になり今日まで、古代史論や著作物に「〇〇の謎」という表現を多く目にする。私は歴史著作物でのこれらの「謎」とは何かを思ってみた。その結論は、言うべきことについて直言しづらいための婉曲表現であって、それを「謎」と言っているのではないか、という気がしている。ではその「婉曲＝謎」とは何なのか。

学問の世界にも何かを慮（おもんぱか）るべき問題があるということであり、「『謎』の多用」とは日本古代史の分野には「慮り」を誘発するような部分が多いということを示しているのである。「慮り」を言いかえると「遠慮」という言葉にもなる。「歴史学の世界での遠慮？」。私はそのことの意味と背景を確認したくてこの本のタイトルを『日本古代史の病理』としたのである。

戦前は、「国」という規模で学問の世界にも慮りが必要だった。そうした状況は近代国家が成立した時に始まった。国の意志、権力機構の方針、そういう形で「歴史」にある種の概念のバリアを張り、「戦前」という時代を動かした。その「概念のバリア」とは「神話」であり「大和朝廷」というイリュウジョンであった。そうしたことへの考慮は「戦後」の現代社会の中にも隠然とした形を取りながらも、多くが持ち越されたといえる。

ここに見る、学者の世界にもあった「慮り」の具体例を学者自身の証言によって確認してみたい。

「東アジアの古代文化を考える会」が一九七三（昭和四八）年、毎日新聞社と共同開催してシンポジウム『歪められた古代史』を催した。そこで歴史学者の井上清は「日本帝国主義と国史学」と題して講演をし、そのなかで氏は自分の体験を述べている。その内容の要点を以下に部分引用してみたい。

氏が一九三三（昭和八）年に東京帝国大学文学部国史学科に入学したばかりのとき、新入生歓迎会があった。そのなかで著名な教授の歓迎の辞で、「将来学校の教師となったとしても、学問上はいろいろ問題のあることでも国民教育の場では教えてはならないことがある」といった趣旨のことが話された。氏は「入る早々にそのようなことを言われて途端に大学がいやになってしまった」と述べている。

さらに氏はその文章のなかで、国定の「尋常小学国史」、あるいは中学校の「国史」にしても書いている本人が「これに書いてあるのはでたらめであるということを、百も承知の上で、国民に教え込み、信ずることを強制して、それで日本人の歴史観をつくりあげていった」と当時を振り返り述べている。

また同シンポジウムで、当時の憲法学者は憲法を語るとき第一条の「大日本帝国ハ万世一系ノ天皇之ヲ統治ス」や第三条の「天皇ハ神聖ニシテ侵スベカラズ」というところについては、なるべく触れないで憲法全体を説明していたと述べて、もし、こうした条項は近代国家としての憲法概念とは相容れない、などということに学者が触れたなら、帝国大学の憲法の教授であることが出来ないばかりでなく、日本に住むこともできなくされかねなかったから、と氏は述懐する。

さらに氏は明治になって始まった「一世一元」の制度の意味についても述べている。

明治時代以前までは、ある天皇の在位中、元号が一つであったとは限らなかったので「天皇の名」と「時代」とはそれほど結びつくものではなかった。ところが明治以降は「一世一元」の制度により「年号は天皇と一体不可分」であることになった。そのことによってどういうことが起こったか。「自分の存在の場そのものである時間を表現し記録するのに、天皇を意味する年号を用いるということは、自分の存在の場そのものを天皇と結びつけている、天皇なしに自分の存在を意識することも表現することも記録することもできないということを意味するのです」というわけである。

確かに「明治〇〇年」とか「大正時代には……」のように、元号そのものを時代表記にして何の違和感も感じてこなかった私自身がある。現にこの本そのものが歴史年を表すのに西暦にしつつも括弧を付けてわが国の元号と年を併記している。戦前をイメージする場合、あるいは、たとえそこに書いたそれが戦後のことであっても、国民一般に「昭和四十年には……」や「平成十五年に……」ということによってイメージしやすいという背景があるのも事実で、便宜的に併記することを選んだのである。

現実に私自身が「昭和四十年には……」というイメージで生活していた。そのことを井上氏は無意識のうちに「天皇と共にあるわれわれ」という思いのなかに染まってしまっていたと言っている。明治以前の改元は基本的には天皇の代交替とは無関係だった。

「皇国史観」とは

先に「ありのまま読む」という提言をした。また井上清氏の講演の言葉にもあった国定の「尋常小学国史」、あるいは中学校の「国史」などのことをもう少し述べておきたい。

次の引用はある歴史家の意見であるが、私の「ありのまま」と言っていることを別の形で表現していると思い、ここに引用させていただく。

歴史を叙述するという営みは、自らのイデオロギーを歴史に投影してしまう、という危険を常にはらんでいる。もとより、一〇〇％正確で客観的・中立的な歴史叙述、などというものは幻想にすぎない。（……略……）すべての歴史叙述は「物語」であることから逃れることはできない（いうまでもなく、本書もまたひとつの歴史叙述である以上、その誇りから免れることはできないであろう）。

しかし、だからといって、歴史は「物語」なのだから何をどう語ってもよいのだ、ということにはならない。歴史の解釈に唯一無二の「正解」は存在しないとしても、それは、ありとあらゆる解釈が許される、という意味では決してないのだ。まして、自らのイデオロギーによって史料の解釈を強引にねじ曲げたり、自説に不都合な史料を、それが不都合だという理由だけで無視したり、自らに都合のよいように史料そのものを捏造したり、全くの作り話を語ってみたり、などといったことをすれば、それはもはや歴史学ではないし、それ以前に学問ですらないであろう。ましてや、そのようにして恣意的に作られた物語を、「真実の歴史」と称して教え込むことが、はたして「教育」の名に値するだろうか。

文部省による「皇国史観」確立の試みとは、結局のところそのような営みにしかすぎなかったのである。

（『皇国史観』という問題——十五年戦争期における文部省の修史事業と思想統制政策

長谷川亮一・白澤社発行・現代書館発売・二〇〇八年）

第Ⅰ章　「古代史の病理」のこと

一 「病理」の本質――発展していかない日本古代史

1 出ては消される新しい視点

日本の歴史学、とりわけ古代史の分野のことに限定して考えてみたいが、その古代史分野には不可解とも言える重大な現象がある。それはこの標題にも使った「出ては消される新しい視点」である。

これを言いかえると現行の日本古代史では「新しい視点を排除する」とも「戦前の幻が消せない」ともさまざまに言える状況が多々見える。言い方は変わってもその本質は一つである。

その本質とは「皇国史観」という用語にあらわれている。それは戦前に「国史」、あるいは「大和朝廷」と表現されていたもので、これらは戦前での独特の史観によって「神話に始まる悠久の歴史を持つ優秀な国民の歴史」という見方で語られた。

それは『記(き)・紀(き)』と言われる文献に書かれた内容が根拠になるものであるとされ、実はそのことを精神的な支柱として新たに国際社会に船出していった新興「大日本帝国」は、ほぼ七十年の間に幾多の戦争を仕掛け、その果てに「太平洋戦争(第二次世界大戦)」に敗戦して、見果てぬ幻の「国史」を捨てることになった。

その敗戦は一八八ページの表に見るとおり主要都市を焼土と化し、果てには広島・長崎に原爆を投下される等々の犠牲を払っての終結だった。当然、その戦前の古代史にはさまざまな部分に反省と見直しがおこなわれたのであった。

それまで、聖典かのようにしていた『記・紀』は、戦前に利用されていたようでいてその実、その内容の詳細について論じることは抑えられ、究明もできないままだった。

この不合理が一気に「敗戦」を機に解かれたことによって古代史の真実考究はいろいろな角度から試みられることに

なった。

戦前の国史は「大和朝廷」と呼ばれ万世一系の天皇を頂く国、と語られてきたのだが、戦後になってほとんど間をおかず『記・紀』の読み方への反省とともに、当然これまでの幻の古代史論に対して修正を迫るさまざまな論文が発表された。

例えばその顕著な例は「万世一系」ではなくさまざまな王権の交替があったとする多くの論文である。ところが、いつの間にかこうした王権の交替については「究明は避けよう」といった風潮の中で実質は「保留」状態で放置され、その状況は今日まで続いている。この「保留」とは「必要以上にさわるな」という要素が強いと、私には思える。そしてその一方で、「交替論」の執筆者は、やむなくか、立論の正しくなかったことを思ってか、ほとんどが現在は消えてしまっている、という状況である。私個人の意見としては、それらは目に見えない力によって取り下げることをやむなし、としまい込んでしまった、という印象に見える。これは言論も、研究も「自由」となった戦後での話なのである。

同類のいくつかの論文は当然、執筆者によって微妙な違いはある。しかしその違いを含めて、戦後すぐに起きたそうした王朝交替論の重要さを私は今改めて思うのである。

2　王朝交替説の概観

消えていった、と先に述べた。「消された」という方が正しいのかもしれない。例えばそういった論文に「王朝交替説」というべき多くの試論があった。今「試論」と述べたが、それらを発表した方々は、試論という生やさしいものではなく、もっと積極的な「新しい視点での論文」との思いで、発表していたにちがいない。ただ戦前には、七十年にわたって論じることはおろかその前に、そうした発想を持つことさえ禁じられてきた分野のことなので、短期間で決定的な論の完成は無理である。その試論さえ許さない形で、目に見えない力によってそれら提示された論文は無視され、消されていった。

王朝交替論について辞書的に確認しておこう。

王朝交替論　日本古代の天皇の系譜は、明治以後強調されたような万世一系ではなく、何回か政治勢力に交替があったとする説。……林屋友次郎によって、〈応神新王朝論〉が説かれ、応神以前の天皇は存在しないとされ、水野祐は、仲哀以前を〈古王朝〉、応神以後を〈中王朝〉とし、邪馬台国と戦った狗奴国が東遷して、この〈中王朝〉を形成したと考え、いわば江上波夫が、大和の王朝を騎馬民族の征服によって生まれたとした騎馬民族説をさらに進め、〈ネオ騎馬民族説〉とでもいうべきものを主張した。他方で、〈古王朝〉は大和三輪にあり、〈中王朝〉は河内に成立し、河内王朝が三輪王朝を征服したという説もあらわれた。さらに〈継体新王朝論〉がある。これは継体天皇が越前あるいは近江から迎えられたのは、近江の息長(おきなが)氏に代表される北方勢力が、武烈天皇で断絶した〈応神王朝〉のあとをうけて、大和の王朝を簒奪したとみる説で、継体を応神五世孫としたのは、その正統性を作為したにすぎないとするものである。この説は、林屋辰三郎などによって唱えられ、ことに継体の死後、安閑・宣化という、いわば〈畿外勢力〉と、欽明に代表される〈畿内勢力〉の対立抗争があり、二王朝が一時併存したとする主張によって裏づけられた。この説をさかのぼれば、喜田貞吉らによって、継体・欽明紀の年紀の錯簡が論ぜられ、継体の没年辛亥年（五三一）の翌年が、欽明一年の壬子年（五三二）であり、安閑・宣化の在位期間はなくなるという文献批判から発しているといえよう。しかし、この王朝交替論には異論も多く、皇位継承を父系のみでなく、母系を加えた双系によって見れば、単純な征服王朝論は成立しないとする説がつよい。

〔平凡社　世界大百科事典「王朝交替論」より・部分〕

これには戦前への反省があった。そして、たしかに戦後の古代史では「大和朝廷」という言葉は避けられる傾向になり、おおむね現在の古代史の分野で表現は「ヤマト王権」「ヤマト政権」などの言い方に取って代わっている。でも、根底ではいろいろの場に「戦前」の影は見え隠れしている。

例えば戦後すぐの出来事としては、一九四八（昭和二八）年に出された江上波夫の『騎馬民族日本征服論』の問題がある。こういった新論に対して細かい点で議論がなされ、反論が出るのはむしろ当然なのだが、私から見るとそこで展開された反対論の現実は、新しい視点をあたため、模索しながら発展させるといった健全な論争としての展開ではなく、感情的に排除されたという印象の方が強いと、思えた。例えば先に引用した百科事典での解説の最後の部分「しかし、この王朝交替論には異論も多く、皇位継承を父系のみでなく、母系を加えた双系によって見れば、単純な征服王朝論は成立しないとする説がつよい。」とある見方であるが、これは「日本書紀の記述によれば」という注釈が前提になっているはずで、これには『日本書紀』の記述内容の検討、という要素が飛ばされた意見のように感じられる。

この百科事典の解説は「学界の趨勢は」ということであろう。つまり、「学界の趨勢は」議論をしたがってはいない、ということ、議論そのものが無用といった状況をこの「事典」の解説末尾がいみじくも示しているように思えるのである。

この『騎馬民族日本征服論』の延長現象とも理解できる「新しい古代史像」を語る古代史論は戦後の二十年ほどの間に次々に出されるが、それらもことごとくが排除されている状況である。

例を挙げて見よう。万世一系といわれてきたことの不自然さを戦前には語れなかったそのことを思い、多くの古代史家によって次々に出された「王朝交替説」の実際である。

戦前「大和朝廷」の名で一括して語られていた古代史について、葛城王朝・崇神王朝・応神王朝・河内王権・継体王朝等々さまざまな王朝交替があったとする論文が次々に出されている。

論者によって細部はさまざまながら、これらは戦前の古代史のイメージにそれぞれが一石を投じた「新視点」によるものだった。ここに挙げたのはいずれもいわゆる畿内と呼ばれることになった地域内でのことであるが、その畿内にもさまざまな王権が存在していた、と見る発想は多かったのである。

ところが、これらもその論内容への検討ということでの広がりは実質上ほとんど見られなかった。それらは依然として、「独りよがり」というような扱いの中で、抹殺、黙殺に近い形でどれも、今日までにいつの間にか消え去っているというのが現状なのである。

二 「文献学」という名の権威

こうした現象の根底に戦前できあがっていたわが国独自の展開である「文献学という名の権威」が戦後になっても「幻影」のようになお影を落としていた事実がある。

明治維新とともに「近代科学としての学問」も入ってきて多くの部分で日本の学問大系は新しい時代に突入した。歴史学もその例外ではなかったが、ところがわが国の近代は「歴史分野」に関しては独自の進み方をし始めた。例えば西洋の文献学は「古典的な文献にこめられた歴史認識の再認識である」という見方がある。その発想を得て、「古典的な文献」とはわが国では『古事記』『日本書紀』であるとした。

そしてこれを「聖典」であるかのように位置づけ、これに重ねて富国強兵と民族意識の高揚を図る方向で進めていった政策とで、この文献の考究は一部の学者占有するものとなってしまった。

本来の『古事記』『日本書紀』内容とは必ずしも一致していない「記・紀によれば」という言い方があって、『記・紀』を前面に出して「国史」が形成されていった。その背景には「国史」の勢いを駆ってせまり来る世界を相手にするための国威発揚政策を推進したのであった。

そうしたわが国を背後で支えた「官のための文献学」は「考古学」や「民俗学」といった地味な学問を副次的なものと見ることによって無警戒な国民を「官制の歴史」で方向付けし、国粋思想の中に導入していったのである。

戦後になってもなおこうした「戦前の文献学」は消え去ってはいなかった。虚偽的理解のもとで『記・紀』という貴重な文献が下地にあるのだ、という旧態とほとんど変わらない「大和朝廷論」はなお学問の世界をにらんでいるかのようである。ただそれがためか、戦後『記・紀』という二書は「戦前の過ちをリードした書籍」として見るのもいやだ、という風潮が起きてもいた。これは『記・紀』の書籍の責任なのではなく、もっぱら受け手の「実態知らず」なのであったが。

私自身、当然『日本書紀』も日本古代史を語る上に最大級、重要な書籍であることを信じている。ただしそれは書誌検討が十分なされた上でのことである。ありのままの『日本書紀』、その「ありのまま」に検討することを敬遠する風潮があってはならない。

この書誌検討についてはⅡ章の〈『魏志倭人伝』という本はない〉ということとセットとして〈ありのままに読もう、先入観なしの『日本書紀』〉という項を設けている。

三　古代史での「わが国」と「倭」「大倭・日本」「大和」のこと

1「ありのままに見る」ことの意味

「裸眼でものを見る」　私は、日本の古代史学界が戦前の「神話に始まる悠久の歴史を持つ」という考え方を、現在にいたってなお一部残している部分があるのではないのか、そんなことを思いつつ以下の表現に出合った。

われわれは、何によってどう目をくもらされてきたのかを、見きわめる。そこにしか、時代がこしらえる枠組みからぬけだすきっかけは、つかめない。（中略）

この本で、……学会や学統によって、「真理」とされることがくいちがう。その背景も、さぐっている。

（『伊勢神宮と日本美』　井上章一　講談社学術文庫）

ここに〔学会や学統によって、「真理」とされることがくいちがう。その背景も、さぐっている〕とあるところに共感を覚え引用させていただいた。私自身は古代史を専門に研究した人間ではない。いわゆる「歴史」に関して素人である。しかし、日本史は、そしてその古代史は私自身の国の歴史であり、それへの関心を持つことも当然であり、素人だから「疑問を持つことは行き過ぎである」ということはないと思う。私はあえて「専門の学者には言えなくて、素人であるからこそ言える」という部分も少なからずあるように思う。とりわけ「序章」で既に述べたとおり、古代史をテーマにして文章表現をする際、その立論がいつ頃のことを述べているかによって「国」の概念を、そのつど「○世紀頃の」など明確に規定してから語るべきであると思うようになった。

それは規定しないまま不用意に「わが国の古代は…」と表現してしまった場合、とかく、本人としてはぬぐい去っているつもりの戦前の「大和朝廷」が無意識的に背後からその立論の内容に介在してくる危険性があることをひどく感じるようになったからである。そこには「無意識」ではなく、逆にその立論の「背景には戦前の大和朝廷のイメージを意図的に偲ばせて語っているのではないか」とそんな勘ぐりさえ感じさせる場合も、しばしば感じられたからである。

さらに言えば先人の古代史にかかわる多くの立論に接したとき、それが「専門家の中にも」多々不自然さのあることを感じたのだが尊門家同士となると互いの立場への慮りもあって、思っていても言えない、そんな事例も少なからずありそうである。

当然、物には例外はある。私は以下に引用する意見にはおおいに共感を覚えるのである。その引用は文献学の古代史家門脇禎二氏と考古学者の森浩一氏による古代史にかかわる様々な矛盾や疑問点をざっくばらんに語り合っている出版物「古代史を解く『鍵』」からのものである。

いわば日本古代史にかかわる二人の学者が日頃思っている問題点を「対談」という形式で掘り下げている書籍である。

森　古墳時代のころといえば……中央にヤマト政権があって、それ以外はあまり国家とか国という単位では見たがらない傾向が一つある。……門脇さんが「地域国家」という概念をつくられた。そして、それの一つの例として丹後をおっしゃったわけですが、地域国家というのは、どういう中身のものとして考えられたわけですか。

門脇　まず私自身、四十歳代ぐらいまでの考え方は専制国家論でした。日本は専制国家だから、税や地方の風俗まで何から何まで全部中央に集中する。政治的な成果も文化的な成果も全部中央に集中されるから、中央である大和を克明に分析すれば、逆に、全国の歴史の体制がつかめるという国家論、とそういう方法でやってきたわけです。ところが、実際に一九五七（昭和三二）年の飛鳥寺の発掘以後、一塔三金堂の伽藍配置など、ああいう高句麗系の文化要素というのはどこから来たかと考えて、中央におけるヤマト朝廷の高句麗外交についてみていくと、ほとんど高句麗の使者は日本海から来ているわけです。そういうところから一つ一つ地域に当たっていって、日本海域の場合ですと、能登をやり、出雲をやり、越中をやり、敦賀・越前をやり、丹後をやって、日本海側についていろんなものを書いてきたり、実際に歩いてみると、地域にはそれぞれ相対的な独自性があるんだということを改めて実感しました。

国家形成史を著した本は、だいたいヤマト朝廷を中心にして、いつの時代にその官僚組織を整えたか、宮殿を整えたか、そういうことで地方豪族をどう支配したか、そういう国家形成史観をもって国家形成史を書いている。……しかし、ぼくは、大和の勢力が地方に広がっていくというとらえ方ではなくて、大和自身にも、ヤマト王国という段階を設定しますから、そういう段階で、世紀でいうならば、だいたい四、五世紀、中には六世紀の前半ぐらいまでは、日本列島にはいくつかの有力な地域国家（王国）が並立していた……

〔「古代史を解く『鍵』」・一九九五年・（株）学生社刊〕

特に右の引用部の最後部に「国家形成史を著した本は、だいたいヤマト朝廷を中心に……地方豪族をどう支配したか、そういう国家形成史観」で「書いている」とある。しかし氏は「だいたい四、五世紀、中には六世紀の前半ぐらいまでは、日本列島にはいくつかの有力な地域国家（王国）が並立していた……」という見方に変わってきた、という。氏は一九五七（昭和三二）年頃まで持っていた「ヤマト朝廷を中心」でものを考える、そういう氏自身のありかたを変える必要を感じたという。

これを私なりに言い方を変えて表現すれば戦前の「大和朝廷」という表現を形だけ「ヤマト朝廷」や「大和王権」……と、表向きの表現を変えてはみても、〔実質は戦前の「大和朝廷」がなおその論者の発想を規定しており、他の地域の歴史実態をしっかり見ようとの発想を妨げている〕、あるいは〔発想することを回避している〕とも言えるということになるのではないか、そんなことを思ったのである。

古代史一般で立論のし方にそうした「疑義」を感じる書籍は私なりにかなりあると感じている。このたび、本書で私はいくつかの出版物から、そうした部分を引用し、時に傍線傍点を施し、「これは○○において、いかがなものだろうか」という論展開をおこなっているところもある。その論者が、権威者、重鎮であるか、等々とは関係のない、伝わってくる疑問の指摘のつもりであって、その際、基本的にはその著者の名前も出しながら私なりの意見を述べている。そのような方法をとったのは決して当該の個人（物故者を含む）を「あげつらう」ということではなく、私なりに疑問と思う部分を明確に述べた上でその立論と真摯な議論をしたいがための提案であると思っている。

ところで、右に引用した『古代史を解く「鍵」』という書籍は考古学者で多くの古墳論も残しておられる森浩一氏〔二〇一三年没（八五歳）〕と文献学者として日本古代史を専門に研究して多数の著書も残された門脇禎二氏〔二〇〇七年没（八一歳）〕が一九九四年に対談した内容をまとめた単行本からのものである。

この対談は森浩一が語り合うテーマの展開を考えながら門脇に質問する形で、時には問題提起する形で、「日本古代史学」のさまざまな問題について語り合った、その内容の収録であり、一九九四年当時の、あるいはその頃までの、さまざまな古代史への問題点や疑問点、はては学界にあるさまざまな綾や、このまま放置しておいていいのかと考えている事象等々を数々挙げながら、両者が語り合うという形をとった本である。

私は私なりの発想から古代史の現状に「疑義」をかなり強く抱きつつ模索を進めていた。そして、ときにそれら古代史にかかわる疑問点をテーマにして素人ながら本として著してきた。そうした活動の中で、ある時、右引用のこの本に出会い、古代史学で第一線上で活動しているお二人でもおかしいと思う問題が多々あるのだな、と思った。

この対談形式の『古代史を解く「鍵」』の出版されたのは一九九五年のことなので、以来、私がこの文章を書いているこんにちまで、すでに二十四年も経過している。しかし、ここに指摘されているさまざまな問題の多くが現在でも追求されるべきテーマとして存在しているのである。それでいながらそれ以上に発展せず、古代史の世界にそれら疑問点は放置されたまま、という状況にあることは多いのである。

一方で、日本各地の「土地に根ざした歴史」にかかわるシンポジウムなどではかなり活発に新展開を示し、「ヤマト朝廷中心」の発想だけでは理解できない問題が多い、ということについてはかなり語られてきている事実もある。

さて、先の本の中に森浩一氏の発言として「歴史学は非常に科学的になったと安易な言われ方があります。しかし本当に中身までそうなのか、案外基本的なことが検討されていないように思うのです。」という表現があることに共感する。この問題提起によって思うことは現行の「学問としての論争」の多くが実は「学問以前のこと」なのではないのかと思わないではいられない。

そして、歴史問題での「戦前」「戦後」といいながらも、現在一般の多くは「歴史」に関して「戦前」への問題意識は影が薄くなり、「戦後」の展開についても関心もない、そういった風潮を感じる。それは、私の思い方で表現すれば、戦後七十年持ち越された歴史学の停滞のことと言える。

そのことを思うにつけて、これは歴史学上の問題ということ以前に「日常生活にさえ影を落としかねない深刻な国自体の病気なのではないか」という気がする。

【参照】		古代日本における「国」概念・国号の変遷				
中国の文献名	成立	主な内容	日本における時代推移とその特徴		墳墓 弥生時代の墳墓から 古墳時代へ移行	
『漢書 地理志』	32 ～92	楽浪海中倭人分為百余国以歳時来献見云（100余国）	中国文献に見る「倭 人」概念の時代	列島内は九州・吉備・出 雲 東国の毛野・畿内 各地に100余国乱立していた時代	弥生時代墳墓から古墳時代へ	方形周溝墓・積石塚・支石墓・四隅突出型墓などがあり埋葬施設に甕棺なども見られる
『後漢書』 東夷傳	398 ～445	建武中元二（57）年 倭奴国奉貢朝賀 使人自稱大夫 倭国之極南界也 光武賜以印綬				
『三国志』 魏書 東夷伝 倭人条	233 ～294	「邪馬臺国王卑弥呼も北朝である魏の国に朝貢し親魏倭王の称号を授かる」 等の記事（30国）		倭人概念から倭国概念の時代に移行し始める 日本列島各地において古墳を競って築く王権の乱立時代	初期古墳時代	列島各地に前時代の墳墓の発展形としての「古墳」築造
『宋書』	394 ～475	倭の五王 讃、珍、済、興、武	中国文献に見る「倭 人」概念の時代		古墳全盛期から 横穴墓群へ	各地の豪族がこぞって前方後円墳を営む。大型の前方後円墳が全国に広まる。 石室構造が発達するとともに小形円墳や横穴墓が多くなる
4・5世紀・謎の空白期間 （国内各地諸王権対畿内王権） 『記･紀』の「ヤマトタケル」の説話・ 四道将軍等の説話に反映				列島各地の大型王権抗争時代。『日本書紀』の隼人・東国遠征などの説話に反映しているか。		
『隋書』 列傳 東夷 倭国	580 ～643	倭国の遣隋使のことなど。607年に倭国王多利思比孤から派遣された遣隋使の使者が持参した隋への国書では、倭国王の表記を用いず、「日出處天子」と記している。	九州勢力畿内のヤマトへ伸長か「倭」文字使用	畿内にあった豪族初期王権へ。 大化改新・壬申の乱など中央王権確立への説話の形成。 その背景としての抗争時代を経て形成された王権による修史活動への移行	博葬令のもと火葬し納骨する風習は広まる	
『旧唐書』 「倭国」 「日本」とを併記している	800年代後半 1000年代	倭国者、古倭奴国也。…日本国者、倭国之別種也、以其国在日邉、故以日本爲名。或曰、倭国自悪其名不雅、改為日本。或云、日本旧小国、併倭国之地。	律令制度の成立 ヤマト地域で「倭」文字と「日本」文字併行使用	天皇号の成立 飛鳥時代 659・推古天皇即位 645・大化改新 672・壬申の乱 673・天武天皇即位 686・持統天皇称制開始 710・平城京遷都 720・『日本書紀』成立 737・大倭国を大養徳国 747・大養徳国を大倭国に戻す	「古墳」は小形円墳化し収束の方向。 その代わり丘陵部壁面の横穴墓群などが多くなる	
『新唐書』 東夷 日本	日本、古倭奴也。去京師萬四千里、直新羅東南在海中。…咸亨元年（670年）、遣使賀平高麗。後稍習夏音、悪倭名、更号日本。使者自言国近日所出、以為名。或云。日本乃小国、為倭所并、故冒其号。使者不以情、故疑焉。			漢風諡号始め 大和表記開始 奈良時代 （これ以降『続日本紀』では「大和国」の表記が使われる。 なお、この場合の「国」は国内の一地域の名として使われている。	『記･紀』は大和にできた王権が神武天皇以来連綿とつづいてきた形の歴史を述べるが、実質上「古墳の造営」と大和の王権とは無関係と見るべきである	
『宋史』 外国伝 日本国	1300 年 代 中頃	倭国者、本倭奴国也、自以其国近日所出、故以日本為名。或云、悪其旧名改之也。				

※ 『漢書地理志』『後漢書』『三国志』『宋書』等々における「倭・倭国・倭人」と」ある「倭」は、所在地、国々の地名など不安定な概念であり、この「倭」を「わが国のこと」 としたのは明治以降の「国史」概念での解釈である。また『魏志倭人伝』という書物はなく、これも近代の歴史学がこぞって利用した恣意的な造語であり、幻の文献名である。

※ 5世紀以前に「倭」「大倭」の表記を「ヤマト」と読んだ時代はなく、律令時代ころ漢字の使用が一般化し、同時に地方王権に「国家」意識が目覚めはじめたころ、政治の中心地と認識するようになった「ヤマト」地方の地名に外国文献の「倭」文字を当て、時に「大倭」と表記し、「ヤマト」と発音した。その後「倭」を「和」と置き変えようになり、「大和」の使用が常態化したのは奈良時代になってからである。

※『記･紀』神話に「倭」「日本」を「ヤマト」と読ませている例があるのは両書編纂時の反映である。また近代「大和・ヤマト」を「わが日本国の名」と喧伝していたが、そのような呼称はわが国の歴史上にはなく、奈良時代以降での「大和・日本国（やまとの国）」とは律令制内での一地方の「国名」としての使用であった。

右の表について

全体的には〔古代の「倭」概念の推移〕を「中国」「わが国」の状況に分けて簡潔にまとめたものである。

左側に

「中国の文献」として「倭」の概念がどのように展開していたかを時代順に示した。

中央部に

「中国の文献」の展開した当時「日本における時代の推移と特徴」について対比できるように時を追って示した。

右側に日本列島内で展開していた「墳墓」文化の展開を「左側」「中央部」と時間軸が対比できるように述べたものである。

下段部分に戦前の国史が「大和朝廷」として語った状況の問題点などを示した。

論をもとに戻そう。

私は「日本古代史」を語る際には、以下に指摘するような「意識・規定・注釈」等々が必要である場合が多いことを感じている。そして、現行の「日本古代史」論にはあまりにもそうした注意がなさ過ぎ、「古代史」がゆがんだものになっている原因もそこにあると考えているのである。

まず、「日本の古代、わが国は……」のような不用意な表現は常に見ているのだが、そうした漠然とした表現ではすまないことは古代史の中には多々あるはずなのである。

「古代とは実質いつ頃の話？」、「ここに言うわが国とは何世紀頃のこと？」、そうしたことへの留意の欠如は戦前の古代史の癖の継承なのだと思う。戦前は「神話」や「天皇紀という形の説話」が中心で「厳密な時代考証におよんでいなかった」のである。

2　戦前の「倭・倭国・倭人」と「大和朝廷」概念形成への道

したものである。
次ページの表は古代史を述べる際、古文献にある「倭」の文字を「わが国のこと」とする理解についての当否を、A「五世紀以前」、B「六・七世紀頃」、C「八・九世紀頃」と分け、「わが国」と表現するときの基本的な留意点について表示したものである。

Aの部分では「五世紀以前」で、もっぱら中国古文献が問題になる。そこには『四史』（史記・漢書・後漢書・三国志）などがあるが、ここでは「魏・呉・蜀」三国の歴史を述べた『三国志』、これをさらに絞り込み、その「魏書」の「東夷伝」に注目することにしたい。

この「東夷伝」には「扶余・高句麗・東沃沮・挹婁・濊・韓・倭人」の七つの条があり。ここでは特に「韓」と「倭人」条について検討する。そうする理由は古代での「倭・倭人」のことを確認するためにこの部分が重要だからである。ただし、この部分、わが国の歴史学では「韓」条にある「倭」に関しての表現は無視し、「倭人」の条については『魏志倭人伝』という書物名にした形で確認するという癖があり、その事態には大きな問題を内包している。

「倭・倭人・倭国」にかかわる史料の確認

またこの時代を述べる場合『古事記』『日本書紀』を合わせて参考にしようとしても、ほとんど意味をなさない。それは『記・紀』という書物と中国側の参考文献とは、成立時代を含め、全く立場の違う書物だからであり、これらを融合させて比較して述べようとするなら、それは基本的なそれぞれの「文献」の特徴を十分に捉えた後、ようやく段階的に二次、三次的な比較対象物となるはずのものなのである。ただこれまでの伝統ではかなり不用意に、同時に並べて「中国文献の○○は『記・紀』の△△の部分と対応し、……」などと論を展開してしまってきたきらいがある。

Bの「六・七世紀頃」では、わが国側文献『記・紀』の記事と、中国文献と対比すべき内容も多くなる。ただしこの『記・

<table>
<tr><th rowspan="2">古代史で「わが国」と表現する際の留意
主な古文献上での「倭」についての検討</th><th>A　列島各地で王権の興亡
五世紀以前</th><th colspan="2">B　律令体勢への移行期
六・七世紀頃</th><th colspan="2">C　律令体勢の成熟と中央集権化
八・九世紀頃</th></tr>
<tr><th>中国およ高句麗の文献</th><th>中国の文献</th><th>日本の文献</th><th>中国の文献</th><th>日本の文献</th></tr>
<tr><td></td><td>三国志・魏書・東夷伝（西晋の陳寿（二三三～二九七）の撰）
「韓」条　数カ所に「倭」の記事がある（この部分は、わが国常用の『魏志倭人伝』での検討では見えてこない）
「倭人」条　朝鮮半島南端の「狗邪韓国」に始まって以下「倭人」の国々の様子を述べており、この部分をわが国では一般に「魏志倭人伝」との名文献かのようにして「邪馬台国」「女王卑弥呼」等々についての議論を繰り返してきた。
宋書（南朝宋の徐爰の撰（三九四～四七五））
文頭は「倭国は高驪（麗）東南海中に在り」とあり、続けて讃・珍・済・興・武と「倭」の「王」のことが出きてこれを「倭の五王」といいこの内の「武」をわが国では雄略天皇と理解するのが「定説」のようになっている。）
高句麗「好太王」碑文（碑は四一四年建立とされる）
高句麗の好太王（公開土王・在位三九一～四一二）の功績をたたえた記念碑・「倭」との交戦記事あり。この記事の読み方によって、戦前「倭＝日本」が朝鮮半島に侵出して実績を上げたと理解してきた。</td><td>隋書（隋王朝三八年間の正史。六三六年（貞観一〇）に完成）
唐初に編纂がはじめられ、南朝・北朝の歴史と共にこの隋史もまとめられた。〔倭国〕条には開皇二〇（六〇〇）年、倭王からの使者がもたらした文書に無礼があると、時の文帝を怒らせた記事あり。ただこの遣使の記事は『日本書紀』にない。また『隋書』には大業三（六〇七）年の使者が届けた国書に〈日出処の天子　書を日没する処の天子に致す〉と書いてあり煬帝の不興を買ったことが見えている。</td><td>古事記（和銅五（七一二）年）・日本書紀（養老四（七二〇）年）
ともに成立は八世紀、平城京（奈良時代）になってからの成立。『古事記』の天皇記は年紀についての記載はなく内容も一部の説話的で長いものはあるが、全体的に天皇記としての内容には乏しい。『日本書紀』は年紀は克明であるが、あくまでも「神話」も「神武天皇紀」いかの各天皇の紀全体が八世紀の編纂であり、記事中の用語などにはそのつど検討を要する場合が多い。</td><td>旧唐書（五代後晋期の成立（八八七～九四六）年）
「倭国」と「日本」の両者の項を設け「日本は倭国の別種」などと述べている。
新唐書（本紀・志・表は一〇〇七～一〇七二列伝は九九八～一〇六一の成立）
「日本」を表に出しかつての「倭の奴国」のことである、とした上で、筑紫から「大和州」に移った、という『日本書紀』の文面に準じた表現をしている。</td><td>古事記・日本書紀 → 続日本紀
漢字が表音文字としてが使われ始めた頃「ヤマト」の地の表記として中国文献にある「倭」文字を「ヤマト」と読む方法が生まれた。それは律令時代以降のこと。その後『続日本紀』の時代になって「倭」を「大倭」とも書き、「倭」に「和」を使う変化も生まれ「大和」の表記となり、これが「ヤマト」と読まれたのは奈良時代中期頃からである。
万葉集（主に大伴家持の撰とされる和歌集）
漢字の読みの音訓を混在させて歌を表記するしかたに変化と時代性が見られ、国語表記の変化のたどれる資料にもなっている。</td></tr>
<tr><td></td><td>ここに記載されている「倭」「倭人」を「わが国」または「日本」などと、とらえることは不自然である</td><td colspan="4">当時の「わが国」とは律令制の中心地となった「畿内政権」の意味であることを確認した上で、このころから次第に「わが国」を「倭・大倭」や「日本」と呼ぶようになった。これらに「大和」の用字が使われるようになるのは『続日本紀』以降のことである。</td></tr>
<tr><td>留意点</td><td>上記にある中国文献に記載されている「倭」を「わが国のこと」長年理解してきた。戦前の「国史」では主に『三国志・魏書・東夷伝の倭人』部分を『魏志倭人伝』の名にし、「倭」を「わが国」とした上で「邪馬台国」の所在地は……、卑弥呼は『記・紀』に登場する誰にあたるか…、など多くの議論を展開してきた。
その発想が戦後にも持ち越されている。しかし、これには多くの問題がある。</td><td>『日本書紀』では「遣隋使」がすべて「遣唐使」となっており、また推古女帝に当たる人物が「隋書」では「王多利思比孤」と男のように書かれている、等々検討すべきことは多い。</td><td>『古事記』神話の中に「倭」文字があり、『日本書紀』神話には「日本」の文字があって、両者ともその用字を「ヤマト」と読んでいる。なお『記・紀』は8世紀成立の文献である。</td><td>律令制の中心地となった「畿内政権」がその地域を「倭」や「日本」と呼んでいることに合わせて、この時代の畿内政権との交換文書での中国の文献でも、記事に「倭」「日本」の文字を使いはじめている。</td><td>表記は漢字だが『古事記』では音訓混在、『日本書紀』『続日本紀』では漢文、『万葉集』は音訓混在を経て、さらに漢字を「仮名」として使う変化を見せている。
これらを総合すると国語での文字表記変遷の様子がこの四つの資料によってたどり、確認することができる。</td></tr>
</table>

紀』は対比対象となる『隋書』より後の編纂であって、図表「留意点」にも述べたがその『隋書』との齟齬は多い。

Cの「八・九世紀頃」の検討材料として中国側とわが国側の資料『記・紀』との成立はほぼ並ぶ。

そして、この時代に「畿内政権」の確立と、自己政権を「倭」と呼び」「日本」とも呼び始めた時代であることは確認されている。

ところで、ここから以降は近代日本での「歴史学」上での問題になってゆく。

たとえば〔わが国は古代「倭と呼ばれていた」〕などという言い方とか、〔『記・紀』に出てくる◯◯という人物は『魏志倭人伝』に記されている……〕といった文脈で「わが国」と表現する場合の問題であって、このような不用意な「わが国は……」という表現は、近代以降、現代でも日本古代史を語る文章の中にはかなり頻繁に見かける。

私自身もうっかりそんな表現をとってしまったこともあったのだが、ある時期からそうした表現に重大な問題を感じるようになった。そして私なりに気をつけるようになるとともに、このような表現をとってしまうわけは何かということを考えてみた。そして次の二点に思い至った。

イ　時代認識での「国」概念への検討意識の甘さによる、うっかり表現

ロ　時代認識での「国」概念のことは、あえて明確にしないままで語り進めたい場合の表現

私自身は当初、右のイの「検討意識の甘さ」によるものだった。

現行古代史での紀元前後頃から五世紀頃までの「わが国」と表現することの問題は、右のロにあると私は思うとともに当然、これはもっと深刻に、注意深く検討され、吟味されなくてはならないテーマのはずである。

四　古代史での「わが国」のこと

中国文献での「倭」の誤読

前ページの図表「古代史で『わが国』と表現する際の留意」を受けて、以下に〔戦前の「大和朝廷」「倭」概念形成への基本資料〕としてさらに図表〔１〕〔２〕〔３〕を用意した。

図表〔１〕では文献全体の主なものの網羅

図表〔２〕では１『後漢書』東夷伝での「倭」のこと、２『三国志・魏書・東夷伝』中の「韓」条での「倭」の記事「①ａｂ」及び「②」

図表〔３〕では『三国志・魏書・東夷伝』「倭人」条（これをわが国では『魏志倭人伝』という）冒頭部の読み方

なお以下を読む際、そのつど図表〔１〕・図表〔２〕・図表〔３〕を参照しながらお読みいただきたい。

１「五世紀以前」の「倭・倭人」のこと

戦前の古代史では「倭」概念の理解として、この中国古文献を都合に合わせて恣意的に読んできた。

中国の五世紀以前の古文献での「倭」は『漢書』地理志、『後漢書』、『三国志』、『宋書』等での「倭」「倭国」「倭の五王」などで、これに韓半島のもので奈良県石上神宮所蔵の「七支刀」の銘文にある「倭」の問題が加わる。

実はこれらの文献の「倭」の部分の理解に関する読み解き方、そして利用のし方は、明治維新以降、政策や、世相のあり方にさまざまな問題を残してきた。

「倭」「倭人」概念理解の基本資料〔1〕

A　五世紀以前　　中国古文献での「倭」

『漢書』地理志の「倭」　　後漢の班固（32~92年）の撰。

漢の高祖劉邦から王莽の時代にいたる前漢の歴史をあつかた正史。「前漢書」とも。「楽浪海中、倭人分為百余国。以歳時来献見云」（楽浪海中に倭人有り。分れて百余国と為る。歳時を以て来り献見すと云ふ）。「倭人」について書かれた最古の記事

『後漢書』の「倭」　　帝紀（本紀）と列伝の部分は南朝宋の范曄（はんよう）（398~445）.

志の部分は西晋の司馬彪（しばひょう）（？から306？）によって書かれた。この書の「東夷列伝」に「倭」の記事がある。

倭は韓の東南大海のなかに在り。山島に依りて居を為す。凡そ百余国。武帝、朝鮮を滅ぼして（前108）より、使訳の漢に通ずる者三十許（ばかり）の国あり。国、皆王と称し、世世統を伝う。その大倭王は邪馬台国に居る。楽浪郡の徼（きょう）（境）はその国を去る万二千里、その西北界の拘邪韓国を去ること七千余里。……(以下部省略)

『三国志・魏志・東夷伝』の「倭・倭人」　西晋の陳寿（233 〜 297）の撰.

「魏書・蜀書・呉書」の三つの国のことを書いた書物。『後漢書』より先の撰であるが、述べられている時代順を優先して『後漢書』が先に置かれる。

この部分について次ページ以下の資料〔2〕〔3〕で確認

「東夷伝・韓」の記事　　資料〔2〕1の①ａｂと②参照

「東夷伝・倭人」の記事　　資料〔2〕2と　資料〔3〕参照

『宋書』の「倭の五王」　　南朝宋の徐爰（じょえん）（394~475）の撰。

後に南朝梁の沈約（441~513）によって修正されたものがある。文頭は「倭国は高驪（麗）東南海中に在り」とあり、続けて讃・珍・済・興・武と「倭」の５人の「王」のことが出てくる。(「倭の五王」といわれ、特に「武」が雄略天皇に比定されるのが一般である)

このあたりから、倭人の住む連合体を「倭国」と呼んで「国」の概念が生まれ始めていたことをうかがわせる。(なおこのころの「倭」「倭人」などの「倭」は「わが国」のことではない。

高句麗・「好太王碑」　　(414年の建立)

高句麗の好太王（公開土王・在位391 〜 412）の功績をたたえた記念碑に「倭」との交戦記事あり。戦前「倭」(＝わが国・日本）がこの地に入り交戦したと理解された。

B　六・七世紀以降

中国文献での倭

『隋　書』での「倭」　我が国の飛鳥・藤原時代(主に7世紀)「倭国・倭王」との交流記事あり

『旧唐書』での「倭」「日本」
『新唐書』での「倭」「日本」
　　我が国の奈良時代(主に8世紀)。中国の「唐」時代「倭国」および「日本」との交流記事あり

わが国古文献での「倭」　　奈良時代(8世紀)以降

(漢字を使っての文字文化始動.・天皇・倭・大倭・日本・大和等の使用始まる)

『古事記』　『日本書紀』　『万葉集』　『続日本紀』

図表〔「倭」「倭人」概念理解の基本資料〔1〕〕（60頁）にあるように〔中国文献でので「倭」〕についての記事のある五世紀以前の文献としては、以下のようになる。

『漢書』地理志の「倭」

・後漢の班固（32～92年）の撰。

漢の高祖劉邦から王莽の時代にいたる前漢の歴史をあつかた正史。「前漢書」ともいわれる。

「楽浪海中、倭人分為百余国。以歳時来献見云」

（楽浪海中に倭人有り。分れて百余国と為る。歳時を以て来り献見すと云ふ）。

という形で「倭人」について書かれた最古の記事

『後漢書』の「倭」

帝紀（本紀）と列伝の部分は南朝宋の范曄（398～445）。

倭は韓の東南大海のなかに在り。山島に依りて居を為す。凡そ百余国。武帝、朝鮮を滅ぼして（前108）より、使訳の漢に通ずる者三十許の国あり。国、皆王と称し、世世統を伝う。その大倭王は邪馬台国に居る。楽浪郡の徼（境）はその国を去る万二千里、その西北界の拘邪韓国を去ること七千余里。……（以下部省略）

『三国志・魏書・東夷伝』の「倭」「倭人」

〔基本資料〔1〕〕の枠囲いの中

・西晋の陳寿（233～297）の撰

※図表〔2〕（63頁）は枠囲いの詳細であり1①ａｂ・②も参照のこと

「魏書・蜀書・呉書」の三つの国のことを書いた書物『三国志』。『後漢書』より先の撰であるが、述べられている時代順を優先して『後漢書』が先に置かれる。『三国志』中の「東夷伝」には〈扶余・高句麗・東沃沮・挹婁・濊・韓・倭人〉の記事があり、ここでは表中の1にある二重傍線を引いた「韓」と「倭人」での記事に注目する。

イ「東夷伝・韓」の記事

※図表〔2〕(63頁)の1①ａｂ及び②

①ａ　韓在帯方之南、東西以海爲限、南與倭接。方可四千里。有三種、一曰馬韓、二曰　辰韓、三曰弁韓。

〈韓は、帯方(郡)の南にあって、東西は海に限られ、南は倭と接している。その四方は四千里ほどであって、馬韓・辰韓・弁韓という三種からなっている〉

①ｂ　建安中、公孫康分屯有縣以南荒地、爲帯方郡、遣公孫模・張敞等収集遺民、興兵　伐韓・濊。旧民稍出。是後倭・韓逐属帯方。

〈建安年中(後漢・196〜220)に公孫康(公孫度の嫡男)は南部の荒地を分けて駐屯し「帯方郡」として、そこに公孫模などを派遣し「韓」と「濊」を討ったので旧民は出ていった。その後、倭と韓は帯方郡に属することになった。〉

②弁辰亦十二國、……(十二国の名が連なる記述。その中に「瀆盧国」がある)……國出鐵、韓・濊・倭皆從取之。……其瀆盧國與倭接界。

〈弁辰もまた十二国で……國に鉄が出る。韓・濊・倭は皆従ってこれを取る。……其の瀆盧国は倭と界を接している。・『三国志』「東夷伝」内「韓」の「弁辰(弁韓)」記事〉

※　戦前、「東夷伝」の「韓」条を明らかにすることを避けていた理由が、「富国強兵」政策遂行上、「倭」イコール「日本」としておきたい論理の妨げになる、という状況であったことが明確に見えてくる。

「倭」「倭人」概念理解の基本資料〔2〕

１．『三国志』魏書・東夷伝（扶余・高句麗・東沃沮・挹婁・濊・**韓・倭人**）

以下の①ａ・ｂと②は 先の【「倭」「倭人」概念理解の基本資料〔１〕】での
　　内の「東夷伝・韓」の 部分を詳細に確認する内容である。

①「東夷伝・韓」の冒頭記事

ａ　韓在帯方之南、東西以海爲限、南與倭接。方可四千里。有三種、一曰馬韓、二曰　辰韓、三曰弁韓。

「韓は、帯方（郡）の南にあって、東西は海に限られ、南は倭と接している。その四方は四千里ほどであって、馬韓・辰韓・弁韓という三種からなっている」

ｂ　建安中、公孫康分屯有縣以南荒地、爲帯方郡、遣公孫模・張敞等収集遺民、興兵韓濊。旧民稍出。是後倭・韓逐属帯方。

建安年中（後漢・196～220）に公孫康（公孫度の嫡男）は南部の荒地を分けて駐屯し「帯方郡」として、そこに公孫模などを派遣し「韓」と「濊」を討ったので旧民は出ていった。その後、倭と韓は帯方郡に属することになった。

※時代背景・後漢の地方官だった公孫度が遼東地方に半独立の政権を樹立するという事件が起こり、その後に公孫度の嫡男が南部の荒地を「帯方郡」とした。

②「弁辰（弁韓）」記事

弁辰（べんしん）亦十二國で、…（十二国の名が連なる記述。その中に「瀆盧国（とぐろこく）」がある）…國出鐵、韓・濊・倭皆從取之。……其瀆盧國與倭接界。

弁辰もまた十二国で…（十二国の名が連なる記述。その中に 瀆盧國 がある）…国には鉄が出て韓・濊・倭皆従ってこれを取る。…其の 瀆盧國は倭と界を接している。

２　「東夷伝・倭人」の記事

以下は 先の【「倭」「倭人」概念理解の基本資料〔１〕】での　　内の「東夷伝・倭人」の 部分を詳細に確認する内容である。なお一般にこの部分を指してわが国では『魏志倭人伝』と呼んでいる。

わが国の古代史は『魏志倭人伝』の名のもとに国々の名を列挙し、特に「邪馬台国」の名と「女王卑弥呼」の名にこだわって、「わが国の古代史」と絡めて語ろうとする。これは戦前の「大和朝廷」という概念と絡みながら古代史の常識のように理解されるものの、九州説、畿内説この問題は戦後にも持ち越され、なお学問的な見地では「保留」が続いている。

（この部分の詳細は次ページの基本資料〔３〕参照）

「倭」「倭人」概念理解の基本資料〔3〕

『三国志』「東夷伝」内「倭人」条　記事冒頭部より

（一般に『魏志倭人伝』といわれている記事の冒頭。）

倭人在帶方東南大海之中、依山島爲國邑。舊百餘國、漢時有朝見者、今使譯（しやく）所通三十國。從郡至倭、循海岸水行、歴韓國、乍南乍東、

到其北岸狗邪韓國（くやかんこく）、七千餘里。始度一海、千餘里

至對馬國（つしまこく）。其大官曰卑狗　副曰卑奴母離　所居絶島　方可四百餘里　土地山險　多深林　道路如禽鹿徑　有千餘戸　無良田　食海物自活　乗船南北市糴　又南渡一海千餘里　名曰瀚海

至一大国（または一支国）　官亦曰卑狗　副曰卑奴母離　方可三百里　多竹木叢林　有三千許家　差有田地　耕田猶不足食　亦南北市糴　又渡一海千餘里

至末盧国（まつらこく）有四千餘戸　濱山海居　草木茂盛　行不見前人　好捕魚鰒　水無深淺　皆沈没取之　東南陸行五百里

到伊都国（いとこく）官曰爾支　副曰泄謨觚　柄渠觚　有千餘戸　世有王　皆統屬女王國　郡使往來常所駐　東南

至奴国（なこく）百里　官曰兕馬觚　副曰卑奴母離　有二萬餘戸　東行

至不弥国（ふみこく）百里　官曰多模　副曰卑奴母離　有千餘家　南

至投馬国（とまこく）水行二十日　官曰彌彌　副曰彌彌那利　可五萬餘戸　南

至邪馬壹国（やまいちこく）（または邪馬臺国（やまたいこく））　女王之所都　水行十日　陸行一月。

官有伊支馬　次曰彌馬升　次曰彌馬獲支　次曰奴佳鞮　可七萬餘戸　自女王國以北　其戸數道里可得略載　其餘旁國遠絶　不可得詳（邪馬台国内の説明。ここまでは狗邪韓国を入れて９国。ここ以下に国名だけの21国列挙・次ページの「行程記事図示」参照）。

有奴国（なこく）（この国名は二度出ている）此女王境界所盡。其南

有狗奴国（くぬなこく）、男子為王…。

上記の訳（小さい文字のところは訳を省略した）

倭人は（帯方）郡の東南の大海の中にあり、山島に依り国邑を為している。もとは百余国で漢の時代には朝貢する者もあったが、今は使訳（しやく）の通じているところは30カ国である。（帯方）郡から倭に行くには海岸をめぐって水行、韓国をへて乍く南へ、乍く東へ行くと、

その北岸の狗邪韓国に到る。ここまでで七千里余り。それから始めて海を渡り、一千里余りで対馬国に至る。ここを南へ一海千里ほど（名瀚海）を渡ると一大国に至る。そこを一海千餘里を渡ると末盧国に至る。

ここを東南へ陸行五百里で

伊都国に到着。（伊都国を）東南へ行き

奴国至り、百里。（伊都国を）東行し、

不弥国に至り、百里。（伊都国を）南に行くと

投馬国に至り、水行二十日。（伊都国を）南に行くと

邪馬壹国に至る。水行十日、陸行一月である。

（以上９国。以下に、名のみの国21国の記述）。

次に奴国、ここが、女王国境界の尽きる所である。その南には

狗奴国があり、男子を王としている…。

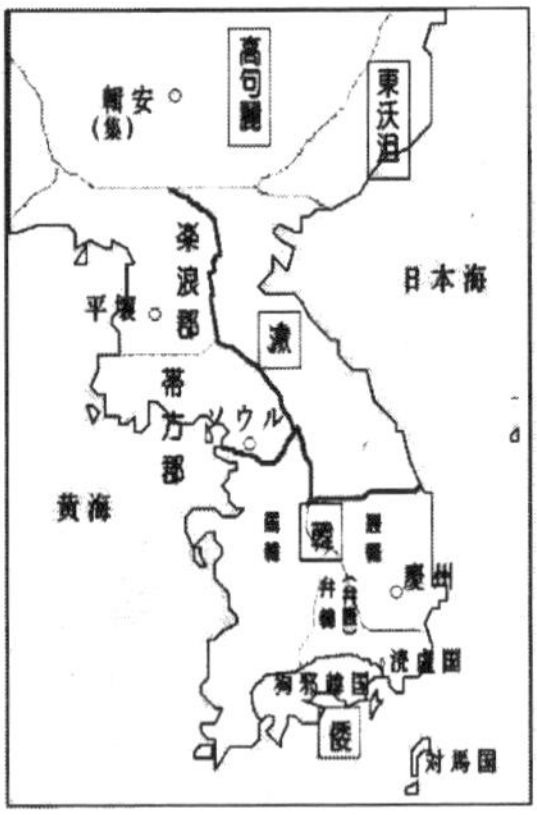

ロ「東夷伝・倭人」の記事――この部分は一般に『魏志倭人伝』といわれている――※図表〔3〕（64頁）

邪馬壹国（または邪馬臺国）への行程順が示されている

倭人在帯方東南大海之中、依山島爲國邑。舊百餘國、漢時有朝見者、今使譯所通三十國。從郡至倭、循海岸水行、歴韓國、乍南乍東、

〔倭人は（帯方）郡の東南の大海の中にあり、山島に依り国邑を為している。もとは百余国で漢の時代には朝貢する者もあったが、今は使訳の通じているところは三十カ国である。（帯方）郡から倭に行くには海岸をめぐって水行、韓国をへて乍く南へ、乍く東へ行くと、〕

到其北岸狗邪韓國。

七千餘里。始度一海、千餘里〔その北岸である狗邪韓国に到る。ここまで（帯方郡から）七千里余りである。それから始めて海を渡り、一千里余りで↓〕

至對馬國。

〔対馬国に至る。（……以下に続く文字は訳を省略）其大官曰卑狗　副曰卑奴母離　所居絶島　方可四百餘里土地山險　多深林　道路如禽　鹿徑　有千餘戸　無良田　食海物自活　乗船南北市糴　又南渡一海千餘里　名曰瀚海〔また南へ一海千里ほど瀚という海を渡ると〕

至一大国。（または一支国）

〔一大国に至り、（……以下の文字訳省略）官亦曰卑狗　副曰卑奴母離　方可三百里　多竹木叢林　有三千許家　差有田地　耕田猶不足食　亦南北市糴　又渡一海千餘里〔また一海千餘里を渡ると〕

至末盧国。

〔末蘆国に至り、（……以下の文字訳省略）有四千餘戸　濱山海居　草木茂盛　行不見前人　好捕魚鰒　水無深淺　皆沈没取之　東南陸行五百里〔東南へ陸行五百里で〕

到伊都国。〔狗邪韓国とこの伊都国に「到」の文字が使われ、またこの伊都国以降の国から文体が変わる〕
〔伊都国に到達、（……以下の文字訳省略）官曰爾支 副曰泄謨觚 柄渠觚 有千餘戸 世有王 皆統屬女王國 郡使往來常所駐 （伊都国から） 東南 〔東南に行き〕

至奴国。百里。

〔奴国には百里で至る。（……以下の文字訳省略）官曰馬觚 副曰卑奴母離 有二萬餘戸 （伊都国から） 東行 〔東に向かって行き〕

至不弥国。百里。

〔不弥国には百里で至る。（……以下の文字訳省略）官曰多模 副曰卑奴母離 有千餘家 （伊都国から） 南 〔南に向かって〕

至投馬国。水行二十日。

〔投馬国には水行二十日で至る。（……以下の文字訳省略）官曰彌彌 副曰彌彌那利 可五萬餘戸 （伊都国から） 南 〔南に向かって〕

至邪馬壹国。（または邪馬臺国） 女王之所都 水行十日 陸行一月。
〔女王の都とするところである邪馬台国にいたる。水行十日か陸行一月である（ここまでで九国）。〕官有伊支馬 次曰彌馬升 次曰彌馬獲支 次曰奴佳鞮 可七萬餘戸 自女王國以北 其戸數道里可得略載 其餘旁國遠絶 不可得詳
（ここ以下に国名だけの二一国が列挙される）。

有奴国。此女王境界所盡。〔次に奴国あり、ここが、女王国境界の尽きる所である〕（なおこの国名は二度出ている。）
其南有 狗奴国。男子為王……。〔その南には狗奴国があり、男子を王としている……。〕

伊都国を起点に置いて放射状に読む

ところで「東夷伝・倭人」条の訳を読んでおや?と思われたに違いない。

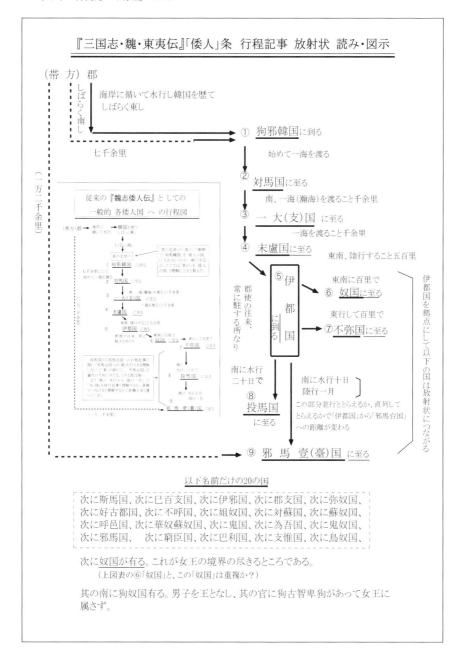

『三国志・魏・東夷伝』「倭人」条 行程記事 放射状 読み・図示

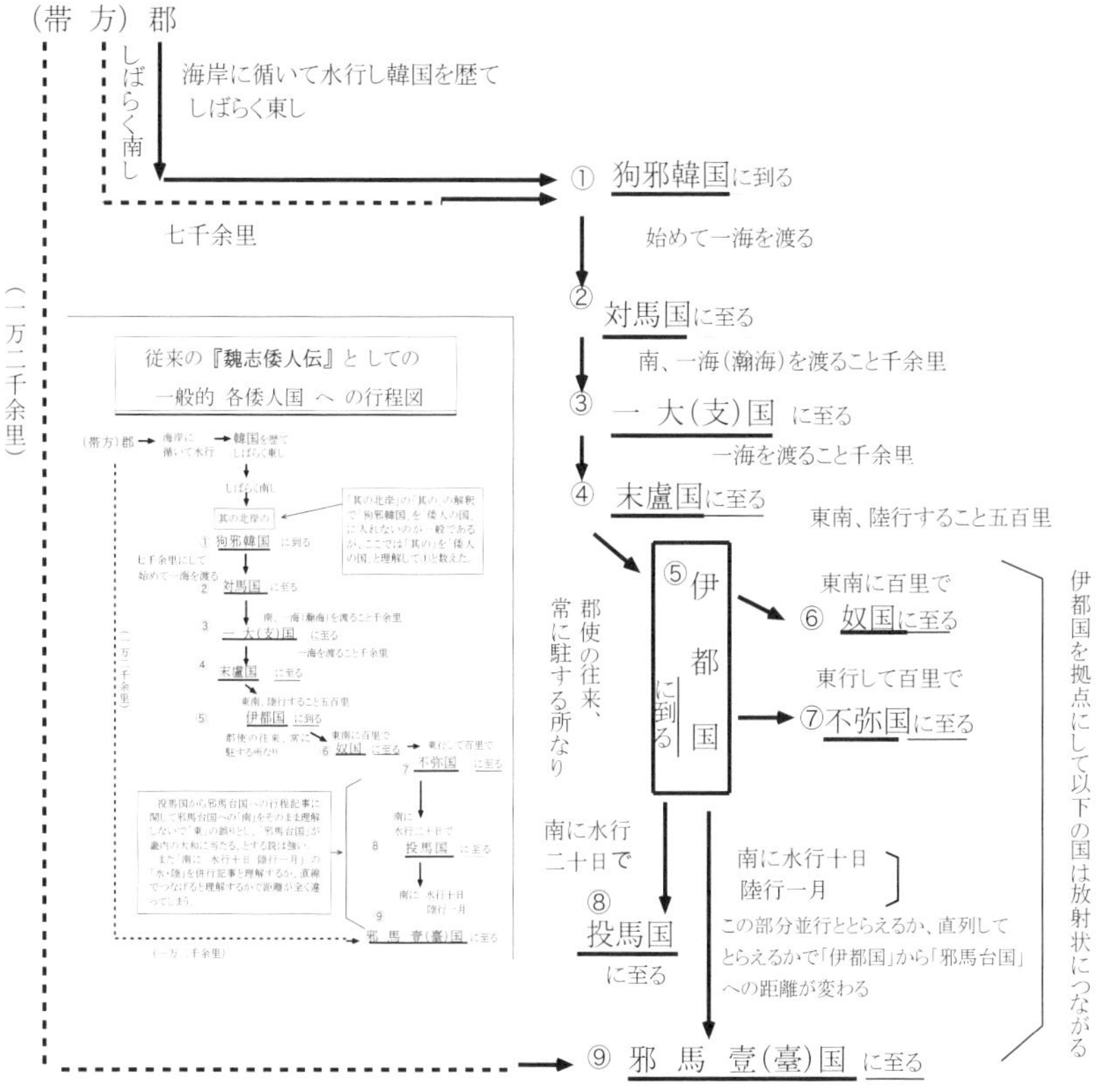

以下名前だけの20の国

次に斯馬国、次に巳百支国、次に伊邪国、次に郡支国、次に弥奴国、
次に好古都国、次に不呼国、次に姐奴国、次に対蘇国、次に蘇奴国、
次に呼邑国、次に華奴蘇奴国、次に鬼国、次に為吾国、次に鬼奴国、
次に邪馬国、　次に窮臣国、次に巴利国、次に支惟国、次に烏奴国、

次に奴国が有る。これが女王の境界の尽きるところである。

（上図表の⑥「奴国」と、この「奴国」は重複か？）

其の南に狗奴国有る。男子を王となし、其の官に狗古智卑狗があって女王に属さず。

①　ゴチックでの右の文字組で各「国名」が文頭に来るように文面を配置した。「基本資料」〔3〕の図表でも同様に、行頭文字に「到」「至」の文字が確認しやすいように組んだ。このことにより「国名」の頭に「到」と「至」の字が来ていることがわかる。

②　さらに、国から国へのルート記事で「伊都国」以前と以後とで、文章の書き方に変化のある様子がわかりやすいように傍線を引いた。

この①②のことに注目すると「倭人」条のもとの筆者がルート中間で「伊都国」が改めて起点となって読み分けるようにと文章を綴っている様子が見えてくる。つまり、ここ以降は各国への行き方が放射状であるように記されているのである。あたかも「伊都国」は「ハブ空港」のような働きをしていたことになる。その重要さのことは、他の国と比べて千余とある戸数は多くはないが「世有王 皆統屬女王國 郡使往來常所駐」〔世に王あり 皆女王国に統属し、（帯方郡）郡使の往來では常に駐るところである。〕とある。つまり中間点以降での起点として「伊都国」の政治的・地理的重要さが注目されていた状況が分かる。こうしたことを総合すると、この国以下を放射状に読むようにかき分けていたことの意味も分かるのである。

こうした放射状になる読み方については、すでに榎一雄の説があった。このことについて〔『改訂版　魏志倭人伝　他三編　石原道博訳　岩波文庫』〕では次ページのような図で紹介している。

ただこの放射状の読みについて当の「岩波文庫」本ではとりあえず紹介はしておくが、実質あまり触れたくない、という冷たさであり、これが「古代史学」の世界の趨勢であることを示している。

この放射状の読みについてはその後、古田武彦の『「邪馬台国」はなかった』で検討された以外はほとんど広がっていった様子はない。ただし古田武彦も、この読み方については肯定せず、冷たい扱いである。

これまでの一般的な読みは、すべての国が次々に直列してつながると理解され、これでは邪馬台国は南の海の中、琉球や台湾の方にまでいってしまいかねない、ということが議論の中心だった。そのためか伊都国以降にある「南」という文

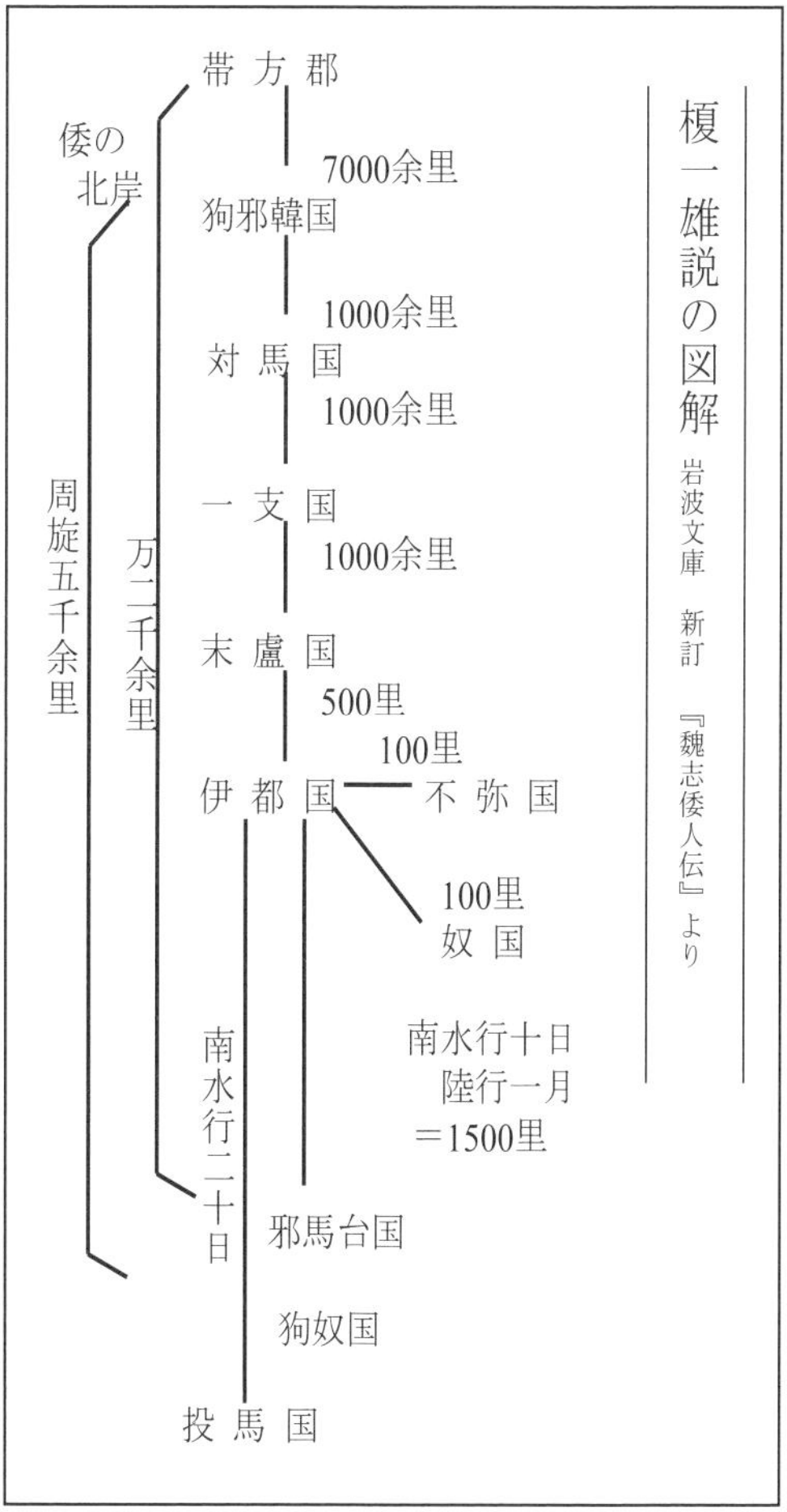

字は「東」の書き間違いであって、これを「東」と読めば「ヤマト」あたりに落ち着き「邪馬台国」こそ「ヤマトの国」のことであろうと、これまで「邪馬台国＝大和朝廷」と理解したい人たちは主張してきたのだった。

そして、もはや邪馬台国の所在地論争は水掛け論的で「むなしい」という風潮の中で停滞しながら、「邪馬台国＝大和朝廷」はいつの間にかこれが「定説」かのように扱われる風潮は高まっており、これは特に近頃「箸墓＝卑弥呼の墓」という説に力を与えている。

『宋書』の「倭の五王」

南朝宋の徐爰（三九四―四七五）の撰。後に南朝梁の沈約（四四一～五一三）によって修正されたものがある。

文頭は「倭国は高驪（麗）東南海中に在り」とあり、続けて讃・珍・済・興・武と「倭」の「王」のことが出てくる。（「倭の五王」といわれている）このあたりから、倭人の住む連合体を「倭国」と呼んで「国」の概念が生まれ始めていたことをうかがわせる内容である。

「倭の五王」への疑問　五世紀の『宋書』にある「倭の五王」については以下のような見方もある。

「倭の五王」について

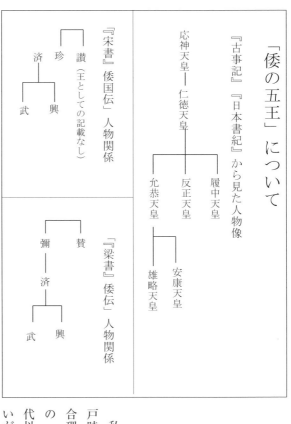

『古事記』『日本書紀』から見た人物像

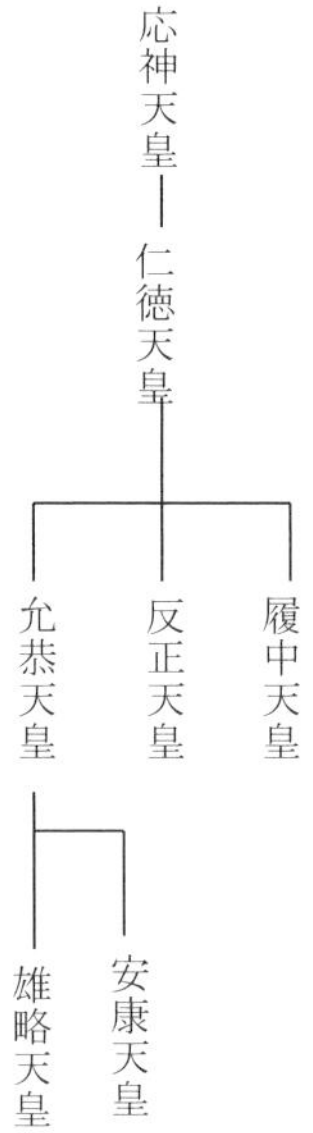

『宋書』倭国伝」人物関係

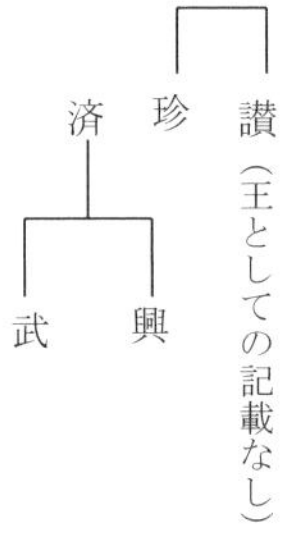

『梁書』倭伝」人物関係

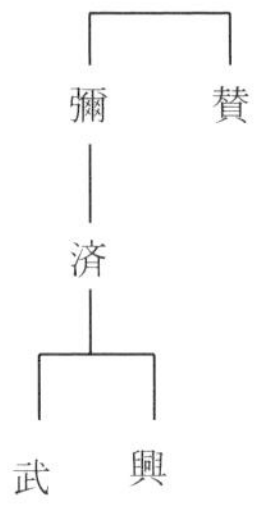

倭の五王を讃は仁徳・履中または応神、珍は反正または仁徳、済は允恭、興は安康、武は雄略などと諸天皇と結び付けるさまざまな試みがなされているが、年次・系譜ともに問題が多く、慎重な検討が必要である。

（『世界百科大事典』・坂元 義種より）

私は既にここまでに「倭」の理解について「江戸時代」での見解が明治以降に持ち越された不合理について幾度か述べてきた。明治より以前の「わが国」や「日本」という語の概念と、近代以降での「わが国」「日本国」論には重大な違いがあるからである。

その違いの検討がなされないまま、近代での「国家観」で過去の時代を論じてはならないだろう、と述べてきた。そしてここで改めて深めたい。「邪馬台国論争」も江戸時代までは、まだ近代国家観が成立していなかったのだからここでは不問にしておくが、明治という新しい時を迎えて以降は別であろうと思う。

中国の『宋書』「倭国伝」についてさらに理解を深めたい。このなかに讃・珍・済・興・武という、現在古代史家が一般的に「倭の五王」といっている人物のことが記録されているのである。

この五人が「倭王」とあることによって「日本の天皇のことである」という明治以前の説を明治が踏襲し、それが今日

【参考】　『倭の五王』藤間生大著から

（松下）見林は『宋書九七列伝第五七夷蛮』の項目の所に出ている「倭国」の記事を全部引用し、そこに出ている倭王の名を、次のように解釈している。

最初に出てくる倭王の名、讃は履中天皇の名が去来穂別であるから、その呼び名を略したのである。「さ」と讃が同じというわけである。

二番目の珍は、反正天皇の名が瑞歯別であるが、瑞の字は珍の字とくらべると形が似ている。このため「なまって」珍となった。

三番目の済は、允恭天皇の名が雄朝津間稚子であるが、済と津の字は形が似ている。故に「なまって」済となった。

四番目の興は、安康天皇の名は穴穂、これが「なまって」興となった。

最後の五番目の武は、雄略天皇の名が、大泊瀬幼武であるから、これを略して武としたのである。……（藤間生大はここに引用部分以下に混乱した論展開はあると指摘）……こうした混乱はありながら、日本の人物を中国の年代に比定して位置づけようとしたことは日本古代史の原点を確立する上に大きな貢献をしたと言えよう。

におよんでいるのだが、ここの「倭＝わが国」だから「倭の王＝天皇」という二段の論理に私は疑問を感じている。

多くの「古代史論」はこの問題に立ち至らず、即「五王は何天皇に比定できるか」という論展開になっているのが現状である。

そんななかで、いささか古いが『倭の五王』（藤間生大著・一九六八年・岩波新書）は比較的手に取りやすく、かつ基本部分にも言い及んでいるという点で、数少ない本であるといえる。藤間生大は江戸時代の国学者松下見林（一六二七〜一七〇四）が『宋書』「列伝・夷蛮」の「倭五王」記事から各「王」を『日本書紀』に照らして解釈していた内容を紹介している。珍しい紹介なので、藤間氏の述べるその部分を引用して上の【参考】に示した。

ただこれを見ると『日本書紀』の中に「五王」に相当する天皇系図を十分見つけられないまま、不安定な比定のまま強弁するなど「倭の五王」にかかわる「論理」がかなりずさんであることに驚く。その中でわずか五番日の「武」について「雄略天皇の名が、大泊瀬幼武であるから、これを略して武とした」というあたりが一番論理らしい部分なのだが、これもこじつけ感をまぬがれない。ところがこの「武＝大泊瀬幼武＝雄略天皇」の論理はその後にも影響をあたえ、稲荷山鉄剣銘の中にあった「武」名が「雄略天皇」という論理につながっていくのである。

この稲荷山鉄剣の件は、のちにあらためて検討する。

この引用の後に藤間生大氏はこの引用部分に、混乱した論展開はあると指摘しつつも「こうした混乱はありながら、日本の人物を中国の年代に比定して位置づけようとしたことは日本古代史の原点を確立する上に大きな貢献をしたと言えよう」と述べている。

つまり、「江戸の学者が既にこういう見解を持っていたことは立派だ」、というわけである。しかし、江戸時代はさておきこの中国五世紀代を述べる『宋書』にある「倭」とは「わが国」という理解が可能なのか、との検討は十分なされず、こうしてこんにちの「倭の五王」は『日本書紀』に登場する「天皇」に想定しうる、という「常識」、いや「定説」かのように語り進めてしまっている近・現代の「古代史」の基本そのものが疑われる。

なお『梁書』(七世紀前半の成立)の「諸夷伝・倭」には「晋安帝の時」(三九六〜四一八年)のこととして「贊」「彌」「濟」「興」「武」の五王の記事がある。『宋書』と大きくちがうのは、「讃」にあたる人物かどうか「倭王贊」から始まっている。ただ、「讃」は「贊」、またそのあとにつづくのは「珍」ではなく「彌」となっていて、五人は全て「有倭王(倭に王ありて)、……」の形のもとに「贊→弟弥→子済→子興→弟武」と列挙され、その名そのものに兄弟か親子という関係がつけられ、連続した続柄が述べられている。

高句麗・「好太王碑」の「倭」

好太王碑は四一四年の建立と言われる。中華人民共和国吉林省集安に現存しているもので高句麗の好太王(公開土王・在位三九一〜四一二)の功績をたたえた記念碑で、朝鮮半島への南進策によって百済、新羅を連年圧迫した一方で国内の政策には力を尽くした、という内容が書かれている。

この文面の中に西暦三九一年にあたる辛卯年に倭が海を渡って〈百済・新羅〉などを〈臣民〉としたと読みとれる字句や、いくたびか倭の軍と高句麗軍とが交戦した旨の記事があり、この写しを明治一六(一八八三)年に参謀本部の将校、酒匂景信が日本に持ち帰った。

そしてこれが参謀本部によって『日本書紀』にある神功皇后が三韓を征伐したとの記事と重なるものであると解釈され、わが国の大陸への進出は四世紀の頃にさかのぼる歴史を持つとして、近代での大陸進出への口実として使われた。なお碑文の〈倭辛卯年来渡海破百残□□□羅以為臣民〉の部分の読み方への疑問や、李進熙氏による「碑文改竄説」なども出されたりしている。

なお私個人としては、どの場合もこの問題の絶対的な前提が「倭＝わが国のこと」として議論されている。そのことそのものが、根本的に間違っているのであり、参謀本部による改竄があったのかどうか、という議論以前の「明治」という時代の国史形成の問題である、と考える。

「七支刀」における「倭」

なお、これらとは別に、「七支刀」と呼ばれる枝分かれした刀剣の銘文のことについても触れておきたい。これまで見てきた「倭」の問題の資料は全て中国側に発した文献によるものであるが、この「七支刀」の問題は朝鮮半島に発した「文字資料」であるため先の図表〔1〕〔2〕〔3〕に入っていないが、ここで確認しておきたい。

「七支刀」は現在奈良県天理市杣之内、石上神宮の宝庫に保存されている。明治六年（一八七三）に発見され、「為倭王旨造（倭の王、旨の為に造る）」とあって「倭王旨（倭の王である旨）」とある人物が「わが日本国の王」のことと理解された。ただし、『日本書紀』では、この「旨」という文字で想定できる人物が誰かという問題は解決できない。

一方、『日本書紀』には神功皇后摂政五二年（三七二）九月十日に百済からの朝貢記事があり、そこに「七枝刀一口・七子鏡一面、及び種々の重宝を献じた」とあって、この「七支刀」のことであろうともされた。

この『日本書紀』での記述「七支刀が百済から倭国に献上された」とあるのは明治政府にとって当面の「富国強兵」政策での領土拡張の発想を後押しする資料であったが、そのことが朝鮮半島の遺物によって確認された、と考えられたのだった。

戦後の一九五〇年ころから改めて、この「七支刀」にある銘文の研究がなされた。書かれている元号がはっきり読めないことから「泰和」「太和」などの文字の判読にかかわる論争や、一方、「百済」「倭王」という文字がはっきり読めることからあらためて「七枝刀」が古代日朝関係研究の上で貴重な史料であるとの思いが強まった。つまり、戦前あった「わが国は四世紀頃朝鮮半島にあった国から朝貢を受けていた」との見方が誤りでない、という方向での論理の強化となって展開したのである。

そして、一方、一九六三年金錫亮氏の「三韓・三国の日本列島内の分国について」という意味の論文が出て「これは百済王側が倭王に下賜した」という文面である、とする見方がここに加わることによって「献上」されたか「下賜」されたかで立場が逆転してしまう状況も生まれた。

この論争は一九九六年一二月に『石上神宮七支刀銘文図録』(吉川弘文館)が刊行されて、文面の詳細な検討ができるようになり、そこに見られた表裏六一文字で構成された文字の解読という研究が新しい段階を迎え、表面三四字の中の「泰和四年五月十六日丙午」の部分が「泰始」ではないかとする説や、「泰初」ではないか等々の解釈のもと、その元号が中国「魏」のもの、「西晋」のもの、等々の意見などによって論争は進んだ。

当然ここに百済の国家形成がいつなのかという論争も加わっての様々な議論が続いているのだが、その決着はまだついていないと言える。

この論争は始まってからすでに百数十年経過しているが、いまだに決着を見ない。その原因は基本の「倭」の理解が双方ともに「倭＝日本」という明治以降の解釈が前提になってなされている。私はこれらの解釈のなかにあった「思惑」をはずして、改めて議論しては、と思うのである。

八・九世紀の奈良時代以降はさておき「倭・倭国」とは真実、近代のわれわれが思っている「常識」としての「倭＝わが国＝日本」という概念でいいのかを虚心になって検討し直さなければならない、私はそう思う。

2 「六・七世紀頃」の「わが国」のこと（図表〔1〕（60頁）参照）

〈中国古文献での「倭」〉

古代史そのものがここまでの場合と、これ以下とでは大きな違いがある。それというのも、これ以降には「遣隋使」「遣唐使」などという言葉もあり、これらの背景には、わが国側の歴史状況も変わっていて、「倭」に関してもこれまでとは異なってきているからである。

それというのも『古事記』『日本書紀』などの「わが国側」の文献も登場し、さらに『万葉集』『続日本紀』などの文献もその後に続いている。そして、「倭」「倭国」などが畿内「ヤマト」の地名への当て字として使われ始めた事実もあり、かつそこには「律令」という、いわば近代の国家運営にかかわる「憲法」と似た要素の「法」のあり方も絡み、かつ「対外国」という意識も一段と強まり始める要素もあり、ミニ版とはいえ形は明治維新以降の近代国家の「国概念」に近い雰囲気も生まれだしていることもある。

ただ八世紀に、「倭・倭国・日本」が「和・大和」などの当て字に変化してゆくことにもなるが、最も気をつけなくてはならないのは、ここで言う「ヤマトの国」とは近代のいう「日本国」とは全く概念の違うもので、律令制度の中にある「諸国」の一つが「大和国」なのであって、それを現代風の概念で言えば行政単位での「〇〇県」的な使われ方であると理解しなければならない。

『隋書』の「倭」　唐の魏徴（五八〇～六四三年）らの撰

「倭国、在百済・新羅東南、水陸三千里。於大海中依山島而居。魏時、訳通中国。三十余国、皆自称王。……都於邪靡堆。則魏志所謂邪馬台者也。……」

〔倭国は百済・新羅の東南、水陸三千里の所にあり。大海の中において、山島に依りて居す。魏の時、中国に訳通す。三十余国（あり）、皆、自ら王と称す。……邪靡堆に都す。則ち『魏志』に謂う所の邪馬台なるもの也。……〕

右の引用以降に開皇二十年、倭王の姓阿毎（あめ）、字は多利思比孤（たりしひこ）、号は阿輩雞弥（あほけみ）の遣使が隋の王宮の門をくぐった。倭王は「天を兄とし、日を弟として、天の明ける前に政治を執り、日が出ると政務を停止して弟にゆだねる」と述べたので隋の高祖は「ひどく礼儀知らずだ」と怒ってこれを訂正させた、などの記事がつづき、さらに倭を大国として新羅・百済は使を派遣して往来していること。そして隋の大業三年、王の多利思比孤が隋に使を派遣し朝貢し、「海の西にある菩薩天子（煬帝）は仏法を起こしているというのでここにそれを学ぶために僧を派遣しました」と述べ、国書を示した。そこには「日出ずる処の天子、書を没する処の天子に致す。恙なしや」とあった。煬帝はこれを喜ばず、「蛮夷の書は無礼である。二度と来るな」と言った。翌年、煬帝は秘書官の斐清を倭国に使わした、等々。この後、隋の使者は歓迎の館で倭王の「大国惟新の化を聞きたい」との言葉に安堵して帰国したむねの記事がある。

書き出しが「倭国」であり、非常に明解な内容で、またその首都は「邪靡堆（「邪摩堆か?」）」とある。これは『三国志・魏書・東夷伝・倭人』にある「邪馬台」のことだと述べ、魏志時代、倭人三十国連合での都と書かれている「邪馬台国」とは首都「邪靡堆」のことである、と述べていること、また漢の光武帝の時代において倭人は「倭奴国」という国の名で朝貢していたことなどがその後に書かれるなど、『隋書』は遠い時代のことから書き始めたうえで「その当時における現在」の状況に移って開皇二十年のことが語られはじめるのである。

これを『日本書紀』との対比でいえば豊御食炊屋姫（推古天皇）にあたるはずの「我が国側の王」の名として「多利思比孤」と男の名らしい名で記述しており『日本書紀』側の「豊御食炊屋姫天皇」（女性）という存在には何かいわくがある

のではないか、そんなことを思わせる要素がる。さらに『古事記』ではこの天皇が最終記事であり、かつ「小治田宮に座して天下を治めて三十七歳。御陵は大野の岡にあったものが後に科長の大きな陵に遷った。」とある以外『古事記』には実質的な説明はなく、いずれこの天皇を中国文献と対比して語る際は十分の検討が必要である。

『古事記』と違って各天皇紀の記述ははるかに充実している『日本書紀』だが、これを克明に読んでいると、どうしても各天皇紀は何か資料をもとにしているものの、編纂当時の事情によりかなり作成されている感は否めない。

ところで、『日本書紀』での天皇紀で信憑性という雰囲気は、最終部分である天武・持統両天皇紀あたりからで、一般国民にとってかなりポピュラーな「飛鳥時代」などでさえ、その記述は「歴史」というより「物語・説話」の集積という印象は強い。また『日本書紀』の最終部分の天武・持統両天皇紀あたりであっても、かなり前後に齟齬があり、「ん?」と首をかしげたくなるところは多々あって、問題は残るのである。

この頃から政権の基本的な「律令制」と呼ばれる政治組織の基礎が「上宮厩戸豊聡耳太子」（聖徳太子）などの活躍によってできはじめたように書かれている。『日本書紀』成立の基礎的背景もその中にある。

その飛鳥時代こそが律令制の形成期であって、少なくともこのころから「畿内」の地、とりわけ「ヤマト」の地をあらわすのに「倭・大倭」の文字を使い、さらにそこに「日本」の用字が始まった。それは律令制の成長期頃の一つの現象でもあった。

そうした背景のもとで編纂された『記・紀』では神話時代から何のためらいもなく「倭」の文字や「日本」の文字を使った。ただもう一度確認しておかなければならない。それは「倭・大倭・日本」で著された「国」とは律令制下「国郡制」での「国」のことであるということの確認は大事なことになる。

『隋書』理解での注意点

そこで、『隋書』を読む際、気をつけることが必要である。二・三世紀ころの「倭」の記述を読むのと違って、このあたりから『日本書紀』の記述と対応する時代に入ってきたとともに、これまでの「中国文献」を利用するというのとは扱いを変える必要があるからである。

中国や朝鮮半島の「他国」を意識した「ヤマト」にあった「王権」にも「わが国」概念が形成され初めており、「歴史作り」の意識も目覚めていることでもある。その証拠が『記・紀』という書物の編纂という実際であり、一方で『隋書』の記載と『日本書紀』の記載内容とでは重大な齟齬が目につくことにもなる理由である。

ところで、この時代の『隋書』の記事と『記・紀』とでの違いはどうなっているだろう。

1　倭王の名が「多利思比孤」で男であるらしいこと。

2　日本書紀では「隋」とあるべきところ、たとえば「大唐に派遣」「唐の客は」など全て「唐」としている。時代的には「遣隋使」でなければならないのに、「遣唐使」と表現し、どういう理由でか、二十六年秋八月朔（一日）の記事に高麗の報告として「隋の煬帝は三十萬の衆を興して攻めてきたが逆に我がために破られた。」という記事があって「隋の滅亡」を暗示しているところに「隋」の文字を一度使っているのみの『日本書紀』である。

では『日本書紀』は意図的にそのように書いたのか。あるいは基にした資料が間違っていて、こんなことになってしまったのか、あるいは「隋」という国名を使いたくない重大な事情が当時の編纂者側にあったのか、はっきりしない。

また、先の紀元前後頃から五世紀頃までの中国側の資料だけとは違って、この段階へ来て先にも述べたが「ヤマト」の地名が「倭」の文字で表現されるようになったことが、初めて明確に確認できる時代でもある。

『旧唐書』「東夷」の「倭」「日本」

中国五代十国時代（九〇七年から九六〇年）での後晋の時に劉昫（八八七〜九四六）らによる撰。これが書かれた時代はすでにわが国は平安時代に入っており、記載されているのは七世紀後半頃から九世紀前半頃までの内容。成立年代としてはここに入れるのは適当でないという見方もできるが、編纂の当時、唐初から武宗朝以前については実録も残っていて、それらの材料を手を加えずに忠実に伝えていると見られており、古代史の飛鳥時代―藤原京時代―奈良時代を考える上で貴重な文献である。

列伝の第百四十九の上に「東夷」があり「高麗・百済国・新羅国・倭国・日本国」の順の記載がある。ここでは「倭国」と「日本」と並列、別立てで語られている。どうしてこのように別立てだったのか。これについては日本古代史ではあまり深入りしていないが、私なりに考えれば、「近代の国家」概念でわが国のことでありながら別に書かれている、と見ると不自然に思えたが、こと当時近代の概念での「わが国」はないずなので違和感はなく、「併記されている意味は？」と考えを進めるのが自然であろうと思われる。

それぞれの書き出しは以下のようである。

「倭国」　倭国は古の倭奴国なり。京師を去ること一万四千里、新羅東南の大海のなかにあり、山島に依って居る。東西は五ヵ月行、南北は三ヵ月行。世は中国と通ず。其の国、居るに城郭なく、木を以て柵を為し、草を以て屋を為す。四面に小島、五十余国あり、皆焉れ（倭国）に附属す。

「日本」　日本国は倭国の別種なり。その国、日辺にある、故に日本を以て名とす。あるいはいう、倭国自らその名の雅ならざるを悪み、改めて日本となすと。あるいはいう、日本は旧小国で、倭国の地を併せたりと。

『新唐書』「東夷」の「日本」

本紀・志・表は宋の欧陽脩（一〇〇七～一〇七二年）、列伝は宋祁（九九八～一〇六一年）の撰。『旧唐書』を補正しようとする気運が高まる中で編纂されたといわれる。日本の古代史文献では主に『日本書紀』の後に続く『続日本紀』の時代と重なる時代のことが書かれている中国側の史料であり、いわゆる平城京の「奈良時代」と呼ばれる時代がほぼこの時代である。

この時代日本の文献『続日本紀』で畿内の一地域の名である「ヤマト」という発音の語の用例としては「大倭、佐渡二国飢える」などのように「倭・大倭（国）」が使われ、それが「和・大和」という用字に変わっていく様子が確認できて、「ヤマト＝倭（国）＝大和＝日本」がここに初めてできあがることになる。

もし日本の古代史を述べる際「大和朝廷は……」という表現を使う、というならこの時代、つまり「奈良時代」に限定されるのであり、その政権は律令制度の成長期に「ヤマトという地にあった政治組織」というほどの意味になるだろう。

当然それは明治維新以降、「国史」で語られた「大和朝廷」とは全く違う概念のもの、と承知していなくてはならないし、明治維新以降、「国史」で語られた「大和朝廷」という概念が強烈であっただけにこの表現はやめて「八世紀のわが国……」や「平城京の営まれた奈良時代……」などと表現する方が無理はないのではないか。

〈わが国古文献での「倭」〉

ここまで見てきたように中国文献での「倭」を確認する中で次第に「わが国側」の文献も合わせて確認するパターンも増えてきていた。これは漢字を使っての文字文化が始動し、それが次第に定着していく中での文化確認であり、わが国側の文献としては主に以下の四点が問題となってくる。

『記・紀』の神話での「倭」

『日本書紀』の各天皇紀での「倭」

『万葉集』での「倭」

『続日本紀』での「倭」

ここで気をつけなければならないのは右はいずれも八世紀になって成立した文献であるということである。

『記・紀』神話での「倭」

ここでの「倭」に関して言えば、神話の中に「倭」や「日本」の文字が使われているので、私たち近・現代人はこのことで自分の国のことを「倭・日本」と表現していたのは神話の時代にまでさかのぼれる、というような誤解をしてしまう、ということである。

『日本書紀』の各天皇紀での「倭」

各天皇紀での「倭」に関して言えば「倭国造（やまとのみやつこ）・倭国香媛（やまとのくにかひめ）・倭迹迹姫命（やまとととひめのみこと）」のように圧倒的に「ヤマトの国の……」という使い方が多い。当然これも近代的な「わが国」のことではなく、『日本書紀』が編纂された八世紀当時の人の常識である「律令制」での一地方としての「ヤマトの国」としての意味ということになる。

『万葉集』での「倭」

『万葉集』での「倭」に関しては、かなり複雑である。現代人向けの一般に出回っているいわゆる『万葉集』の解釈本では見えてこない問題があるからである。

それは、それらの「万葉本」は漢字仮名交じりの訓読によって歌が示されているのが一般的である。しかし、もとの『万葉集』そのものでの表記はすべて漢字で書かれているのであり、それは当時の編纂者がまだ文字使用状況が定着する前の工夫として「外国文字の音による読み」「外国文字を自己側の意味での訓読み」等々を工夫して国民の「心の発露」を文字表記する方法を模索しながら行った表記によっている。

たとえば、ここでは『万葉集』すべての歌の最終巻である巻二十の最後の歌（『万葉集』四五一六番目の歌）の例を示すと、

三年春正月一日 於因幡國廳 賜饗 國郡司等之 宴歌一首

新年乃始乃　波都波流能　家布 敷流由伎能　伊夜之家　餘其騰

右一首守大伴宿祢家持作之

『万葉集』の「ヤマト」表記・一覧

巻数	各巻ごとの用字例				
01	山跡（1例）	山常（1例）	八間跡（1例）	倭（7例）	日本（2例）
02	山跡（1例）			倭（1例）	
03	山跡（2例）			倭（2例）	日本（4例）
04	山跡（2例）				
05				倭（2例）	
06		大和（1例）		倭（2例）	日本（3例）
07	山跡（3例）				日本（1例）
09	山跡（1例）				日本（1例）
10	山跡（2例）				
11					日本（1例）
12				倭（1例）	
13	山跡（2例）			倭（4例）	日本（2例）
14		夜麻登（1例）	夜麻<登>		
15		夜麻登（1例）	也麻等（1例）	夜麻等（1例）	
19	山跡（3例）				
20		夜麻登（1例）	夜末等（1例）	夜萬登（1例）	

一行目は「詞書き」といって歌が作られた時や場所の説明。二行目が「歌そのもの」。三行目が「後註」といってこの歌の作者が誰であるかを注釈している。これが『万葉集』そのものの表記なのだが、これではわかりにくいので、一般の『万葉集』の解説本では、

三年の春正月一日、因幡国の庁で国郡役人達が宴会を賜った、そのおりの歌　一首）

新(あら)たしき　年の始めの　初春の　今日(けふ)　降る　雪の　いや　重(し)け　吉事(よごと)

右の一首　これは国守大伴宿祢家持の作品である。

という具合になる。ところで歌そのものは「新年乃始乃　波都波流能　家布敷流由伎能　伊夜之家　餘其騰」となっていて、この表記を「万葉仮名」と呼んでいる。そしてその万葉仮名を読み下し、分かりやすく表現したものが「新たしき　年の始めの　初春の　今日　降る　雪の　いや　重け　吉事」ということになる。歌の解釈は「新しい年の始めの今日　雪がどんどん降り積もっている　どうかこの年自体がこのような年となりますように」、そんな意味の当時

因幡国を治める国の長（県知事的な人）だった大伴家持の作品である。

なお上の表は『万葉集』の中で読み方を「ヤマト」としている歌に使われていた「万葉仮名」の例を示している。一般的に読む注釈本などではどれも区別なく「大和」と表記されているのであるが、実際は「大和」の表記は一例のみであって「山跡・山常・夜麻登・倭・日本」もすべて「ヤマト」と読ませて今風な概念でいえば「奈良県」という意味で使われていた言葉である。こうした「漢字」による「仮名」表現が様々あるということは『万葉集』編纂時、まだ仮名表記が一定していなかったことを示しており、「ヤマト」が「大和」となるのは奈良時代も中期頃になってのことである。

『続日本紀』での「倭」

私は既に序章において古代での「国」概念のこと、「わが国は……」などといった使い方の問題点を述べた。ここではもう一歩踏み込んで一般的に知られている「大和朝廷」のこと、そして、「大和」という文字の使われ方の問題について改めて確認しておきたい。

戦前「わが国」をあらわす言葉として中国文献での「倭」が、『古事記』の国生み神話の中に「大倭豊秋津島」とあるので神話時代以来あったかのように国民へ喧伝された。

ところでこれら「倭」「倭国」の用字が「やまとのくに」と読まれそれが「大和国」という表記に変わり、「日本」とも書かれるようになっていったのはいつだったのだろう。

「ヤマト→倭→大倭・日本→大養徳→大和」への流れ　この件については『続日本紀』のはじめの頃の確認から始めたい。それは国郡制での一国の名として、畿内地域にある国々の内の「倭国」のことで、「大倭・伊豆・若狭三国飢疫百姓（大倭・伊豆・若狭の三国の百姓は飢えて病になった）」などの用例に見るように「奈良県・静岡県・福井県では……」といった意味に相当する使い方なのである。

そして天平九年（七三七）一二月になって一時紫香楽に都を移したときからは国の名を改めて「大倭国を大養徳国とな

す」とあって、「ヤマト（大倭）国」でも「大養徳国」と表記する時代があった。

その後、天平一九年（七四七）三月に「改めて大養徳国を旧の大倭国となす」とあるまでの十年間この表記が使われ、そしてその後、天平宝字元年（七五七）十二月以降「倭」の文字は「和」と変えられて「大倭」は「大和」の表記になって常時用いられている。

これらの記事は『日本書紀』の場合と違って、記事内容と記録された時代が並行している『続日本紀』の記録によるものであって、『日本書紀』内での記事内容より信頼に足る史料上でのことである。

ただこの時代「国」と書かれていても全ての使われ方は、近代的な「国家」の名というのではなく明治維新以前にあった「おらが国」といったイメージのことであって、「藩」、あるいは「領地」「領国」のことに相当するような意味に過ぎなかった。

つまり、近代に語られた「国史」での中央集権化が果たされ、国域概念もほぼできあがっての「大日本帝国」のような「わが国」のことではなかった。近代の国史が語った「大和朝廷」というのは近代の「国史」での造語であり、そこでイメージされた政権・王権・古代国家のような「国」など過去のどの時代の人の心にもあり得なかったものだった。


日本国以前の倭国の段階を「大和王権」とか「大和朝廷」とか称する見解が一般的である。したがって歴史の教科書でもその用語はいまも多く使われている。しかし、その表記は正確にいえば間違っている。

（『東アジアの巨大古墳』（「河内王朝と百舌鳥古墳群」上田正昭著・大和書房刊））

右の引用は現行の古代史論で「大和」という用語が不用意に現在も多用されている現状に注意を促したものなのである。

第Ⅱ章　古文献を正しく読むために

一　誤った資料読解、二件――『魏志倭人伝』・『日本書紀』

この問題は、わが国の近代国家発足時のものである。

私は、近代の出発時において古代史を語る際、二点の文献に関してその扱い方に重大な誤りを犯し、それがいまだに引き継がれてしまっていると思っている。

その二点の文献とは『魏志倭人伝』と言われるものであり、『日本書紀』である。このあまりにもポピュラーな二書を挙げ「読解のし方に重大な誤りがある」とあえて述べる。これは決して奇を衒った言い方のつもりはない。

明治維新の新しいヴィジョンでの「国家黎明期」は世界的な視野という点では不慣れのため、多くの不平等条約を結ばされての発足となった。明治政府はそのことによる不利の解消を図ることが急務の課題となった。そしてそのために「富国強兵」の理念確認が必要となり、その新構想に付随して「東亜」への侵出の必要性を感じていた。その遂行のために為政者は「日本」という概念の固定化をはかり、その論理的背景となる論拠を古代史料に求めた。

中国側の資料が『魏志倭人伝』にある「倭」のことで、この「倭」とは「わが国＝日本」のことと解釈し、その古代の「わが国＝日本」が、「東亜支配」にかかわるような歴史を持っていた、と長い伝統を鼓舞する論理を作った。

一方、自国側の史料としては『古事記』『日本書紀』を対象とした。とりわけそこに語られている「神話」の部分に注目して、欧米先進国に対抗しうるイメージとして「わが国は悠久の長い伝統に根ざした神の国である」というイメージを造った。とりわけ歴史書として編纂されていた『日本書紀』にそのイメージに近いものがうかがわれるとしたのだった。

というのは『日本書紀』そのものが、七から八世紀にかかる頃の東アジアの情勢の中で「当時のわが国側」なりの「国際感覚」の中で「わが国」意識を自覚して、企画し編纂したものであった。

当時の政府組織は近代の「国家」概念とは違って、今流にいえば一地方の「政治組織」ほどのものであったが、それなりに明治維新政府はこれに学ぶことが多かった。

新生日本国家として統一した国家意識を醸成し、国際社会に伍すための歴史創りとして
①硬派な中国文献による―古代とわが国＝日本
②神話を含め情緒的に訴える―悠久の歴史
という相反するイメージとをない合わせて一本化する、という方法を編み出した。それは両方に共通してあらわれている「倭」「倭人」の文字による概念をこの発想の柱に据えることによって、本来的には相いれない両者が結びつくような工夫をしたのだった。

それこそが「倭・大倭＝大和＝日本」イコール歴史ある「大和朝廷」というイリュウジョンの展開という形になった。

当然わが国側の文献としては『記・紀』だけでなく『万葉集』『続日本紀』があり、どれも七・八世紀頃に発想され、かつ編纂されており、そのころが古代的中央集権体制での「わが国」意識の始まる頃で、対外を意識した形での「政権」「天皇」などの語も生活上使われるようになり、かつ「日本」という用語も同じ時期に通用し始めていた頃の概念であった。

つまり同じ「倭・倭人」の文字づかいであっても「中国文献」と「わが国側の文献」とでは成立時期の問題や、わが国側の「政治組織の消長」の問題を含めて、その意味や理解にそれなりの注意が必要であったのだが、そうした「要注意」事項にかまけていられなかった「新政府組織」の面々は、うっかり見過ごしや、時にはその「要注意」を意図的に無視して、本来異なった性質であった二つの古代史資料での「倭・倭人・倭国」の意味をない交ぜにし、不鮮明な状態にしたのが、結果として近代の国史における「倭とはわが国のことである」という「定説」であった。

このような理解は私なりの古代史論なのであるが、この論の詳細をさらに示しておきたい。

1　誤読された中国の古文献

これまで既に見てきた五世紀以前の文献での「倭」についてどのように「誤読」されたのかについて改めて述べることにしたい。

中国の五世紀以前の古文献での「倭」については図表⑴（60頁）・図表⑵（62頁）で見てきた『漢書』地理志、『後漢書』、『三国志』、『宋書』等に出てくる「倭」「倭国」「倭の五王」などの記載事項、及び朝鮮半島からのものと思われる奈良県石上神宮所蔵の「七支刀」にある銘文での「倭」、『宋書』の「倭の五王」等々である。

ここまでこれらの「倭」の理解に問題あり、ということは既におおよそは述べてきているが、そう判断する理由についてはもう少し具体的に述べなくてはならないはずである。

これらの「倭」に関して現代の一般的な日本の古代史論では意図的にと思えるほどに、ある一つの傾向が見られる。その傾向とは何か、それを語るのが以下の大きなテーマなのである。

ここではまず『三国志・魏書・東夷伝・倭人』＝『魏志倭人伝』について確認したい。

①『魏志倭人伝』という本はない

この時代を述べるのに欠かせない『魏志倭人伝』がある。しかし、この『魏志倭人伝』という書名は便宜上の「通称」であり、実際はこのような本の名は存在しない。ここではこの重要なことについてまず第一に確認しておきたい。

この通称は既に江戸時代には使われていたようである。そしてこの問題は明治以降どのように展開したのか。いずれ明治期以前のことは参考にはなるが、ここでの問題は近・現代の学問上のことであり、それは如何なることかを検討することになる。

歴史という学問が近代の「科学」として成立した明治維新以降、中国文献の重要な『三国志・魏書・東夷伝・倭人』のことについて『魏志倭人伝』として書名かのようにして使うこと自体の正否が最初に議論されるべきだった。

しかし、その議論はおそらく「国策上で推奨できない」とされ、ある問題を「隠す」ためのカモフラージュとして『魏志倭人伝』といった書名のままで使かおう、となったのではないか。これは私の推論ということになるが、その後の展開が十分そのことを推測、納得させるのである。


現在、通史でも、かなり専門的な日本古代史論でも、普通に使われている『魏志倭人伝』を百科事典で確認すると、

「《三国志》魏書・東夷伝の中の一部を通称したもの」

ということであるのだが、まず一般のどんな辞書にもその『魏志倭人伝』は項目名として載っている。ということは『魏志倭人伝』というのはわが国では十分公認された用語であることがわかる。そして現に「古代史論」ではまず、「『魏志倭人伝』にあるように……」という表現として普通に使用され、あたかも、うっかりするとこれは書名としてそんな本がある、と誤解されかねないような使い方なのである。

しかし、それは中国の西晋の時代に陳寿（二三三―二九七）によってまとめられ、成立は三世紀後半である『三国志』という本の中の「魏」という国の記事、その中の「東夷伝」にある「倭人」という条のことであり、わが国の歴史学者がこれを便宜上『魏志倭人伝』と仮りの名で呼んでいるものである。つまり『魏志倭人伝』という名の書物は存在していないのである。

ところで、正しく書くと長々しいし、煩わしい。通称を使うのも「便宜」という点で決して悪いことではないのだが、時によって略称にしてしまうことによってとんでもないことを「うっかり見落とす原因」になったり、悪意を持ちながら使えば略称、通称を使用することによって意図的に何かを覆い隠す手段となり得る。現に『魏志倭人伝』という名の使用については計算し尽くされた「深謀遠慮」が働いていた、と私は「古代史」のさまざまな本を読む中で感じるようになり、

現在その「疑い」は「確信」になっている。

この件を検討するにあたっては、先に確認してあった〔戦前の「大和朝廷」「倭」概念形成への基本資料〕と題した図表(1)(2)(3)についてもあわせて見ながら読み進めていただきたい(60、62、64頁参照)。

② 『三国志・魏書・東夷伝・韓』内のある記事を意図的に避ける「日本古代史」

『魏志倭人伝』という「通称」を使うことそのものが「古代史での虚(きょ)」の始まりなのである。

その「虚」とは、「うっかりして間違えていた」というのではなく、日本歴史学界がこぞってこの通称を使っているという実態である。そのことによって意図的にある重大な事柄を覆い隠すという組織的な構築現象を意味するという言い方なのである。そして、そのことになるが、文章などでのことなので、あえて私はこれには「虚」という文字を使い、「きょ」と読ませたい。では何を隠したというのか。

『東夷伝』「韓」条の無視　『魏志倭人伝』という名でものを語ると、まず避けられることがある。それは「東夷伝」についてである。「倭人」の条とは「東夷伝」内の七件の項目、つまり「扶余・高句麗・東沃沮・挹婁・濊・韓・倭人」の中で、「韓」の後に来るのが「倭人」である。そしてこの「倭人」の部分だけを指して『魏志倭人伝』と通称し、日本古代史では重要な「書名」かのようにして使われていることになる。

つまり『魏志倭人伝』という名を使っておけば、「扶余・高句麗・東沃沮・挹婁・濊・韓」のことを述べないですむ、ということがおわかりいただけるだろう。「倭人」以外の六件はよほど専門的に研究するなら別だが、一般的には不必要かもしれない。しかし、その中でも「倭人」のすぐ前にある「韓」については別である。

というのも、そこには「倭」に関して重要な表現があるからだ。それなのにその重大な記事を意図的に隠すのが『魏志倭人伝』という「書名まがいの使用」の意図なのであった。

今述べたが「東夷伝」中の「韓」の条には「倭」に関する重大な記述がある。それは以下五件である。

①韓は帯方（郡）の南にあり、東西は海を以て限りと為し、南は倭と接す。

②建安中、公孫康……公孫模等を遣わして（漢の）遺民を収集せしめ兵を興して韓・濊を伐つ。旧民（韓より）稍出ず。是の後、倭・韓は遂に帯方に属す。

③国（弁辰）には鉄が出る。韓、濊、倭はみな従ってこれを取る。

④辰韓の人皆褊頭なり。男女は倭に近く、亦た文身す。

⑤弁辰、……其の瀆盧国は倭と境を接す。（この瀆瀘国とは韓の弁辰内にあるとして挙げられている十二国の内の一つの国の名である）

右のことなどをもとにして作った朝鮮半島の地図が左の図である。

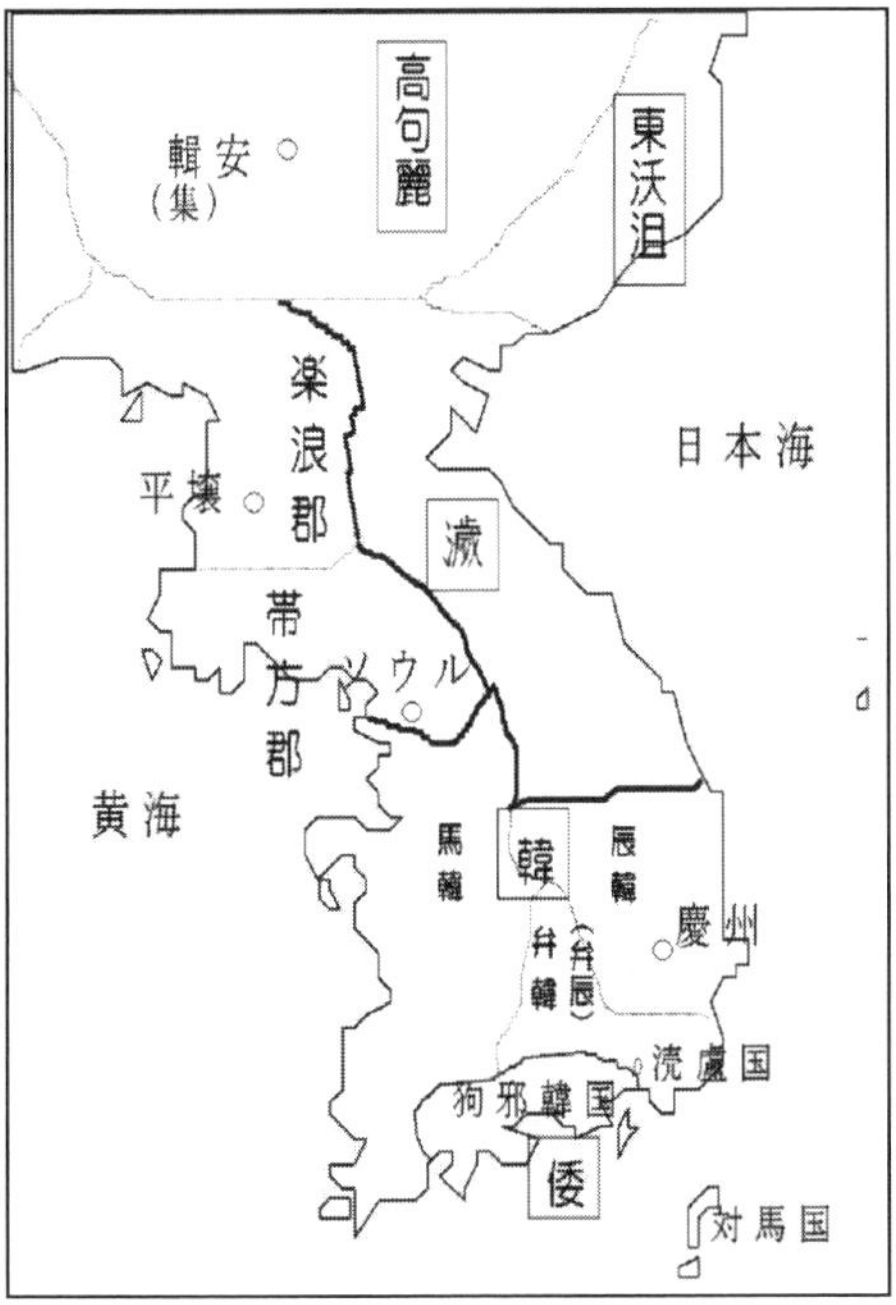

2～3世紀の朝鮮半島

右①②③④⑤の記事をおろそかにしていいはずはなく、戦前以来、現在も『魏志倭人伝』という書名がまがいを前面に出すことで朝鮮半島にある「倭」の問題から目をそらさせていた、そんなことを古代史関係の書籍に多く接するようになって以来私はこれはおかしいのではないかと思うようになっていった。私が「『魏志倭人伝』などという本は存在しない」と言う意味はそこにある。この誤読とは「誤つまりうっかりミスというのではなく「古代史学界の共通の認識」なのだ、と私は思うにいたった。

その理由は、日本歴史学界のごくごくわずか、ほんの一部の人の論は別にして、現行の「日本古代史」に関する本を見るとほとんどの本が「韓」伝のそれらの記事をあえて示さず、判で押したように「倭とはわが国＝日本」のこととして書いている。一方、そのことを問題とする学者に対して学界は、私なりの判断では「忌避」するかのようにしているのである。こんな「判で押したよう」な共通現象が「偶然」おこっているということはありえないだろう。

学者は当然知っているはずのことながら一般国民はそこまで確認できるということはまれで、学者が当たり前に『魏志倭人伝』にある倭とはわが国のことである、と言っていることに何の疑いを挟む余地はなく、そういうものと理解してきたのである。

わが国の古代史では、「倭」が朝鮮半島の中にある一地域「瀆盧国と接している（隣り合っている）」とあることが知られては困る状況があって、「韓条の倭の記事には触れない」ということはどうも古代史学界の共通の認識であり、暗黙の協定事項、または了解事項であるといった感は否めない。そしてこのことは学者間ではある程度協定できても、これが一般読者に知られては困る、という問題なのではないだろうか。

古代史論を語っている人で「意図的に隠すなどという意識を持ったことはない」という人があるのであれば、例の部分を回避せず、せめて「東夷伝・韓の記事について私は……の理由によって触れる必要はないと考える」との意見を述べた上で、「倭とはわが国のこと……」という論を進めるべきであろう。そういうことが「考究」という行為での不可欠な手続きなのではないか、私はそう思う。

それは一般読者への気遣い、と言う意味もあるがむしろその態度は専門家同士こそ重要なのではないのか。こうした暗黙の了解、という状況の中に私は「古代史学界をあげて」共同した問題でもあるのではないか、そんなことを思ってしまうのである。

この状況は『魏志倭人伝』にあるとおり……、という言い方で、明治維新以来、戦前という七十年間、いやそれだけでなく、戦後も再び七十年を経過した今、なおその「虚」は放置されているのである。このことに正面から立ち向かっている学者は管見ながらただ一人であり、その他わずかにこのことに言い及ぶ人であっても、「韓伝の鉄採取」の部分の「倭」

を引用し、「倭（日本）もこの鉄を求めた」のように、できる限り問題にならないような表現にして、「倭＝わが国」の理解を壊さないように気遣っている次第である。

そしてほとんどの古代史家は、この「韓伝の倭」のことには一切触れないようにして「この時代、倭（日本）は……」という学界の協定に保護されている。「東夷伝・韓」の中にある「倭」については触れたくない、触れるべきではない、「常識に依拠していないと生きて行かれない」と古代史の「倭」の問題をすり抜けているのが現状なのだ。

この状況を思うと私はこの現行の「放置」のメカニズムは古代史がいつでも戦前の「国史」に戻っていける準備として戦後になっての七十年間作用し続けていたのではないかとさえ思えてしまう。

既に述べたが、明治維新以前つまり江戸時代までにもかなり古くから「倭国」「倭人」の「倭」とはわが国のこと、とする認識はすでにあった。

例えば倭寇のことであるが、

〔**倭寇**〕　朝鮮半島、中国大陸の沿岸や内陸および南洋方面の海域で行動した、日本人をふくむ海賊的集団に対して朝鮮人や中国人がつけた称呼。…《高麗史》には一二二三年に倭寇の文字がはじめてみえる。日本側の《吾妻鏡》では、一二三二年（貞永一）に肥前鏡社の人が高麗で海賊をしたことを記している。（平凡社『世界大百科事典』より）

ここにもあるように「倭はわが国」という発想は十三世紀頃にもあったようである。倭寇は古代以来、日本列島と朝鮮半島及び中国大陸の沿岸部を含めた海を中心に生き、当時の国際社会で活動した民の総称で、その出身は時代によって地域の濃淡があったとも言われるが、一般的には沿岸部で海賊行為を行っていた「日本人を朝鮮半島や中国側が倭寇と呼んだ」という理解が一般的と、している。これは中世を解釈する際常識だが、一方明治以降の近代は、富国強兵政策における東亜の支配という問題を重大な課題と考えていた。その意味から中国の古文献および、わが国の古文献にある「倭」を

「わが国」ととらえようとすることには重大な意味があったのである。

③「倭人」条での「狗邪韓国」の件

これまでに一般的に使われている『魏志倭人伝』という書名まがいを使うことによって「東夷伝・韓」の条の無視という問題点を指摘してきたのだが、似たような問題が『魏志倭人伝』理解の中にも見られることについて確認しておきたい。

先ほどまで見てきたのは「東夷伝」の「韓」の条のことだったが、ここでは「東夷伝」中の「倭人」条、いわゆる『魏志倭人伝』での話で、この書名によってこれまで繰り返し議論されてきた「倭人の国々」にかかわる問題でのことである。

そこにある記事は、「旧百余国が漢の時代に朝見したが今使訳の通じるのは三十国で、對馬国・一大（支）国・末盧国・伊都国…邪馬壹（臺）国に至る。女王の都する所なり……この邪馬台国とは……」とある部分の議論についてである。

ところで今述べた記事の初めに「倭に至るには韓国を経て南、東へ行って其の北岸が狗邪韓国」とあって、そこから海を渡って「千余里で対馬国・一大（支）国・末盧国・伊都国・奴国・不彌国・投馬国・邪馬壹（臺）国」と続く。

ここまではじめの狗邪韓国を入れて九ヵ国あり、それから以下ずらりと二十一ヵ国、国名のみあって、その南に女王に属さない「狗奴国」がある、と書かれている。

ここで「今使訳の通じるのは三十国である」という三十という問題が起こる。朝鮮半島の南端にある「狗邪韓国」を入れて三十国なのか、これをはずして「女王に属さない南にある狗奴国」を入れて三十ヵ国なのか、という問題を含めての「倭人」の国々とは？　という問題である。

そこでこの書き出し部分の読みとして、

イ「倭とはその北岸にあるところの狗邪韓国にはじまって、以下は……」と読む

ロ「倭とはその北である狗邪韓国から（南にある）対馬国以下の……」と読む

このどちらに読むことが正しいのかということになる。（なおここまでに「奴国」が二回出てくるため、実質の国の数は

三十一になる。）

イの読みでは三十国のまず初めが「朝鮮半島の南端にある狗邪韓国」で、その狗邪韓国を含めて「倭人」の範囲である、ということになる。（「奴国」を一回だけ数えて）

ロの読みでは「狗邪韓国」は入れず「対馬国以下」ただし、女王に属さないと書かれている「狗奴国まで」として三十とする、ということになる。（「奴国」を一回だけ数えて）

日本古代史を述べる本などでは一般にはイの読みはとっていない。その理由は、もしこの読みを取ってしまうと「倭人伝」での「倭」は朝鮮半島の南から始まる、ということになってしまうからだろう。

当然ロが一般的であり、その読みは、不自然であろうが、なんとか理屈をつけて言いくるめなければならない。いずれにしても、その解釈の中にはいくつかのパターンがある。

例えば、問題に立ち入ることを回避して国の数を数えず曖昧にして論を進めたり、あるいはこの数を問題にしながら三十とある元の数を無視して論を展開する説もあったりする。

この学者の立ち入り方は先の「東夷伝」の「韓」条を避けていた論理と全く同質の問題で、問題を正面から受け止めずに、「危ない問題には近づくな」というあり方である。これは「倭」の問題だけのことではなく古代史にいくつかある問題に見られる共通パターンであると私は思っている。

この問題は日本古代史では先の「韓」条での「倭は韓に接している」という表現を無視する論理と同質だが、両者の大きな違いは「韓」条にある「倭」記事と、一方こちらはポピュラーな『魏志倭人伝』にある書き出しなので、誰にでも見えてしまう、という点である。

『魏志倭人伝』の書き出しであるだけにこの件に意見を述べる人は、ある程度存在する。

ただそれは狗邪韓国を入れない、ことが前提であり、その理由は「其の」の指す意味は「この部分後に続く倭諸国の北」ととることが正しい、という理屈が一般である。その部分の原文は「従郡至倭、循海岸水行、歴韓国、乍南乍東、到其北岸狗邪韓国」であり、上の傍点部は「其の（倭）の北岸であるところの狗邪韓国に到る」と読むのが自然だろうと考える。
これは古代史の基調になる問題で、この部分の理解と解釈はあらゆる部分に直接、間接に影響を与えることはまちがいない。さらに言えば、そのことと、さらに曖昧に処理されている「任那日本府」の問題は関係があるのかもしれない。そんなことも思うのである。

「任那日本府」とは？

先の「韓」条での「倭」や、「狗邪韓国」が「倭人」の三十国に入るのか、などを総合すると「任那日本府」というのは朝鮮半島の南端の「狗邪韓国」のことを指す可能性も出てくる。つまり「日本府」の置かれている所でもある、という見方もできることになる。

ではその日本府とは？　という問題になる。それでなくても難しいのだが、この問題も現代の歴史学ではすっきりしていない。何か「制御」のような力が働いているのだろうか、この課題は「謎」という言い方で処理されているように思われる。

ところで『日本書紀』内での「日本府」の表現は三五箇所存在し、例外的に雄略期に一例あるのみで、すべてが欽明紀に集中している。さらにこれを絞って「任那」という地名が加わった「任那日本府」という語にして確認すると、当然これも欽明紀のみにあって五箇所、また地名が変わって「安羅日本府」という表現もある。これは同じ欽明紀に二箇所ある。さらにこれらの表現は欽明紀三二年の記事中でも十三年までの記事に限られているという事実もある。なおこの「安羅日本府」について言及した本を私は管見ながら見たことがない。

このように例外の一箇所を除き、なぜ欽明紀のみに限定されて「日本府・任那日本府・安羅日本府」という語があるのか。さらに不思議と言うべきか、比較的私たちにはポピュラーな「任那」という地名もここに集中しているという特徴も加えられる。

さて、このようにこの欽明紀は異例なことが多い。欽明天皇は『日本書紀』によれば継体天皇と手白香皇后との嫡子と書かれている。ところが、この天皇は皇子時代の名前が書かれていない。これも異例である。かつこの天皇紀のほとんどが、百済側から発信した形で記事が書かれているのである。そんな形も『日本書紀』内では他に例がない。そしてさらにもう一つ異例を挙げれば、この天皇の和風諡号は「天国排開広庭」とあり、「天」の文字のつく和風諡号の天皇は『日本書紀』の最終段階の六人に限られている。

これら「天」の文字のつく和風諡号の天皇は『日本書紀』が最終的に編纂される時代の天皇に集中している。『日本書紀』編纂時の「謎」が欽明紀なのだが、ここに集中している「任那日本府」の問題を謎のままにして本気で踏み込もうとしないのは近代の日本歴史学側での「謎」といえるだろう。これは時代を超えた二つの「謎」が折り重なってしまっているように思えてならない。

なお『日本書紀』についてここに述べた編纂期のことや内容を特徴からグループ分けして、『日本書紀』そのものがどの順に成立していったのかなどについては〔2　誤読された日本の古文献・『日本書紀』について〕の項をこの後に設定し、さまざまな問題点を分析した。

ここではもうしばらく古代史における「倭」の問題を続けたい。

④古代史学界重鎮の「虚」

この部分の見出しに述べた「古代史学界重鎮」というのは岡田英弘氏のことである。

この岡田英弘氏は著作物も多い。「倭・倭国・倭人」など「倭」の問題に関して多くの発言があり、一般に手軽に手にすることのできる著作物としては、

『倭国の時代』（朝日文庫　一九九四年、ちくま文庫　二〇〇九年・初発の題は―現代史としての日本古代史）
『日本史の誕生』（弓立社　一九九四年、ちくま文庫　二〇〇八年）
『倭国――東アジア世界の中で』（中公新書　一九七七年）

『日本とは何か』（『岡田英弘著作集』全八巻中の第三巻　藤原書店　二〇一四年）

などを挙げることができる。

著者は広くアジアの視点に立って日本の古代を語り、満州史の研究によって日本学史院賞を得ている。いわば日本古代史分野での重鎮で、日本古代を語るにあたってユーラシア、東アジア等々、世界的視野でわが国の古代史を見つめている。その立論の舞台の広さと造詣の深さは知るほどに「そうなのか」と驚くことばかりである。

この方の学識を云々するなどもってのほか、という思いは当然ある。

ただ同氏の様々な文章に当って表現を見ていくと、ふと「矛盾しているところがあるのではないか」そんなことを思わせる部分があるのである。論理も旧態にとらわれぬという様子であり、表現は歯に衣着せぬ、といった先鋭さを持ち痛快さを持っている。ところが一方で、「心の底に」戦前の論理に回帰したがっている要素がありはしないか、そんなことを思うのである。

それは「倭・倭人・倭国」などを論じる場合の立論の中に「え？」と思える部分、言い換えれば「違和感」を感じる部分があるからである。「倭・倭人・倭国」の問題といえば、この論者の最も中心のテーマといえる問題なのだが。

なお、岡田氏は「『魏志倭人伝』という書物は、「実は存在しない」と述べている。これについて拍手を送りたい思いはあったが、ただよくよく確認すると、先に私が述べた『魏志倭人伝』という書名がいが「韓」条の「倭」の記事を隠している、という発想からの発言ではなく、『三国志・魏書・東夷伝』の「倭人」条のみを取り出した略称が『魏志倭人伝』であるという指摘をするだけのことであった。そのため「そういう本はない」といいつつも氏は『魏志倭人伝』の言い方を多用している。

ところで、「東夷伝」の「韓」における「倭」の問題にも言及する数少ない論者でもある。ただし、違和感を感じると私がここに述べようとした問題がその「韓」における「倭」に関する件なのである。

ではその違和感を感じるというのはどういうことなのか、二つの点から述べることにする。

これには前の段、⑵『三国志・魏書・東夷伝・韓』内のある記事を意図的に避ける「日本古代史」」（90頁～）で述べた「東夷伝・韓」条の「倭」にかかわる記事及び「東夷伝・倭人（魏志倭人伝）」での「狗邪韓国」についてのところを参照しながらお読み頂きたい。

「東夷伝・韓」条での「倭」

まず九一ページ①の「韓は……南は倭と接す」の部分、この「韓」伝の「倭」記事である。このことについて氏は、

・対馬から最も近い巨済島だが、この国には弁辰瀆瀘国があった。（『倭国―東アジア世界の名』より）
・巨済島は瀆瀘国の地だが『韓伝』にはこの関係を「その瀆盧国は倭と界を接す」と表現している。（『倭国の時代』より）

と述べていて、一つは瀆瀘国（とくろこく）が「巨済島の中の部分」と読める文章であり、もう一つは「巨済島は瀆盧国の地」と微妙に表現を変えている。

ところで、「東夷伝・韓」の本文の弁辰十二国の記事について改めて確認してみると、本文の中にはどこにも瀆瀘国が島であることを感じさせる表現はない。どうもここでは「瀆瀘国」という問題の国名が「巨済島」という島とを結びつくかのように述べることによって「倭」の第一番目にしておきたい「対馬」と近いことを強調し、「韓は……南で倭と接す」の「接す」という表現の違和感を極力消しておきたい、そういう思いからの、解釈上での「島」の強調なのではないか、そんな感じを持ってしまう。

朝鮮半島の南部の地理、まして二世紀前後の頃のことで、かつその大家の説に異を唱えるのは、と思いつつもつぎに述べる『魏志倭人伝』での「狗邪韓国」のことと合わせて、やはりここに見られる表現には「違和感」がわくのである。

「東夷伝・倭人（魏志倭人伝）」での「狗邪韓国」

『魏志倭人伝』と一般に言われるもので、その冒頭の「倭に至るには韓国を経て南、東へ行って其の北岸が狗邪韓国、千余里で対馬国……」とある「狗邪韓国」の部分のことである。これについて岡田氏は、

問題なのは、狗邪韓国を「東夷伝」が「その北岸」と呼んでいることである。そのためにこの国を倭人の国と考えたり、倭人はもともと朝鮮半島の原住民だったように言ったりする人もあるが、これは見当ちがいである。（『倭国―東アジア世界の名』より）

この「見当違いである」との理由として、ここでも先ほどの「瀆盧国」のことが出てくるのである。氏は、「東夷伝」の「其の北岸」も同じような事情で、弁辰の狗邪国の外れの洛東口の海岸に、釜山のような倭人の居留地があったことを示すだけのことである。対馬から最も近い巨済島だが、この国には弁辰瀆盧国があった。

と、このあとに続けている。もう一つは、先にも引用した『倭国の時代』にある以下の文である。

韓国側の陸地では、対馬にもっとも近いのは巨済島で、金海からでも固城からでも、対馬に向かう船は巨済島の沖を通る。金海は弁辰狗邪国、固城は弁辰古資弥凍国、巨済島は弁辰瀆盧国の地だが、『韓伝』にはこの関係を「その瀆盧国は倭と界を接す」と表現している。

の表現で、どうも先の①での「韓は……南は倭と接す」の問題と、ここでの②の「狗邪韓国」の問題を、本来離して論

じなければならないのを、あえて一つに絡げてしまって、そのあたりの地理などのことなど発想だにない読者を「一刀両断」するかのような明快さで論じているのである。

「韓」条と「倭人」条での「倭」を論ずるには微妙なちがいがあるはずである。しかし、とりわけ「狗邪韓国」を「倭人」にある国々の一つにしたくないため、「韓」条での「倭と接す」とある「瀆盧国」を「島」のイメージにすりかえ、これを「倭人」条にも採用して強引にとも言える解釈をしたのではないか、とさえ思えてしまう。そんなことを想像させる文章を以下に確認してみたい。

> 日本列島の住民は、最も古くは紀元前一世紀に、中国の文献に「倭」という名前で現われている。詳しく言うと、『漢書』の「地理志」に前一世紀の末の二〇年代の情報として、有名な「楽浪郡の海中に倭人あり、分かれて百余国となる。歳時をもって来たりて献見す」という記事が出ている。
> 日本列島の住民は、これから始まって、ずっと「倭」という名前で中国の文献に登場する。これは日本語にも入っていて、「和風＝和服」「和食」などの「和」は、この「倭」を同音の「和」でおきかえたものである。また「大和」を「やまと」と読むのも、やはりもともとは「大倭」と書いたものだ。（『倭国――東アジア世界の中で』より）（傍点は引用者による）

この引用文の傍点部、「日本列島の住民」という言い方が微妙ではあるが、私には「倭とは日本人のこと」と言っていることと同じであると思える。しかもそれは「紀元前一世紀の情報」にまでさかのぼらせて言っている。そしていささか揚げ足取りのようになって恐縮だが、「倭・和・大和」が「ヤマト」という発音に結びつくかのように述べるのは、あまりにも二・三世紀対七・八世紀という時の経過を無視した、一般論、つまり戦前の「大和朝廷論」をやはりどこかに引きずっている、そう思えてしまうのである。

そして、実は「倭」と「韓」の関係、「接する」などの思考に、あるいは「倭」が「大和」の文字使用に展開してゆく過程や、それが「日本」という語とドッキングしていく状況を述べるために、ひとまとめに「わが国の古代には……」のようなおおざっぱな言い方をし、一方でそれではまずい、という氏自身の別の思いも当然あって、そのせめぎ合いの中で「戦前の大和論」に引き入れている自分自身に多少のジレンマを感じているらしい。そんなことをうかがわせる状況も氏の著書のなかに見えているのである。

中国の古代文献「東夷伝」「倭人」の条は中国側では他の地域の記事と対比して突出して詳しい、それはどうしてそうなのかについて、氏は「『三国志』の筆者陳寿が対呉との戦略上、思い切って倭国の価値を誇張する事が必要だったのだ」と述べながら、さらにこう語る。

『三国志』になぜ日本という、中国にとっては外国に関する項目がわざわざ立ててあるのか、その理由を考える出発点になるからである。（傍点は引用者による）

という。

ところで引用のこの中で傍点を施したように、「日本」という表現があることが私は気になった。用語の使い方には厳しい、そういう論調で日頃語っている氏が『三国志』が書かれたその当時「日本」などという国などない時代であることを百も承知であったはずであった。にもかかわらず「世間の論理に合わせたかのような」、あるいは「無意識ながら世論に迎合して」この表現が出てしまった、そんな気がする。

その例を以下に確認してみよう。『岡田英弘著作集3　日本とは何か』（藤原書店刊）の『「魏志倭人伝」、シナ側の事情』という部分に右に引用したと同じ論文が載っていた。

全集本のこちらには右の引用部の「日本という、中国に関する項目」の部分が「倭という、中国にとっては外国に関する項目」となっていることがわかった。

発行年度から見ると始めの引用の『倭国の時代』（ちくま文庫版）が後発である。ということは同じ論文の同じ部分で初めには「倭」とあったものが、発行年度を変えた本では「日本」に変わったということになる。私には「倭」とあっても「日本」とあってもどちらもこの場合、成り立たない文章であるように思う。というのも、『三国志・魏書・東夷伝の倭人』の筆者陳寿は近代人の発想での「倭」でも「和」でも「日本」でもない、筆者自身の時代での「倭」の重視記事だったはずだからである。現に「日本」という用語の始まりについて氏自身がこと細かに論じている事実がある。

> 日本史という枠組は、日本という国家が成立した後にしかあてはまらない。日本建国以前には、国境がまだなかったのだから、当然、国内と国外の区別もなかった。
> だから、七世紀の日本建国以前の歴史は、日本史ではなく、日本古代史でもなく、日本列島・朝鮮半島・満州・中国にまたがる、広い意味での中国史なのである。（「千三百年前の外圧が日本を造った『日本史の誕生』」ちくま文庫二〇〇八年より（傍点は引用者による）

とあり、また同じ本での表現であるが

> 日本列島に正当な位置を与えた世界史を書こうと思えば、日本の国史、韓半島の国史、中国の国史という枠組みをのりこえ、ユーラシア大陸と日本列島に共通な視点から書くしか方法はない。そうした視点は、当然ながら、現代のいずれの国家の利害にも、国民感情にもおもねったものであってはならない。現代の国家とか国民という概念は、たかだか十八世紀末までしか遡れない、起源の新らしいものだから、十八世紀以前と現代とを一貫する歴史叙述には不向きである。

本物の世界史を書こうとする歴史家がとるべき立場は、あらゆる目前の利害や理想や感情を排除して、論理だけをとことんつきつめて史料を解釈し、総合するという立場である。歴史をこうした立場から書けば、その歴史は、歴史家の個人的な意見を超えて、誰にでも受けいれられる可能性を持った「真実」になりうるのである。日本の歴史は、そうあるべきである。（傍点は引用者よる）

という表現もある。

少なくとも「倭は日本のこと」ではないと述べているところであるのに、氏がどうして「倭」を「日本」と変えてしまったのか、そのことが腑に落ちないのである。

ところで古代史家のほとんどが「倭」の問題、とりわけ「倭」と「韓」条の問題について長い間『魏志倭人伝』の言い方で逃げているのに対して、正面からこれに挑んでいるのが井上秀雄氏である。氏の著書には、

『古代朝鮮』（日本放送出版協会〈ＮＨＫブックス〉一九七二／講談社学術文庫　二〇〇四）

『任那日本府と倭』（東出版　一九七三）

『古代の日本と朝鮮』（上田正昭共編　学生社　一九七四）

などがある。ただ一般に触れたがらない部分について語る人だけに学者仲間から煙たがられている雰囲気もある。

たとえば朝鮮半島で書かれた倭・日本についての『三国史記』『三国遺事』などを収めた解説書である『三国史記倭人伝』（佐伯有清訳・岩波文庫・一九八八年）には「倭人・倭兵や倭国・倭王などが、すべて加羅にかかわるものとする新説は、井上秀雄氏の提唱によるものである。……井上氏は、新羅・百済がともに七世紀頃まで加羅地方の別名を倭としていたというのである」と述べつつ、井上氏の説を要約した上で「倭人・倭兵や倭国・倭王などが、すべて加羅にかかわるものとする説には従えない」と述べ「今後の検討が必要」と結んでいる。

ここに「今後の検討が必要」とあるから問題ないようにも思うが、こうした表現はわが国の学者間によくある「挨拶語」であって、真意はその前の「倭人・倭兵や倭国・倭王などが、すべて加羅にかかわるものとする説には従えない」という部分で、しかも「この説は問題にするに足りない」という意味に、私にはとれた。

私としてはこれに対する思いとして、当然井上氏の説が絶対であるはずもないだろうが、少なくとも「倭の語と加羅の問題は検討されるべき問題である」くらいの表現と、かつその後の日本古代史学の世界における「倭と加羅」という問題の議論の発展があったらいいのだが、このテーマは必ずしも活発にはならなかったように私は思う。

なお、「倭と加羅」については第Ⅴ章の〔一時高まった「東アジア古代文化」論〕（249頁）のところでまた述べることにしたい。

2　誤読された日本の古文献・『日本書紀』について

①書名にある「日本」の概念

「国史」「大和朝廷」の概念作りでの日本国内の古文献としては『古事記』『日本書紀』が中心になっていることは言うまでもない。『古事記』の方はその語り口から主に神話的な展開を語るために多く利用され、『日本書紀』の方は、やはり「神代」の部分とともに編年ふうに書かれている各天皇紀の記事をとおして「建国の時代」、そしてそれ以降「飛鳥の地に展開した政権」のできあがってゆく過程まで記述されている。明治政府はこれを利用し、両者の調整の中で近代国家の成立とその運営に向けての「国史」をあらたに作り上げたのだった。

ここではその内の『日本書紀』の方に焦点を絞ってこの資料そのものの実際の姿はどうだったのか。そのことを確認してみたい。

誤読された「二点の文献」の二点目とは主に『日本書紀』のことである。

この『日本書紀』についてはすでにその書名に使われている「日本」のことについては述べてきた。それはこの書名での「日本」と近代国家発足での「大日本帝国」として使われた「日本」との概念は全く違うものである、という点についてであった。

ここではその「違い」とはどういうことかということを含めて『日本書紀』についてさまざまな角度から分析し、この文献を近代がどのように恣意的に使い、読まれてきたのかについて述べることにしたい。

ところでここで言う『日本書紀』というのは、

日本最初の編年体の歴史書。七二〇（養老四）年五月、舎人親王らが完成。五〇巻。添えられた系図一巻は散逸。六国史の第一で、後に〈日本紀〉ともよばれ、《古事記》と併せて〈記紀〉という。

〔平凡社『世界大百科事典』「日本書紀」より・部分〕

のことである。この『日本書紀』はわが国の古代史を考える上で欠かすことのできない重要な書籍であることは改めて言うまでもないのだが、これを史料として利用する際、留意する必要が多々あることを私は感じている。

②『日本書紀』成立の時代は？

利用する際の留意点としてまず、『日本書紀』という本の書名の中にある「日本」とは「わが国のこと」という理解のし方でいいのか、という問題、これについて改めて確認しておきたい。

この『日本書紀』の成立したのは八世紀前半（七二〇（養老二）年）である。その『日本書紀』の最終部分に天武天皇、その妻である持統天皇の「紀」があるという構成である。

『日本書紀』の基本構造

巻数	『日本書紀』の基本構造
巻一	神　代　・　上　（天地開闢と神々・国生み・素戔嗚尊の誓約・天の岩戸・八岐大蛇）
巻二	神　代　・　下　（葦原中国の平定・天孫降臨・海神の国訪問）

――	以下は歴代天皇紀					
	歴代数と	漢風諡号	漢風諡読み方 読みに[テンノウ]が付く	和風諡号 それぞれに「天皇」が付く	和風諡号の読み方 読みにはそれぞれ「…の・すめらみこと」が付く	天皇陵の名
巻三	01	神武天皇	ジンム	神日本磐余彦	かむ やまと いわれびこ	畝傍山東北陵
巻四 欠史八代	02	綏靖天皇	スイゼイ	神渟名川耳	かむぬなかわみみ	桃花鳥田丘上陵
	03	安寧天皇	アンネイ	磯城津彦玉手看	しきつひこたまてみ	畝傍山南御陰井上陵
	04	懿徳天皇	イトク	大日本彦耜友	おほ やまと ひこすきとも	畝傍山南纖沙谿上陵
	05	孝昭天皇	コウショウ	観松彦香殖稲	みまつひこかえしね	掖上博多山上陵
	06	孝安天皇	コウアン	日本足彦国押人	やまと たらしひこくにおしひと	玉手丘上陵
	07	孝霊天皇	コウレイ	大日本根子彦太瓊	おお やまと ねこひこふとに	片丘馬坂陵
	08	孝元天皇	コウゲン	大日本根子耜子彦国牽	おお やまと ねこひこくにく	劒池嶋上陵
	09	開化天皇	カイカ	稚日本根子彦大日日	わか やまと ねこひこおほひひ	春日率川坂上陵
巻五	10	崇神天皇	スジン	御間城入彦瓊殖	みまきいりびこいにえ	山辺道勾岡上陵
巻六	11	垂仁天皇	スイニン	活目入彦五十狭茅	いくめいりびこいさち	菅原伏見東陵
巻七	12	景行天皇	ケイコウ	大足彦忍代別	おおたらしひこおしろわけ	山辺道上陵
	13	成務天皇	セイム	稚足彦	わかたらしひこ	狭城盾列池後陵
巻八	14	仲哀天皇	チュウアイ	足仲彦	たらしなかつひこ	恵我長野西陵
巻九		神功皇后	ジングウ	気長足姫	おきながたらしひめ	狭城盾列池上陵
巻十	15	応神天皇	オウジン	誉田	ほむた	恵我藻伏崗陵
巻十一	16	仁徳天皇	ニントク	大鷦鷯	おおさざき	百舌鳥耳原中陵
巻十二	17	履中天皇	リチュウ	去来穂別	いざほわけ	百舌鳥耳原南陵
	18	反正天皇	ハンゼイ	瑞歯別	みつはわけ	百舌鳥耳原北陵
巻十三	19	允恭天皇	インギョウ	雄朝津間稚子宿禰	おあさづまわくごのすくね	恵我長野北陵
	20	安康天皇	アンコウ	穴穂	あなほ	菅原伏見西陵
巻十四	21	雄略天皇	ユウリャク	大泊瀬幼武	おおはつせわかたけ	丹比高鷲原陵
巻十五	22	清寧天皇	セイネイ	白髪武広国押稚日本根子	しらかみのたけひろくにおしわかやまとねこ	河内坂門原陵
	23	顕宗天皇	ケンソウ	弘計	おけ（をけ）	傍丘磐坏丘南陵
	24	仁賢天皇	ニンケン	億計	おけ	埴生坂本陵
巻十六	25	武烈天皇	ブレツ	小泊瀬稚鷦鷯	おはつせのわかさざき	傍丘磐坏丘北陵
巻十七	26	継体天皇	ケイタイ	男大迹	おおど	三嶋藍野陵
巻十八	27	安閑天皇	アンカン	広国排武金日	ひろくにおしたけかなひ	古市高屋丘陵
	28	宣化天皇	センカ	武小広国排盾	たけをひろくにおしたて	身狭桃花鳥坂上陵
巻十九	29	欽明天皇	キンメイ	天国排開広庭	あめ のくにおしひらきひろにわ	桧隈坂合陵
巻二十	30	敏達天皇	ビタツ	渟中倉太珠敷	ぬなくらのふとたましき	河内磯長中尾陵
巻二十一	31	用明天皇	ヨウメイ	橘豊日	たちばなとよひ	河内磯長原陵
	32	崇峻天皇	スシュン	泊瀬部	はつせべ	倉梯岡陵
巻二十二	33	推古天皇	スイコ	豊御食炊屋姫	とよみけしかしきやひめ	磯長山田陵
巻二十三	34	舒明天皇	ジョメイ	息長足日広額	おきながたらしひろぬか	押坂内陵
巻二十四	35	皇極天皇	コウギョク	天豊財重日足姫	あめ とよたからいかしひたらしひめ	－
巻二十五	36	孝徳天皇	コウトク	天萬豊日	あめ よろずとよひ	大阪磯長陵
巻二十六	37	斉明天皇	サイメイ	天豊財重日足姫	あめ とよたからいかしひたらしひめ	越智崗上陵
巻二十七	38	天智天皇	テンチ	天命開別	あめ みことひらかすわけ	山科陵
－	39	弘文天皇	コウブン	－	－	（長等山前陵）
巻二十八		「天武天皇即位前紀」		壬申の乱の顛末が述べられている		
巻二十九	40	天武天皇	テンム	天渟中原瀛真人	あま のぬなはらおきのまひと	桧隈大内陵
巻三十	41	持統天皇	ジトウ	高天原広野姫	たかま のはらひろのひめ	桧隈大内陵

※ 39代の天皇は「弘文天皇」。『日本書紀』はこの即位を認めていないが明治時代になって天皇に加えられた。

※ 神代紀にも最後の三代に関して「陵」の記事があり、これを「神代三陵」と呼んでいる。その神代三陵とは以下のとおりである。　天津彦彦火瓊瓊杵尊＝可愛山陵　彦火火出見尊＝日向高屋山上陵　鸕鷀草葺不合尊＝日向吾平山上陵

この二人の天皇紀以前に主に現在の奈良県飛鳥地方に展開した推古天皇の治世の前後を指して一般的日本史では「飛鳥時代」などということばを使っている。そしてこの地にあった「政権」の名に地名の「ヤマト」が使われはじめたようである。そうした時代背景の中で成長し、八世紀前半にまとめられた書籍が『日本書紀』だった。

当然この書籍名にある「日本」と、私たちが明治維新以降使い始めた「日本国」の「日本」とは概念が大きく違っていることとの確認は大切なことである。

③この書籍は戦前、どのように利用されたか

明治政府は神話を含めて「日本国悠久の歴史」を語るためにこの『日本書紀』を重大な資料として利用し、「わが国」・「日本」などと使い、語った。

明治以降の歴史概念として神話の部分は主に『古事記』、そして古代の天皇にかかわる事績の大部分は『日本書紀』によりながら「国史」は語られ、その国史とは「日本国家」の歴史であるとし、そこにあった古代の政権を「大和朝廷」と呼んだのだった。そこでは「わが国の優秀性」が説かれ、その優秀な民草(たみぐさ)は「大和魂」を持つとされた。こうした考えは戦前でもとりわけ昭和にはいる頃から、国民全体を熾烈な戦争の方向に向かわせる精神形成のために使われたのである。

つまりこの問題を見過ごしたまま、不用意に『日本書紀』の「日本」を全面に押し出し、近代風に「わが国の古代は……」という形であつかってしまうと、現在語られている「わが国の古代史」ではあっても近代のこしらえた「わが大和朝廷」という概念にいつの間にか回帰していってしまう、という危険性をはらんでいるのである。

④この書籍の使われ方は戦後修正されたか

大東亜共栄をめざした戦争は、日本列島の主な都市の掃討と二発の原子爆弾の投下という経過のもとに終息した。その敗戦と同時に国民は途方に暮れた。ただその中にも、国民の、日々を生きようとする前向きな意志は高まり、戦後、五年、

十年、と月日を重ねるごとに前進したい、という勢いは増していった。

次第に高度経済成長、などという言葉も聞こえるようになり、そうした中で『古事記』『日本書紀』の名は、悲惨な戦争への思想形成に使われた本であったとして、国民はその名も口にしないようになった。万が一、今『古事記』を読んでいる、とか『日本書紀』の分析をしている、などと言ったりすると、おまえは戦前の国家主義者の追随をするのか、といわれる状況さえ生んでいた。しかし、それは『古事記』や『日本書紀』という書籍の持っていた本来的な問題とは無関係な偏見なのであった。

そして、私は戦後になってこのように『記・紀』が敬遠されたことが、逆にこの貴重な文献への自然に持つべき意識を疎外させ、これらも加えながら正しく読み、より真実の歴史を模索する、という方向を遅らせてしまったように思う。戦後展開した「古代史」で『記・紀』を引用して使うことがあっても、これらの全体を掌握しての使い方ではなく、当面の論理構成に有利に働くごく微細な部分を引用して「日本書紀に……とあるように……」のような論じ方である場合がほとんどなのである。

こうした状況についてもっと強く言えば、戦後のこの両書籍検討への忌避現象は強制だった戦前とは真逆の方向での足かせとなり、戦前のゆがんだ「国史」批判の矛先を鈍らせることにもなってしまった、という気もする。

二　ありのままに読もう、先入観なしの『日本書紀』

『日本書紀』とはいかなる特徴をもって作られた文献なのか。そのことを知る方法はただ一つ。『日本書紀』を先入観なしにありのままに読むことである。

そしてありのままに見ていると、その全体に明確な「層構造」があるのが見えてくるのである。

その「層」とは、明確に神話を語っている「層」があり、それ以降の各天皇紀になると語られる人物の関係性、時代性、そして地域性も含めて系図的にもまとめられ、別の層での人物紀とはそれぞれが、ほとんど無関係に独立した系図の構造を持っている様子も見られる。

そんな「層構造」のことについて以下に述べることにしたい。

1 「層」構造・文体・暦、これらを総合して見えてくる『日本書紀』の姿

まず「層構造」については次ページに示した〔『日本書紀』の基本構造〕という表でご確認いただきたい。全三十巻から成る『日本書紀』という分厚い書籍を一つの表に収めたもので、見ておわかりいただけるように一・二巻が「神代の上・下」で、三巻以下が初代から四十一代目までの天皇紀（三十九代は『日本書紀』にはなく、明治期に加えられた）が書かれている。各天皇の名は「和風諡号（しごう）」が『日本書紀』での名で「天智天皇」などのように四文字のものは編纂後、奈良時代になってつけられた「漢風諡号」であり、学校などで教わる天皇名はこの漢風諡号であるため、一般にはこちらになじんでいるので表の中に示した。

各「層」の特徴と各層ごとの系図

11ページで確認した層の構造A・B・C・D・E・Fはそれぞれの「系図」と連動している。以下に示すとおりである。はじめの層は第一・二巻のことで内容的には「神代」での上・下のことになる。

イ　神話の層［神代・上・下］　編纂者は自分の国がどのように悠久な歴史を持っているかを語るために、宇宙の渾沌か

ら語り始めるいわゆる神話の部分である。
巻第一［神代・上］天地開闢（てんちかいびゃく）・国生み・素戔嗚尊（すさのおのみこと）の誓約・天の岩戸・八岐大蛇（やまたのおろち）
巻第二［神代・下］神代の下葦原中国の平定・天孫降臨・海神国訪問

ロ　A層［百歳を超える天皇紀のグループ］　これ以降は、いわゆる天皇紀と呼ばれるところである。
例外はあるが年齢が百歳を超える天皇の時代である。記述内容はスペクタクルに富んでおり、天皇紀でありながらこのA層は神話の延長的な要素が強い。

なお、以下特に注がない限り、便宜上天皇名を「漢風諡号」で示すことをご了解いただきたい。
なお、先の〔『日本書紀』内容に見る「層」〕の表で見るようにA層の中にB層が入り込んでいる。
A層は初代の神武天皇から十五代応神天皇までである。

初代　神日本磐余彦（神武）天皇　在位七一六年・年齢一二七歳
（B層として「欠史八代」が入る）
十代　御間城入彦瓊殖（崇神）天皇　在位六八年・年齢一二〇歳
十一代　活目入彦五十狭茅（垂仁）天皇　在位九九年・年齢一四〇歳
十二代　大足彦忍代別（景行）天皇　在位六〇年・年齢一〇六歳
十三代　稚足彦（成務）天皇　在位六〇年・年齢一〇七歳
十四代　足仲彦（仲哀）天皇　在位九年・年齢五二歳
摂政　気長足姫（神功）皇后　在位六九年・年齢一〇七歳
十五代　誉田（応神）天皇　在位四一年・年齢一一〇歳　計八六九歳

ここに見るようにA層はこれを挟んだ初代から十五代目までとなる。このA層は例外一名を除き、みな百歳を超えるという共通点を持つグループである。

［図表・日本書紀－３］　『日本書紀』の「漢文文体」「使用暦」

グループ分け	日本書紀巻数	『日本書紀』内容
神話	一	神代上 天地開闢と神々・国生み・素戔嗚尊の誓約・天の岩戸・八岐大蛇
	二	神代下 葦原中国の平定・天孫降臨・海神の国訪問

巻第三 以下 各天皇紀

漢文文体特徴	使用暦	各天皇紀層分け		巻数	天皇代数 漢風諡号	和風諡号と顕著な特徴 「日本」「天」文字のつく天皇	各天皇崩御時年齢 在位年	
β	儀鳳暦	A層		三	01 神武天皇	神 日本 磐余彦	76 年	時年一百二十七歳
			B層 欠史八代	四	02 綏靖天皇	神渟名川耳	33 年	84 歳
					03 安寧天皇	磯城津彦玉手看	38 年	57 歳
					04 懿徳天皇	大 日本 彦耜友	34 年	直接年齢を示す表現はないがいずれも百歳を超える天皇
					05 孝昭天皇	観松彦香殖稲	83 年	
					06 孝安天皇	日本 足彦国押人	102 年	
					07 孝霊天皇	大 日本 根子彦太瓊	76 年	
					08 孝元天皇	大 日本 根子耜子彦国牽	57 年	
					09 開化天皇	稚 日本 根子彦大日日	60 年	
				五	10 崇神天皇	御間城入彦瓊殖	68 年	時年百二十歳
				六	11 垂仁天皇	活目入彦五十狭茅	99 年	時年百四十歳
				七	12 景行天皇	大足彦忍代別	60 年	時年一百六歳
					13 成務天皇	稚足彦	60 年	時年一百七歳
				八	14 仲哀天皇	足仲彦	9 年	時年五十二歳
				九	神功皇后(摂政)	気長足姫	69 年	時年一百歳
				十	15 応神天皇	誉田	41 年	時年一百一十歳
		C層		十一	16 仁徳天皇	**大鷦鷯**	87 年	年齢記事なし
				十二	17 履中天皇	**去来穂別**	6 年	時年七十
					18 反正天皇	**瑞歯別**	5 年	年齢記事なし
				十三	19 允恭天皇	**雄朝津間稚子宿禰**	42 年	時年若干
α	元嘉暦				20 安康天皇	**穴穂**	3 年	年齢記事なし
				十四	21 雄略天皇	**大泊瀬幼武**	23 年	年齢記事なし
				十五	22 清寧天皇	白髪武広国押稚 日本 根子	5 年	時年若干
					23 顕宗天皇	弘計	3 年	年齢記事なし
					24 仁賢天皇	億計	8 年	年齢記事なし
				十六	25 武烈天皇	小泊瀬稚鷦鷯	8 年	年齢記事なし
		D層		十七	26 継体天皇	男大迹	25 年	時年八十二
				十八	27 安閑天皇	広国排武金日	2 年	時年七十
					28 宣化天皇	武小広国排盾	4 年	時年七十三
				十九	29 欽明天皇	天 国排開広庭	32 年	年齢記事なし
				二十	30 敏達天皇	渟中倉太珠敷	14 年	年齢記事なし
				二十一	31 用明天皇	橘豊日	2 年	年齢記事なし
					32 崇峻天皇	泊瀬部	5 年	年齢記事なし
β				二十二	33 推古天皇	豊御食炊屋姫	36 年	時年七十五
α		E層		二十三	34 舒明天皇	息長足日広額	13 年	年齢記事なし
				二十四	35 皇極天皇	天 豊財重日足姫	4 年	－
				二十五	36 孝徳天皇	天 萬豊日	10 年	年齢記事なし
				二十六	37 斉明天皇	天 豊財重日足姫	7 年	年齢記事なし
				二十七	38 天智天皇	天命開別	10 年	年齢記事なし
				－	(39弘文天皇)	(明治追加された天皇)		－
β	儀鳳暦 麟徳暦	F層		二十八	40 天武天皇 上	天 渟中原瀛真 壬申の乱	1 年	年齢記事なし
				二十九	天武天皇 下	天皇紀	14 年	
				三十	41 持統天皇	高天原 広野姫	11 年	－

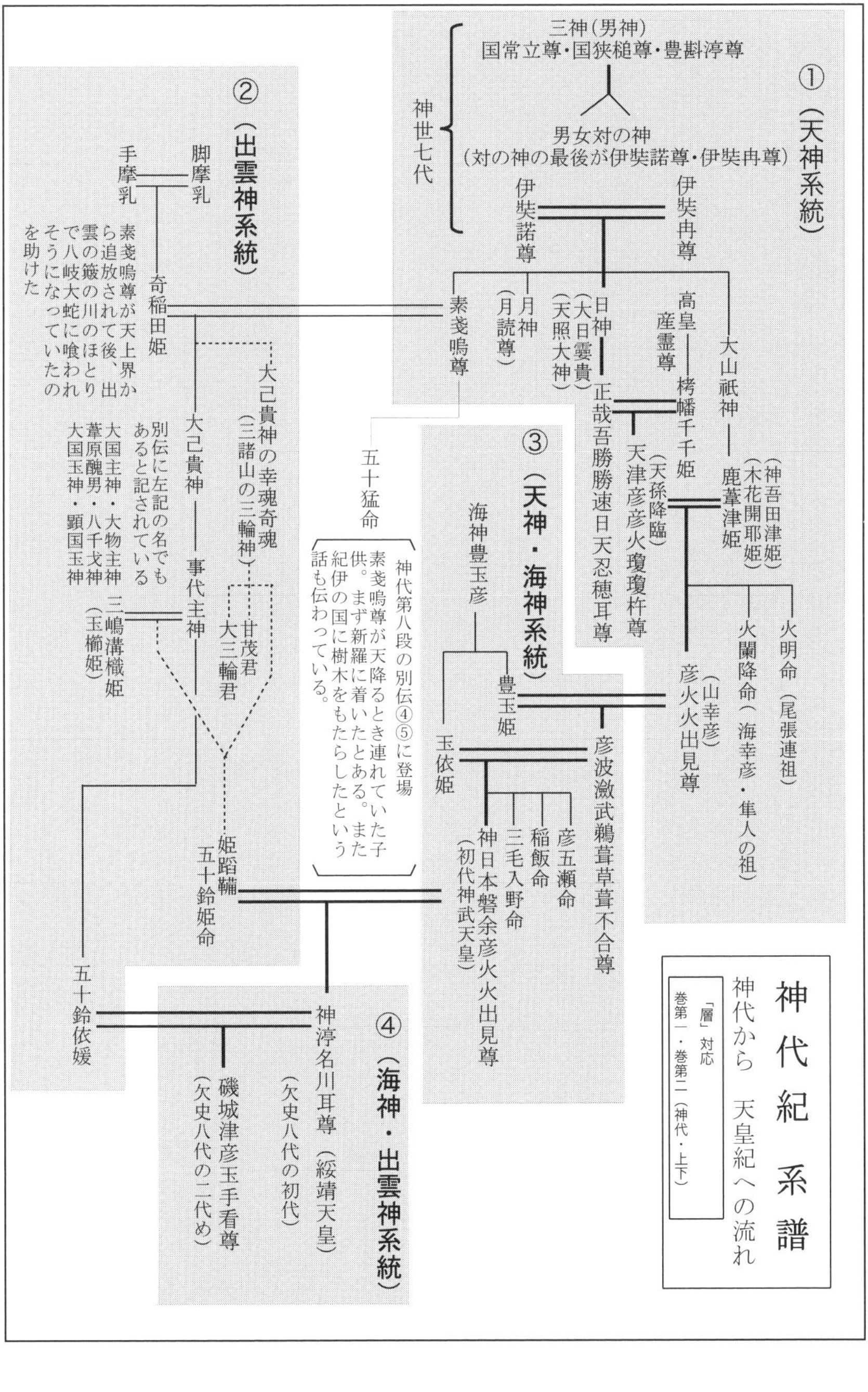
神代紀系譜
神代から　天皇紀への流れ
「層」対応
巻第一・巻第二（神代・上下）
①（天神系統）
神世七代
三神（男神）
国常立尊・国狭槌尊・豊斟渟尊
男女対の神
（対の神の最後が伊奘諾尊・伊奘冉尊）
伊奘諾尊
伊奘冉尊
素戔嗚尊
月神（月読尊）
日神（大日孁貴）（天照大神）
高皇産霊尊
大山祇神
正哉吾勝勝速日天忍穂耳尊
栲幡千千姫
天津彦彦火瓊瓊杵尊（天孫降臨）
鹿葦津姫（神吾田津姫）（木花開耶姫）
火明命（尾張連祖）
火闌降命（海幸彦・隼人の祖）
彦火火出見尊（山幸彦）
②（出雲神系統）
脚摩乳
手摩乳
奇稲田姫
素戔嗚尊が天上界から追放されて後、出雲の簸の川のほとりで八岐大蛇に喰われそうになっていたのを助けた
大己貴神の幸魂奇魂（三諸山の三輪神）
大己貴神
別伝に左記の名でもあると記されている
大国主神・大物主神
葦原醜男・八千戈神
大国玉神・顕国玉神
事代主神
三嶋溝樴姫（玉櫛姫）
甘茂君
大三輪君
姫蹈鞴五十鈴姫命
五十鈴依媛
五十猛命
神代第八段の別伝④⑤に登場
素戔嗚尊が天降るとき連れていた子供。まず新羅に着いたとある。また紀伊の国に樹木をもたらしたという話も伝わっている。
③（天神・海神系統）
海神豊玉彦
豊玉姫
玉依姫
彦波瀲武鸕鶿草葺不合尊
彦五瀬命
稲飯命
三毛入野命
神日本磐余彦火火出見尊（初代神武天皇）
④（海神・出雲神系統）
神渟名川耳尊（綏靖天皇）（欠史八代の初代）
磯城津彦玉手看尊（欠史八代の二代め）

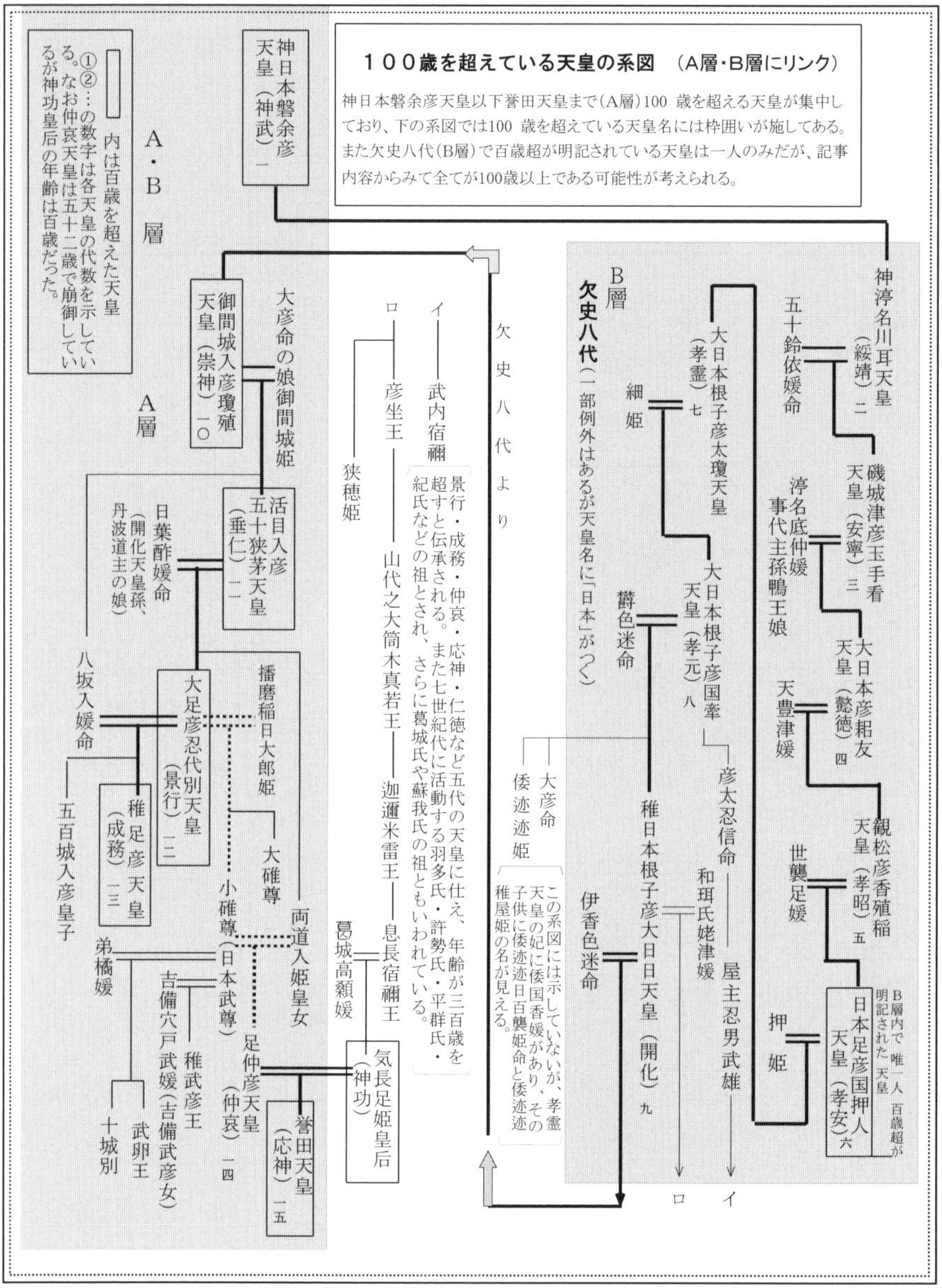

100歳を超えている天皇の系図　（A層・B層にリンク）
神日本磐余彦天皇以下誉田天皇まで(A層)100 歳を超える天皇が集中しており、下の系図では100 歳を超えている天皇名には枠囲いが施してある。また欠史八代(B層)で百歳超が明記されている天皇は一人のみだが、記事内容からみて全てが100歳以上である可能性が考えられる。
A・B層
□内は百歳を超えた天皇
①②…の数字は各天皇の代数を示している。なお仲哀天皇は五十二歳で崩御しているが神功皇后の年齢は百歳だった。
神日本磐余彦天皇（神武）一
A層
御間城入彦瓊殖天皇（崇神）一〇
大彦命の娘御間城姫
活目入彦五十狭茅天皇（垂仁）一一
日葉酢媛命（開化天皇孫、丹波道主の娘）
八坂入媛命
大足彦忍代別天皇（景行）一二
播磨稲日大郎姫
稚足彦天皇（成務）一三
五百城入彦皇子
大碓尊
小碓尊（日本武尊）
両道入姫皇女
弟橘媛
吉備穴戸武媛（吉備武彦女）
稚武彦王
十城別
武卵王
足仲彦天皇（仲哀）一四
誉田天皇（応神）一五
気長足姫皇后（神功）
葛城高顙媛
息長宿禰王
迦邇米雷王
山代之大筒木真若王
彦坐王
狭穂姫
ロ
イ
武内宿禰
景行・成務・仲哀・応神・仁徳など五代の天皇に仕え、年齢が三百歳を超すと伝承される。また七世紀代に活動する羽多氏・許勢氏・平群氏・紀氏などの祖とされ、さらに葛城氏や蘇我氏の祖ともいわれている。
欠史八代より
B層
欠史八代（一部例外はあるが天皇名に「日本」がつく）
神渟名川耳天皇（綏靖）二
五十鈴依媛命
磯城津彦玉手看天皇（安寧）三
渟名底仲媛事代主孫鴨王娘
大日本彦耜友天皇（懿徳）四
天豊津媛
観松彦香殖稲天皇（孝昭）五
世襲足媛
日本足彦国押人天皇（孝安）六
B層内で唯一人百歳超が明記された天皇
押姫
大日本根子彦太瓊天皇（孝霊）七
細姫
大日本根子彦国牽天皇（孝元）八
欝色迷命
彦太忍信命
屋主忍男武雄
和珥氏姥津媛
稚日本根子彦大日日天皇（開化）九
伊香色迷命
大彦命
倭迹迹姫
この系図には示していないが、孝霊天皇の妃に倭国香媛があり、その子供に倭迹迹日百襲姫命と倭迹迹稚屋姫の名が見える。
ロ
イ

ハ　B層［欠史八代・和風諡号に「日本」文字のつく天皇紀のグループ］

神武紀の後、他の天皇紀とは明らかに書きぶりの違う八代を配している。この八代はほとんど系図そのものを簡潔に文章化したのみで「紀」としての人物像は語らない。そのため内容がないことから一般に「欠史八代」という名で呼ばれている部分である。

このいわゆる欠史八代は前後にある天皇紀とは全く別のものと考え、それをB層としてまとめて分離した。

この欠史八代のもうひとつの特徴は（一部例外はあるが）、ほとんどの天皇の和風諡号に「日本」の文字がついていることである。「日本」という言葉の発生した時代が七～八世紀への移行期であることを勘案すると、この部分の付け足された時期が分かる。

ニ　C層［葛城氏の興亡で終止する天皇紀のグループ］

C層の記事は歴史書としての体裁を示しているものの実質内容は葛城氏一族の内部紛争のみの記事に終止している。ここに書かれた記事をもとに作製した（C層リンク）の系図をご覧ただきたい。このC層は葛城氏の消長史と言っても過言ではないことが系図をとおして見えてくる。

『日本書紀』のこの事実を見るかぎり、万世一系を語ろうとの編纂者の意図は見られるものの大もとの資料が特定の一豪族のものによっているだろうことが明確に見えてしまっている。とりわけここではそれが明瞭である。この系図の母系を見ると葛城氏以外はなく、この前後を結びつける工作をして全体的には万世一系らしく改変した、という方がむしろ自然に見える。

そして、このグループの中に「葛城氏」の大きな影と、それに付かず離れず何らかの影響を見せている「出雲系」進出の影が見えている。これらを克明に分析すると、『日本書紀』編纂の背後に「飛鳥時代」以前のヤマト地域に「葛城氏対出雲氏」のせめぎあいの時代があったことをうかがわせる要素が十分ある。このことについては、別の項で改めて検討してみたい。

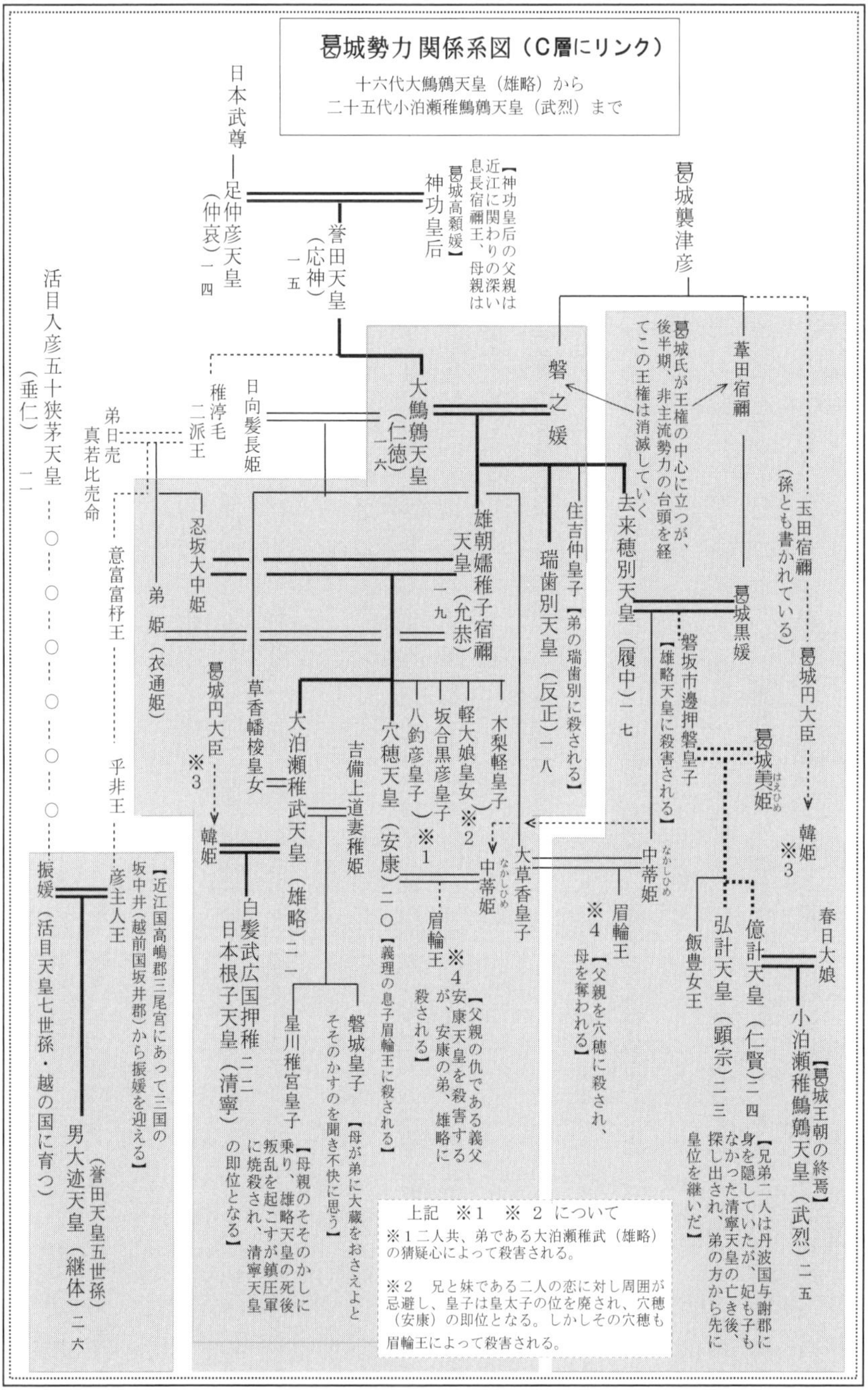

葛城勢力関係系図（C層にリンク）
十六代大鷦鷯天皇（雄略）から
二十五代小泊瀬稚鷦鷯天皇（武烈）まで
葛城襲津彦
玉田宿禰（孫とも書かれている）
葛城円大臣
韓姫
※3
葦田宿禰
葛城黒媛
葛城氏が王権の中心に立つが、後半期、非主流勢力の台頭を経てこの王権は消滅していく
磐之媛
【神功皇后の父親は近江に関わりの深い息長宿禰王、母親は葛城高顙媛】
神功皇后
日本武尊
足仲彦天皇（仲哀）一四
誉田天皇（応神）一五
大鷦鷯天皇（仁徳）一六
去来穂別天皇（履中）一七
瑞歯別天皇（反正）一八
住吉仲皇子【弟の瑞歯別に殺される】
雄朝嬬稚子宿禰天皇（允恭）一九
磐坂市邊押磐皇子【雄略天皇に殺害される】
葛城荑媛（はえひめ）
億計天皇（仁賢）二四
弘計天皇（顕宗）二三
飯豊女王
【兄弟二人は丹波国与謝郡に身を隠していたが、妃も子もなかった清寧天皇の亡き後、探し出され、弟の方から先に皇位を継いだ】
春日大娘
小泊瀬稚鷦鷯天皇（武烈）二五
【葛城王朝の終焉】
中蒂姫（なかしひめ）
眉輪王
※4【父親を穴穂に殺され、母を奪われる】
大草香皇子
木梨軽皇子
軽大娘皇女 ※2
坂合黒彦皇子
八釣彦皇子 ※1
穴穂天皇（安康）二〇【義理の息子眉輪王に殺される】
中蒂姫（なかしひめ）
眉輪王
※4【父親の仇である義父安康天皇を殺害するが、安康の弟、雄略に殺される】
日向髪長姫
草香幡梭皇女
大泊瀬稚武天皇（雄略）二一
吉備上道妻稚姫
磐城皇子【母が弟に大蔵をおさえよとそそのかすのを聞き不快に思う】
星川稚宮皇子【母親のそそのかしに乗り、雄略天皇の死後に叛乱を起こすが鎮圧軍に焼殺され、清寧天皇の即位となる】
葛城円大臣 ※3
韓姫
白髪武広国押稚日本根子天皇（清寧）二二
稚渟毛二派王
忍坂大中姫
弟姫（衣通姫）
弟日売真若比売命
意富富杼王
乎非王
彦主人王
【近江国高嶋郡三尾宮にあって三国の坂中井（越前国坂井郡）から振媛を迎える】
活目入彦五十狭茅天皇（垂仁）一一
○ ○ ○ ○ ○ ○
振媛（活目天皇七世孫・越の国に育つ）
男大迹天皇（誉田天皇五世孫）（継体）二六
上記　※1　※２　について
※1二人共、弟である大泊瀬稚武（雄略）の猜疑心によって殺害される。
※2　兄と妹である二人の恋に対し周囲が忌避し、皇子は皇太子の位を廃され、穴穂（安康）の即位となる。しかしその穴穂も眉輪王によって殺害される。

ホ　D層とE層とF層について

つぎに示す系図はD層・E層・F層を一つにまとめて示したもので、これによって『日本書紀』という書籍の最も肝心な部分が明確に見える図となる。この系図は四ブロックの網掛けによって、系図内の勢力分布とその関係が分けて見られる形にした。そのことの意味を層ごとに別けて述べることにしよう。

D層は北陸系継体天皇（男大迹）の参入とその後を述べる記述によって成り立っている。つまり、畿内に外部から入ってきた継体天皇（男大迹王）の話に、当時葛城氏に代わって中心勢力になっていた蘇我氏一統との内部抗争が中心に置かれて書かれたものである。

この状況を見ると前のC層の場合と合わせて『日本書紀』が形式的に万世一系を述べてはいるものの、ここでも実質は畿内というごく限られた地域に展開していた豪族間の抗争の様子が色濃く反映された書物であるらしいことがわかる。

E層は蘇我氏と継体天皇系との政争を述べる部分と、飛鳥文化そのものを述べる部分から成り立っており、大きな勢力だった蘇我氏一統の内部分裂の中で、ここにこの地域に入ってきた男大迹王の系列を引く舒明天皇の名として登場した新政権の一統が藤原氏の台頭勢力と合同して新しい統一政権を形成してゆく様が述べられている。この勢力が次の『続日本紀』に記録の残る「倭国・大倭国・大養徳国・大和国」等々の表現を使った「ヤマトの国」、いわゆる「奈良時代」を形成してゆくことになるのである。そしてその時代が平城京を中心に中央集権を完成させ、『記・紀』や『続日本紀』『万葉集』等々の記録も残した時代だった。

F層は今述べた中の「舒明天皇の名として登場した新政権の一統」の天武・持統両天皇の事績を記録し、とりわけ持統女帝の情念がつぎの時代を到来させるべく働き、奈良時代に突入してゆく様子が述べられる『日本書紀』の最終章であり、歴史資料としては次の『続日本紀』へ引き継がれてゆく、次の代への序章とも言うべき『日本書紀』の終わり方なのである。

2　『日本書紀』講読で注意すべき視点

ここまで「層」に分ける、という視点で『日本書紀』の解体を試みてきたが、ここに新たに二つの視点を加えて、改めて『日本書紀』を見直すことにしよう。この新たな二つの視点を加えると、これまでにほとんど指摘されることのなかった『日本書紀』という書籍の真実の姿が浮かび上がってくる。その二つの視点とは以下のことである。

視点1　『日本書紀』に使われた暦のこと

まず「暦から見た特徴」である。これは皓星社から一九九七年に刊行された『小川清彦著作集・古天文・暦日の研究』（編者斉藤国治）によるが、『日本書紀』は「儀鳳暦（麟徳暦）」と「元嘉暦」という中国で行われた暦日をもとにして書かれているというもので神武即位前紀の甲寅年十一月丙戌朔から仁徳八十七年十月癸未朔まで、および『日本書紀』の最終部分「天武・持統朝」が「儀鳳暦（麟徳暦）」（唐の李淳鳳がつくって高宗の麟徳二年（六六五年＝天智四）から用いられはじめた）に依っていて、一方、安康紀三年八月甲申朔から天智紀六年閏十一月丁亥朔までが「元嘉暦」（中国・南朝の宋、元嘉二十二年（四四五年）から施行）に依っているという。この状況は一一二ページに示した〈『日本書紀』の「漢文文体」「使用暦」〉をご覧いただきたい。その構造表に示したように『日本書紀』の各天皇紀での最も古い時代と最も新しい時代が『書紀』編纂期頃施行されていた暦で書かれ、『日本書紀』の中間の時代、先の表で言うC・D・E（の前半）の時代が編纂時に行われていた元嘉暦とほぼ重なるということになる。

この事実によってまず『日本書紀』の初期的と二期的な編纂活動はC・D・E（の前半）層の時代から始まり、最終的な第三次の編纂は『日本書紀』の構造としてはごく初期時代にあたるA・B層時代と、編纂時のごく身近な時代F層が最

大和飛鳥の地　勢力関係系図　（D・E・F層にリンク）

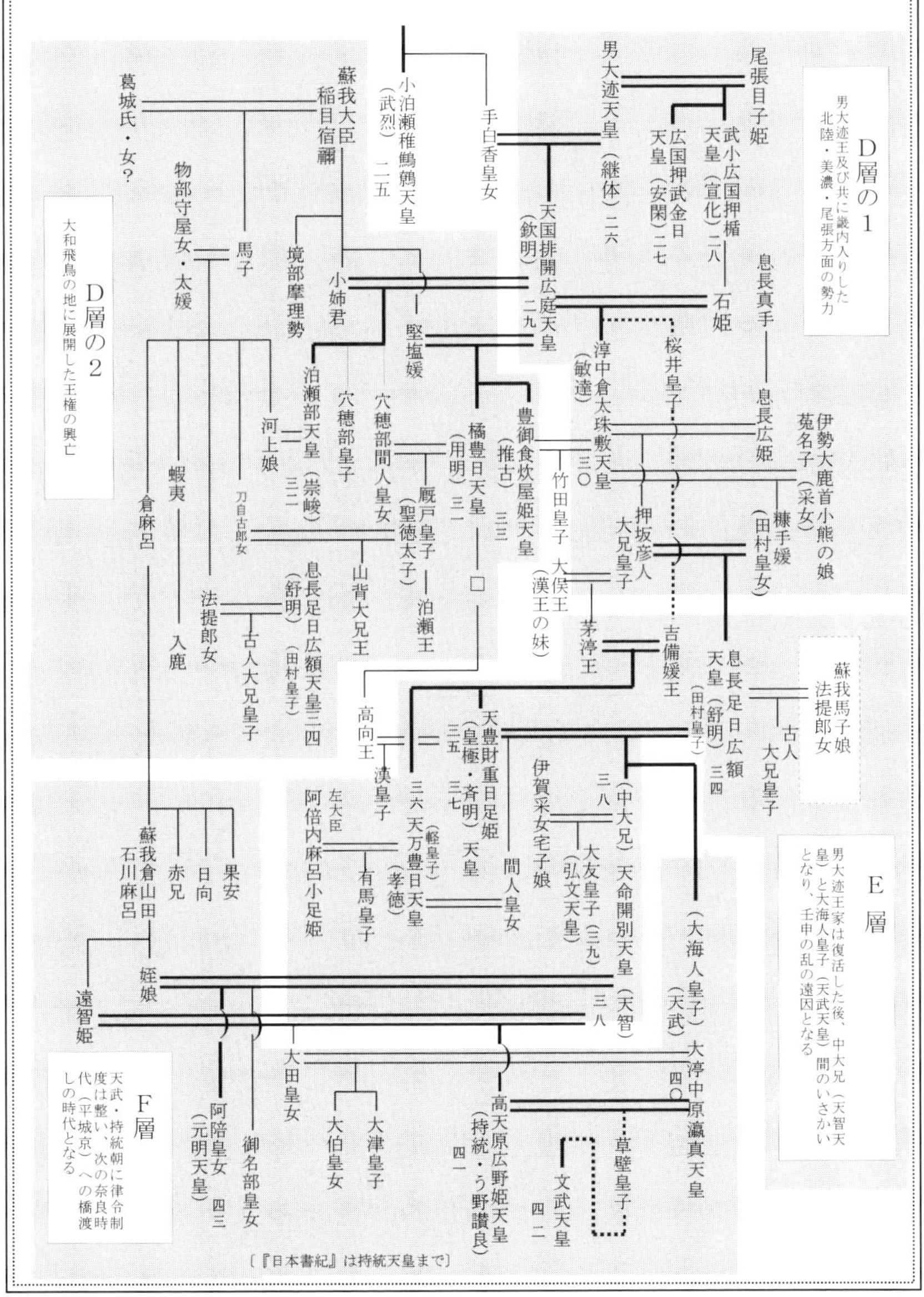

終的に編纂されている、ということが見えてくる。

言い方を変えると、A・B層の天皇百歳時代の記述は最終段階での付け加え的な編纂であることになる。暦としては反映していないが、神話時代もこの最も新しい時代になってからの編纂とであるということも用語の使用ぐあいのこと等々のこととあわせて無理はない。

視点2 『日本書紀』漢文文体の特徴

もう一件、「文体的特徴」の部分は一九九九年・二〇一一年に刊行された『日本書紀の謎を解く』(中公新書)、『日本書紀成立の真実』(中央公論新社刊)、ともに森博達著にある説を私なりの理解のもとに全面的に参照したものである。つまり、『日本書紀』の原文である漢文の文章をよく検討すると和臭に満ちた漢文と、正確な漢文で書かれたところがはっきり分けられ、それをα群とβ群にわけている。そしてα群は唐人が正音・正格漢文で執筆し、β群は倭人が倭音・和化漢文で叙述しているという。その状況をさきの表の中に組み込んだのが表中の「α・β」である。

右に述べた二つの視点、つまり1「暦」使用のこと、2α・βという「漢文文体」のこと、この両説は発表された時期もそのテーマも遠く隔たったものでありながら、偶然にも『日本書紀』の構造性とその編纂手順について、ほぼ共通した見解を導いている。これは重大なことである。

3 『日本書紀』を正しく読むことの意味

今「暦」と「文体」の二つの視点について述べた。まるっきり出どころも、発想された時代も別のものでありながら、両者はほとんど共通する以下の二つの要素を持っていたということができる。

一点目は、明治期以来実際とは違うイメージで利用され続けてきた『日本書紀』をありのままに正しく読むための重要

『日本書紀』成立過程

文体特徴	暦からみた特徴	層分け		巻数	天皇代数／漢風諡号	和風諡号／『日本書紀』での天皇名		年齢記事		成立過程
		神話		一	神代上（天地開闢・国生み・素戔嗚尊の誓約・天の岩戸・八岐大蛇）					
				二	神代下（葦原中国の平定・天孫降臨・海神の国訪問）					
β	儀鳳暦	A層		三	01 神武天皇	神**日本**磐余彦	日本文字がつく天皇 ※22代の清寧天皇を含む	**時年一百二十七歳**	一部例外を除き年齢百歳を超える	編纂最終期ころに追加編纂／主に持統女帝主導による編纂
			B層 欠史八代	四	02 綏靖天皇	神渟名川耳		時年八十四		
					03 安寧天皇	磯城津彦玉手看		時年五十七		
					04 懿徳天皇	大**日本**彦耜友		直接年齢を示す表現はないが、在位年数から、いずれも百歳を超えている可能性のある天皇		
					05 孝昭天皇	観松彦香殖稲				
					06 孝安天皇	**日本**足彦国押人				
					07 孝霊天皇	大**日本**根子彦太瓊				
					08 孝元天皇	大**日本**根子耜子彦国牽				
					09 開化天皇	稚**日本**根子彦大日日				
				五	10 崇神天皇	御間城入彦瓊殖		**時年百二十歳**		
				六	11 垂仁天皇	活目入彦五十狭茅		**時年百四十歳**		
				七	12 景行天皇	大足彦忍代別		**時年一百六歳**		
					13 成務天皇	稚足彦		**時年一百七歳**		
				八	14 仲哀天皇	足仲彦		時年五十二　※		
				九	神功皇后	気長足姫		**時年百歳**		
				十	15 応神天皇	誉田		**時年一百一十歳**		
		C層		十一	16 仁徳天皇	**大鷦鷯**	[倭の五王]の時代とされている時代	年齢記事なし	葛城氏中心	編纂第二期
				十二	17 履中天皇	**去来穂別**		時年七十		
					18 反正天皇	**瑞歯別**		年齢記事なし		
				十三	19 允恭天皇	**雄朝津間稚子宿禰**		時年若干		
α	元嘉暦				20 安康天皇	**穴穂**		年齢記事なし		
				十四	21 雄略天皇	**大泊瀬幼武**		年齢記事なし		
				十五	22清寧天皇	白髪武広国押稚 **日本** 根子		時年若干		
					23 顕宗天皇	弘計		年齢記事なし		
					24 仁賢天皇	億計		年齢記事なし		
				十六	25 武烈天皇	小泊瀬稚鷦鷯		年齢記事なし		
		D層		十七	26 継体天皇	男大迹		時年八十二	継体系蘇我系軋轢	編纂・第一期
				十八	27 安閑天皇	広国排武金日		時年七十		
					28 宣化天皇	武小広国排盾		時年七十三		
				十九	29 欽明天皇	**天** 国排開広庭		年齢記事なし		
				二十	30 敏達天皇	渟中倉太珠敷		年齢記事なし		
				二十一	31 用明天皇	橘豊日		年齢記事なし		
					32 崇峻天皇	泊瀬部		年齢記事なし		
β				二十二	33 推古天皇	豊御食炊屋姫		時年七十五		
α		E層		二十三	34 舒明天皇	息長足日広額		年齢記事なし	継体系復活政権	
				二十四	35 皇極天皇	**天** 豊財重日足姫	漢諡号に「天」文字のつく天皇（上段29代の欽明天皇が加わる）	―		
				二十五	36 孝徳天皇	**天** 萬豊日		年齢記事なし		
				二十六	37 斉明天皇	**天** 豊財重日足姫		（時年七十五		
				二十七	38 天智天皇	**天** 命開別		年齢記事なし	藤原氏台頭	
				―	（39弘文天皇）	明治時代に追加		―		
β	儀鳳暦 麟徳暦	F層		二十八	即位前紀	壬申の乱				編纂最終段階
				二十九	40 天武天皇	**天** 渟中原瀛真人		年齢記事なし		
				三十	41 持統天皇	**高天原** 広野姫		―		
奈良時代になって主に藤原不比等主導による編纂が継続されて完成										

な視点を提供したということ。

二点目は、正しい視点を提供したその人が、それがために逆に歴史学界から疎まれてしまった、という事実背景があること。

現に『日本書紀の謎を解く』（中公新書）などは多くの読者を得て七版を重ね、後発の『日本書紀成立の真実』の「あとがき」にあるように多くの注目を集めている。

しかし、二冊目ともに著者の口調は現行の歴史学のあり方に異を唱えての挑戦的な内容になっている。


事実の発見を伴わず、想像の隘路を辿る歴史研究があります。私はそれを「解釈史学」と名づけました。「印象史学」と呼んでもよいでしょう。学問ではなく評論の類です。さらに一部の「印象学者」は事実を覆い隠しています。虚偽を捏造する者さえいます。もはや学者ではなく評論家でもありません。

（『日本書紀の謎を解く』の「まえがき」より）


これは『日本書紀』を恣意的に読み進めてきた日本歴史学界の、すくなくとも古代史分野の多くの学者に向けて発した怒り言葉であると、私は理解した。

このことに、次章で語る「古墳」のことを加えれば、日本の歴史学の少なくとも古代史分野は「虚偽捏造者の集団」ということさえ可能になってしまうだろう。これは私の理解を述べたことだが、森氏の「虚偽を捏造する者さえいます」の部分が、何かを守りたい「文献学者」たちの反発を受けているのか、なかなか主流の説に「森氏の学問」が反映されて来ていないと私には思えてしまうのである。

もっとも、「森氏の学問」を受け入れてしまうと、これまでの主流によって語られてきた古代史の根幹は崩れてしまう、という恐ろしい内容でもあるのだ。

もう一人の小川清彦氏がどんな思いであったかについても述べておきたい。私は氏の著述を読んで「『日本書紀』を絶対とする史観への挑戦」という標題を付けたい思いである。

これは『日本書紀』という書籍を貶めるために意図した言い方ではない。予見のベール越しに見るのではない『日本書紀』、ありのままの『日本書紀』の姿を取り戻し、本来の『日本書紀』のすばらしさを再発見するための試みとして、小川氏の立論を確認したいと思うためのものである。

初代の神武（神日本磐余彦）天皇紀に関して述べれば、即位元年以前の部分に九州の地から東征するその年が「是年也太歳甲寅」とある。これは異例な記述で、その後、即位元年の部分については「辛酉年春正月庚辰朔。天皇即帝位於橿原宮。是歳爲天皇元年」とある。

『日本書紀』が歴史書であることを示すために編纂者はこの干支による年月日を加えたに違いない。生涯を『日本書紀』の暦法究明に捧げた小川清彦はこのあたりのことを、

日本書紀には約９００個の月朔が載っているが、その記載方には1種の特徴があることに注意される。それはある月になんらかの記事があれば必ずまず月朔が添記されてあることである。かような暦日の書き方は支那の漢書を初め隋書に至るまで見受けぬところであり、ただ日本紀よりも後にできた旧唐書本紀にのみみるところで、それも唐書の方ではすっかり削除されてあるのである。いかにしてかような書き方が採られたのであろうか。（原文は横書きなので数字表記はアラビア数字で示してある）

つまり『日本書紀』は中国の歴史書以上に暦日の記事が徹底している、と述べている。現在であれば年月日はカレンダーとして数字で表されるのだが、『日本書紀』には律儀に、もれなく干支表記がされているのである。小川清彦氏はこの徹底ぶりが逆に、編纂時にきれいに調整されたもの、作られたもの、であるから、という推理を生んだのだった。

とりわけ最終編纂にたずさわった者にとって各天皇紀に「太歳〇〇年」の記述を入れるのが重要だったと見る。この「太歳」は一般に各天皇即位元年の記事の末尾に置かれている。

ところで干支表記は「六十年」を一つの周期として繰り返されるので同じ干支は六十年目ごとにやってくる。ということは、断片的に読んでしまえば干支の記事が実際はいつ頃のことになるかの判断がむずかしいことになる。この混乱を『日本書紀』の編纂者は避けるため、各天皇の「紀」にはじめから神経質なほどに年月日記入とともに「干支」記入を行った。全体を読めば総年数がわかることになるからである。実はこの律儀さが、逆に『日本書紀』という「歴史書」が、ある時期意図的に作成されたものであろうという判断を生む理由ともなった。

ところが、編纂に当たっては、当時使われていた暦法で記録を残していた史料を編纂当事者が参考にした部分と、後に時代を想定しながら造った記事に「干支」を加えた部分もあった。実はこれが途中、当時採用していた「暦」の変更などがあったことによって、ある層をなして『日本書紀』全体に反映していたというわけである。

この小川清彦氏が「暦」のことに気づいたのは一九四〇（昭和一五）年頃であって、『日本書紀』の律儀な日付が「編纂時での付会」などという結論は当時の時代性の中にあってとうてい発表できるものではなく、「戦後になってやっと、ガリ版刷り四〇ページの私家版として少数の関係者に配られて、はじめて評判になったのだった。これは、後年、内田正男氏が『日本書紀暦日原典』（雄山閣出版、一九七八年）を出版するに際して、彼の立論の重大さを認めて、同書巻末に付録として活字印刷したことによっている。

小川氏はこのことを知らずに他界していた。命を削るようにして克明に検討した自分の「暦」に対する論文が後世、評判になったことも、『古天文・暦日の研究』・小川清彦著作集』が世に出されたことも知っていない。ただ彼はその論文の一つ「日本書紀の暦日の正体」の末尾に、同時代のある学者が学問的真実を棄て、保身に走ったことに対して、

社会的生活の上では、この方が彼のためにどれほど幸いであったか知れないのである。即ち彼は国粋主義者たる看

板を傷つけずに済んだばっかりか、以前にも増して同じ主義者から重んぜられることになったからである。
この点で彼は、敗戦前まで軍部の御先棒をかついで甘い汁を吸っていた一般の歴史学者・文献学者と軌を一にする利巧者だったとも言えよう。いつの時代でも世の中にはこの利巧者が多い。だが利巧者によって時代の文化が促進された例しはかつて聞いたことがないのである。

と述べている。こう述べたからといって、この筆者は『日本書紀』という書を否定するような発想は持っていなかったろう。『日本書紀』という書籍はやはりわが国が誇っていい本であり、千数百年も以前の歴史を究明するにはかけがえのない物、と思っていたはずである。これを曲解して利用したことを嘆いていたのである。彼の真意は、この書籍の本当の姿を確認した上で大いに活用したい、ということだったろう。

しかし、明治維新以来、この書籍が恣意的に読まれ、政治的に利用され、曲解されている事実に彼の怒りはあったはずである。かれがこの暦法の実際を確認し終わった頃、時代は「神話」が絶対的な形で民衆の心を縛り、神武天皇以来の「万世一系」が強調され、「忠君愛国」が戦争激化のスローガンとなってピークを迎えようとしている最中だったのである。

戦後になって「神話」は歴史の中で除外されたものの、実は払拭し切れていない部分を残して、しかもなおそれが今日も行われている。まさに、戦後七十年という声をよく聞いた昨今だったが、「古代日本史」という分野では戦前の七十年はまるで「一日」のことに過ぎないかのように停滞したままなのである。

ここで『日本書紀』についてもう一件気になることがある。それは書名として『日本書紀』なのか『日本紀』なのかという問題である。『続日本紀』の養老四（七二〇）年五月二一日に『日本紀』完成という記事がある。この『日本紀』とあるのが一般に『日本書紀』のことであるとされている。この二種類の書名は『万葉集』の歌の後註にも出てきて、その回数は『日本書紀』という書名は四首の歌、『日本紀』という書名は四十首の歌に出てくるのである。この数字で見ると『日本紀』という方が主流なのではないか、そんな気さえする。ちなみにこれら後註に『紀』とだけあって『日本紀』なのか

『日本書紀』なのか不明なものが十八首見られる。

門脇　……まさに森さんがいったように『日本書紀』が問題なのです。『日本書紀』が七二〇年にできているとみんな思い込んでいるわけです。だから、それなのに七五七年ごろから乙巳の変を評価し「改新」像の創出にかかったというのはおかしいじゃないかということになる。そこが一つの落とし穴で、七二〇年にできたのは、『日本書紀』じゃなくて、『日本紀』というものなのです。なお、漢書とか後漢書というように『日本書』というものもあったようですね。そもそも、「日本書紀」のように、日本についての書であり、紀であるということは、本来のかたちでいうとありえないことなんですね。だからこそ、日本にも『日本書』というものがあったということを重視したいのです。本の名前しかわからないけれども、正倉院の記録にあるのですよ。だから、七二〇年にできたのは、『続日本紀』に明記してあるとおり、「日本紀」であるということなのです。ところが、「日本書紀」という言葉がいつから出てくるかというと、天平十（七三八）年なのです。このときまでは、簡単にいえば、「日本書」と「日本紀」が別にあった。「日本紀」がもともとベースなんで、紀というのは中心は天皇の記録なのですが、それにいろいろな伝説とか話をくっつけて書になるわけで、だから出来上がったのは「日本紀」でもあるが「日本書」でもあるというのが、天平十年から出てくる『日本書紀』なのです。

森　これは重要なことですね。

門脇　そしてね、『日本書紀』というのは、そこから鎌倉時代までに名前が十二、三回しか出てこない。それなのに、『日本書紀』も古くからあったということだけをとくに強調する人もあるのですね。それがたびたび出てくるとごまかしている。ところが、一方の「日本紀」という本は、そんな回数とは「日本紀」の頻出度は比較にもならないほど多い。六国史の『続日本紀』以下の国史、『源氏物語』『紫式部日記』はもとより『大鏡』『愚管抄』『神皇正統記』など中世の書に至るまで、いずれも「日本紀」とでてくる。ところが、岩波古典文学大系なんかの注でも間違っていると思うのは、「日本紀」について「日本の歴史の本なり」と書いているのがある。
要するに、七二〇年にできたのは「日本紀」である。ところが、七三八年、天平十年よりあとには『日本書紀』という本の名も出てくるんで、その本に天平宝字元年、すなわち七五七年からあとに、はじめて大化改新ということを書き加えた。しかも、古代の本で大化改新が書いてあるのは、『日本書紀』しかないんです。『藤原鎌足伝』とか、いろいろありますけれども、それらには大化改新の諸制度の革新のことなどは書いていない。

右は先にも引用した門脇禎二・森浩一の『古代史を解く「鍵」』からの引用で、その中の〔「畿内」の概念と大化改新否定論〕という部分からのものである。

ところでこの大化改新については拙著「解析『日本書紀』」（二〇一七年　彩流社刊）の第一部の末尾に『日本書紀』という書籍の検討するべき問題の一つとして以下の問題提起をしておいた。

巻第二十四「皇極天皇紀」にはたびたび「中大兄」という人物が登場する。ところが『日本書紀』のどこにも「中大兄皇子」という表現は出てこない。私たちは現代の古代史を語る本を読んで「大化改新（乙巳の変）」の解説などに接したとき、登場する重要な人物として先ず、「中大兄皇子」と書かれているのを見る。ところが、実は『日本書紀』には一度も「中大兄皇子」は登場していないのである。二十二回ほど「中大兄」は登場するのにそれに「皇子」の文字はついていない。同様な人物名の「古人大兄皇子」等々「〇〇大兄皇子」は普通にある表現である。「中大兄」は頑固に「皇子」と書かれない。これは編纂者のうっかりミスなのだろうか。しかし、そうは思えない徹底ぶりなのである。ミスというより、編著の「意図」が働いているという「表現」であるようにさえ思われる。
それにしても有名な「大化改新（乙巳の変）」は話の流れから見て、両親が天皇である「中大兄」が中心にあって実行する「事」にしては、登場人物らが「冷や汗をかく」、「声を震わせて」などいささか腑に落ちない描き方でもある。

このあたりのことをもう少し『日本書紀』全体にかかわる問題とからめて確認したとき、思いがけない発見があるかもしれない。

私は先ほど一一七ページで『日本書紀』の層構造でのE層の説明をする中で、E層は蘇我氏と継体天皇系との政争を述べる部分と飛鳥文化を述べる部分から成り立っており、大きな勢力だった蘇我氏一統の内部分裂の中で、ここにこの地域に入ってきた男大迹王の系列を引く舒明天皇の名で登場している新政権の一統が藤原氏の台頭勢力と合同して新しい統一政権を形成してゆく様が述べられている。この勢力が次代の平城京を中心に中央集権を完成した「倭国・大倭国・大養徳国・大和国」等々の表現を使っていると、述べた。いわゆる「奈良時代」を形成してゆくことになるのである。

この中に「ここにこの地域に入ってきた男大迹王の系列を引く舒明天皇の名で登場している新政権の一統が藤原氏の台頭勢力と合同して新しい統一政権を形成してゆく様が述べられている」と表現したところに違和感を感じた方もおられるかと思う。

私は『日本書紀』をありのままに読む、ということの重要さを述べてきたのであるが、その実践例として今ここに述べておきたいことがある。

『日本書紀』D・E・F層に関わる系図で舒明天皇を参照願いたい。舒明天皇は明らかに前の推古天皇の系統とは違う。この天皇を頂点として皇極・孝徳・斉明・天智（中大兄）とつづく。その前の代の推古天皇は『古事記』では最後に記録されている天皇名である。

元々の参考になる資料があって、推古→舒明については別資料の継ぎ合わせで『日本書紀』が編纂されていたのであるとしたらどうなるか。他系統に出た舒明の子である中大兄がクーデターを起こしたもの、と理解でき中大兄に「皇子」がつかない理由が見えてくる。『日本書紀』の編者はあわてていたため全体の整合性を演出するためには「皇子」をつけるべきだった。「皇子」がないのはうっかりミスなのか、編者自身が後世に何かを残したかったとの「演出」なのか、そんな議論さえ生まれそうである。

これは『日本書紀』を既定概念をはずし「ありのままに読む」そのことの一例としてここにあげてみた。この問題を追求することによって「飛鳥時代」→「奈良時代」この歴史的移行期のイメージはこれまでの常識とはだいぶ違ったものになってくるだろう。

ここにあげた「例」はあくまでも一つの試みの例であるが、少なくとも頭のどこかに戦前の「大和朝廷」が残っており、『日本書紀』をありのまま読むことを心理的に避けたい思いが残った人にはこうした読みはあり得ないのかもしれない。

4　「大化改新」と「明治維新」は双子の兄弟である

戦前の古代史は超古代を神話で語り、かつ歴史時代となったはずの時代については「大和朝廷」という造られたイメージのもとで近代科学としての歴史学の細かい検討を経ないままに既存の「倭」の概念を利用し二・三世紀、あるいはそれ以前を含めて、「わが国」概念を広げて語ってきたのだった。

このことの意味は中国文献にある「倭」とはわが国のことを意味する、という情緒的に了解されていたものを最大限利用して「東亜侵出」の口実にその「倭」概念を利用した。このことに疑問を挟んだり、異論を唱えることは一切許される状況になく、古代史は細かい注意を払わず一把一絡げにして「古代わが国は……」という表現にされていた。とりわけ戦前においては二・三世紀頃を語る際は東亜を制覇する根拠とする発想にとって重大な論点であったため、神話及び神武東征譚などは特に強調された部分でもあった。

そうした理解の基本的な部分の問題は戦後になっても情緒的に「保留」された。そのことが現行においても古代史論で「当時のわが国は……」というような曖昧な表現がとられる理由だったのである。

「大化改新」　大化改新とは飛鳥の地から奈良の地へ政治の中心が移る七世紀末から八世紀初頭の政治改革のことをさ

して近代の歴史学が造った言葉である。

その「大化改新」のころ朝鮮半島や中国大陸での政治情勢の渾沌とした状況が、わが列島の内にもそれなりの強力な政治組織の必要性となって国郡制が敷かれる原因となったのだった。

曲がりなりにも中央集権的な体制ができあがり始めた頃であり一般に「飛鳥時代」と呼ばれ、ヤマトの地を指すのに「倭国」の文字が使われ始めた頃でもある。

ところで今〈ヤマトの地を指すのに「倭国」の文字が使われ始めた頃〉と表現した。このことについてまず確認しておきたい。

当然その時代の「国」概念は近代での「国家」とは全く別のものなのである。

ただ、そのころ遣隋使や、遣唐使などの活動から得られた知識の分析によって、それなりに対外的な意識が加わる度合いが強まり、かつ中国大陸や朝鮮半島地域の政情不安などにより、渡来者も多くなっており、国際化の目覚めは近代の国家観に近くなりはじめていた。おそらくそれまでも列島全体に地域王権が存在し、離合集散を繰り返していた時代だった。そして後に畿内と呼ばれるこの地域に展開し、成長していた王権は他地域よりも当時の「国際社会」から大きな影響を受け始めていた時だった。

為政者には急激な「国際的な視野」が要求され、一般庶民にも「渡来者」との比較の中で「わが国」意識に新しい要素が必要なことの自覚も芽生えはじめていた。

その当時、そうした時代性を敏感に受けとり得る強力な集団としての「国」が、後の言い方での「畿内地域」に形成されていた。その王権が周辺集団を統制する力を持つ集団に成長していたのである。それはたびたびくりかえされた「律令」の完成度によって権力の安定度合いで測れる。そうした権力集中と、強力な地域国家の形成期に活動したのが藤原不比等だった。彼は「律令」「歴史書編纂」そして「天皇制確立」にあたって傑出した活動をした人物であり、かつ『日本書紀』の最終的な編纂を主導したのであった。

ところで、話は明治維新の頃に移って語ることになるのだが、太平の眠りを覚まされた時代、つまり近代国家への移行期に『日本書紀』の記述から想を得て参考にした動きがあった。それを近代の側が古代を「大化改新」、自らの側を「明治維新」と呼ぶようになっていったのだった。

「明治維新」　明治新政府を動かす当時の為政者たちにとって、まさにこの藤原不比等時代での中央集権化を推進しながら「国としてのまとまり」を造りだしていったそのあり方を、近代国家建設活動での重要なモデルになると考え、明治新政権の為政者たちは、修史活動を推し進め「国史」を整え、昔の「律令」の整備を想定しつつ「憲法」の策定に動いた。そして、それらを象徴的に示すように、かつての元号「大化」の、また諸制度の改革を表す「改新」なることばを『日本書紀』の中に探り出し、これを四字熟語化した。そしてかつての時代にあった政治変動を「大化改新」と名づけ、一方、わが時代に関しては、一八六八（慶応四・明治元）年に出された「政体書」で使われたばかりの「皇政維新」を新元号の「明治」に絡めて「明治維新」の名として使用したのである。

言うなら「大化改新」と「明治維新」の歴史用語は双子の兄弟かのような概念だったのである。

私はこのあたりのことについてはかつて『天平の母　天平の子――平城京造営と大仏建立への道』（二〇〇三年　彩流社刊）、『平城京への道――天平文化をつくった人々』（二〇一〇年　彩流社刊）に述べている。

第Ⅲ章　戦前と「古代史」

一 「明治維新」と「東亜」への視線

1 省庁の整備

①対外交として緊急の「富国強兵」策

幕府による政権を廃し一八六七（慶応三）年には「王政復古」をかかげ討幕運動を進めた諸侯は御前会議を開き、新しい政権が発足したことを「大号令」のもと、内外に発した。

新政府は欧米列強に伍して行くための策として国家的自立を急ぐこと、そしてそのため富国強兵の方針のもと工業化を軸とする殖産興業をめざした。

富国強兵政策の具体化として、廃藩置県の後に新しい兵制に変えるため一八七二（明治五）年に徴兵令を発した。当面あった兵部省を廃して陸軍省・海軍省を新設し、その翌年に徴兵令は公布された。

一方、幕末以来の列強の圧力により締結してしまった不平等条約に対処する、という対策の上からも必要な政策だった。この背景には、自国経済の独立のために植民地政策も同時に進められていったのである。

②対内政策として「文部省」の設置

対外的な富国強兵策と並行して国内的な重要課題が設けられた。それは文部省を設置して新国家建設のための文化政策の推進であり、学校教育の充実を図ることが重視された。文部省の設置は廃藩置県と同年の一八七一（明治四）年のことであり、学制が頒布されたのは徴兵令と同じ一八七二（明治五）年八月のことだった。

2 「東亜」侵出への道

明治維新以降から昭和の前半、つまり戦前における大陸での探索・調査活動の一環として墳丘墓のことがあった。ここでそうした調査の足跡を確認してみたい。そこには今後議論を展開する「近代＝戦前（明治・大正・昭和前期）」を作り出すための下ごしらえというべき計算されたと思える事業の展開であり、それは東亜地域の徹底した探索であった。

①「東亜」と国策

明治維新によって世界における近代国家の仲間入りを果たし、以来、太平洋戦争を経て敗戦の昭和二十年までの年月、つまり「戦前」といわれる日本国家の激動期はおよそ七十年という年数の中にあった。

この七十余年をふりかえってみると、明治維新前夜まで、日本は海禁（鎖国）によって泰平の眠りによる夢を見ていた。このため開国を迫ってきた欧米諸国と対峙する状況が展開する。そうした中で政治をになっていた幕府はあわてた。ひとたび西欧諸国の先進文化を目の当たりにする機会が増えると、日本人は驚き、我が身の後進性を実感して、諸外国の様子を理解することの必要性を感じた。時の政府は多くの国費を投入して各分野のエリートを欧米諸国へ送りこんだ。世界の実情を探らせ、学ばせるためだった。それは遅れを取り戻すべく、かなり無理をしながらの、近代化への道のりの第一歩だった。

一方、その当時、西欧列強はアジア進出に意欲を燃やし、多くの探索プロジェクトを組織し、活動を始めていたのだった。そのことを知った明治政権も遅まきながら「亜細亜大陸」へ向けて、国の関係機関や特別な企業等の名によって、さまざまな活動を始めた。そしてその活動の多くの部分が表面的には「東亜の古蹟調査」、つまり文化活動という名目での活動だった。その様子を年表風にまとめてみよう。

②「対東亜政策」の推移

一八八〇（明治一三）年、政府によって「興亜会」設立。

一八九三（明治二六）年、この年、日本では『大和国古墳墓取調書』刊行。

一八九四（明治二七）年、朝鮮をめぐつて日本と清国との対立が激化し、日清戦争勃発。日本はこの戦争に勝利。

一八九八（明治三一）年、「東亜同文会」設立。これが「亜細亜協会」となり、初代会長近衛篤磨（貴族院議長、公爵）が就任。

一九〇四（明治三七）年、日露戦争勃発。この戦争にも勝利した日本は朝鮮への支配を強めることとなった。第一次日韓協約で日本は大韓帝国を保護国とし、外交権をにぎった。翌年、第二次日韓協約締結。

一九〇五（明治三八）年、漢城（ソウル）に統監府が置かれ、種々の調査事業開始。

一九〇七（明治四〇）年七月、第三次日韓協約を締結。大韓帝国の内政に関する全権を掌握した。

一九一〇（明治四三）年八月二二日、「韓国併合ニ関スル条約」が締結され、統治機関として「朝鮮総督府」がおかれ、寺内正毅が初代の朝鮮総督に就任。

一九一三（大正二）年、日本においては関野貞らが中心になって奈良県史跡調査会発足。

一九一五（大正四）年、景福宮で朝鮮総督府施政五年記念物共進会開催。古美術陳列のために建てた建物を総督府博物館として年末に開館。博物館は出土物陳列のほか、古蹟発掘調査・保存修理登録指定・埋蔵物処理の事務も行い、朝鮮の遺跡・遺物に対する全責任を負うことになった。

一九一六（大正五）年七月、朝鮮において「古蹟及遺物保存規則」を発布し、古蹟調査委員会が発足し、博物館協議会の制度を定めた。

一九一七（大正六）年、日本国内でも史蹟名勝天然記念物保存法が制定され、内務省に同保存委員会発足。

一九一九（大正八）年、このころ朝鮮各地に独立運動がおこつた。

一九二三（大正一二）年、このころから中国においても反日の感情が高まる。これを緩和する意味もあって、日清戦争の勝利によって得た賠償金により、外務省主導のもと中国と共同での「東方文化研究所」設置。

一九二五（大正一四）年、日本では奈良県史跡名勝天然記念物調査会の報告書刊行。

一九二九（昭和四）年四月、外務省管轄の東方文化事業計画により「東亜考古学会」設立。「東亜諸地方ニ於ケル考古学的研究調査」を目的としたもので、東京・京都の二つの帝国大学に研究所を設置。「東方文化学院」とよばれた。

③ユーラシアの調査を命じられたエリートたち──浜田耕作、鳥居龍蔵

以上見てきたような東亜への政策を日本は積極的に推し進めた。

こうした時代背景のなかで、東亜の古蹟探訪においてめざましい活動をしたのが伊東忠太・関野貞・浜田耕作・鳥居龍蔵・原田淑人・黒板勝美・水野清一・梅原末治・三上次男・江上波夫等々の当時の著名な学者で、多少の前後はあるがいずれも明治時代から二次世界大戦の敗戦にいたる昭和二十年まで、いわゆる戦前に東京・京都の帝国大学に学び、あるいは教鞭を執るなどのかかわりを持っていた人たちであった。

これらの人々に共通していたのはいずれも、国の政策のもとに諸外国の現状をさぐることを目的として世界の各地におもむいたこと、そして国内の考古学の世界においても、さまざまな活動をした人々であった。右に見た国策に連動して一握りのエリートたちのおこなった主な活動状況を確認してみよう。

浜田耕作　一九一三（大正二）年、イギリスへも留学し、その足跡はヨーロッパ各地におよんだ。その経験をもとに『希臘紀行』『南欧游記』などという旅行記を残している。

鳥居龍蔵　その活動範囲は世界に及び周辺の友人たちを驚かせた。同僚の一人が「何と言ったって、あんなに恐ろしい人はいないよ。満州もモンゴルも華北も、鳥居さんの名を聞かぬことはない。南米へ行って今度こそ出し抜いたと思った

ら、やっぱり鳥居さんの訪れたあとだった」と言ったという話が残っている。彼の足跡はアマゾンの奥地にまでおよんでいたのであった。

このようなヨーロッパやアメリカ大陸への派遣は文字どおり「学ぶ」ことが大きな目的であったわけだが、これに対して「東亜」への関心は「国威を発揚する」その目的のために、当時の東アジアの諸国がどのような歴史的背景をもっていたのか、また現在どのような状況にあるのか。そして、地下資源の状況はどうか、等々について把握・認識することが第一義であり、これらエリート達の主な探訪地は東亜（東アジア）の地域に集中していた。

④「対東亜探索」に名を残した二人の人物——関野貞と原田淑人

一八八〇（明治一三）年、政府によって「興亜会」が設立されて以来進めていたアジア探索であったが、大正期に入りわが国をあわてさせた情報が入った。一九二四（大正一三）年のことだが、ロシアのコズロフは、モンゴルのノヨン・オール（旧名ノイン・ウラ）で匈奴王侯の墳丘墓を発掘したのである。

これは東西の文化交流の状況がつぶさに確認できる遺跡で、この古墳から中央アジアや近東と深くかかわる絨毯や銀製の飾り板など、そしてそれらとならんで、漢から輸入されたと思われる絹織物、漆器、玉器などが発見されたのだった。

こうした外国の活動に対して遅れてはならないと、日本も間をおかず「東亜文化の探索」を開始した。これらのなかで、ここでは特に墳丘墓の探索に多くの時間を費やした二人の人物に焦点を当てて確認したい。

その二人とは、関野貞と原田淑人である。

なお、以下をまとめるにあたって主に『学問の過去・現在・未来、第二部「精神のエクスペディッシオン」』（一九九七年　財団法人東京大学出版会刊）所載の「関野貞の朝鮮古蹟調査、早乙女雅博著」「原田淑人と東洋考古学、大貫静夫著」、を参考にした。

3　戦前の中国・蒙古・朝鮮半島などの墳丘墓調査

①「朝鮮古蹟調査」を十五回にわたっておこなった関野貞

関野貞（一八六七・慶応三年～一九三五・昭和一〇年）新潟県高田（現上越市）に生まれた。時は江戸幕府から明治政府に移る、まさにその年のことだった。

一八九二（明治二五）年、関野は東京帝国大学工科大学に入学。卒業後、一九〇一（明治三四）年に東京帝国大学助教授に任命されている。そして建築家として奈良の古建築を調査し、建築年代などの判定などをし、奈良での研究をもとに「平城京及大内裏考」を著している。これらの実績によって一九〇八（明治四一）年、関野は工学博士の学位を授与された。また関野は奈良における古墳の調査にも力を尽していた。

こうした活動の傍ら、関野は国策のもとで一九〇二（明治三五）年から「朝鮮古蹟調査」をおこなっている。この「調査」は一九二八（昭和三）年東京帝国大学を停年退官するまで十五回におよんだ。

また関野の関心は退官後もなお衰えず、翌年に東方文化学院東京研究所が設立されたのを機に、調査対象を中国大陸に移して活動を継続していている。

一九三〇（昭和五）年には南京方面、その翌年は河北、山西、北京方面、さらにその翌年は満洲などを調査、そして、一九三三（昭和八）年一〇月は熱河方面の調査を続けた。

ここでは関野の朝鮮半島での一回目から十五回目までの主な遺跡調査の確認をしてみたい。これは「朝鮮古蹟調査」と銘打たれ、その実質内容は朝鮮半島の「墳丘墓」についての詳細にわたる探索でもあった。

第一回朝鮮古蹟調査―漢城・開城・慶州―

一九〇二（明治三五）年、東京帝国大学の要請により、はじめて朝鮮に渡った。全行程六十二日間におよぶ踏査であった。

第二回朝鮮古蹟調査—平壌・義州・扶余・慶州—

一九〇六（明治三九）年、第二回の調査。これより早く、一九〇四（明治三七）年に日露戦争があって、日本は勝利。このことによって日本は朝鮮への支配を強化することになり、漢城（ソウル）に統監府を置いた。種々の調査事業を始めたのはその流れのなかでのことだった。

第三回朝鮮古蹟調査—朝鮮南部—

一九一〇（明治四三）年、この年の八月には「韓国併合ニ関スル条約」が締結され、日本は朝鮮を支配することになった。このことによって関野の朝鮮古蹟調査は、「史蹟調査」として朝鮮総督府内務部地方局第一課に引き継がれた。強化された調査活動は関野を中心にすえて、数班に分かれての大がかりなものになっていった。

第四回朝鮮古蹟調査—漢王墓—

一九一一（明治四四）年、この年、平壌の江東郡馬山面漢坪洞にある漢時代王墓の発掘をし、発掘は玄室にまで達した。墳丘は二段の方形基壇の上に直径約五四メートルの円形封土をのせた大型墳丘墓で、墳丘上からは多くの瓦が出土した。これは日本でいう上円下方墳の祖形と思われる墳形だった。

第五回朝鮮古蹟調査—遇賢里三墓と朝鮮東部—

一九一二（明治四五・大正元）年、この年は遇賢里の三つの墓の発掘が主な目的だった。大塚・中塚・小塚の三塚で、どれも奥行きが三メートルあるほぼ正四角形の玄室をもつ墳丘墓である。

大塚には壁画があって、彩色された玄武、青龍、白虎が壁面に直接描かれ、南壁には入口周縁に忍冬文、朱雀が描かれていた。

四神図は日本では高松塚古墳で発見されて注目されたが、そのおおもとは中国後漢の王莽の時代の鏡の「左龍右虎、辟不詳、朱雀玄武順陰陽」という句とともに描かれているものが最古と見られ、また五経内の「礼記」などには四神の図柄の旗を行軍の四隅の方角に立てることなどが記されており、これが墳墓の内部の装飾に使われるようになったと考えられている。

第六回朝鮮古蹟調査―双楹塚と朝鮮北部―

一九一三（大正二）年、調査は、関野貞・栗山竿一、今西龍・谷井済一が、二班に分かれておこなった。

今西・谷井は鳳山郡の調査をし、その後、九月二十三日には、一九一一年の調査のおりに注目していた大同江畔の土城を踏査。城壁を確認し漢式瓦片を採集した。関野・栗山は鎮南浦府大上面梅山里の梅山里狩塚（四神塚）を調査した。

この年、関野はここまで四年間にわたる朝鮮での古蹟調査の成果として『朝鮮古蹟図譜』の刊行を計画した。寺内総督の発案によるものだった。この刊行はその後、一九三五（昭和一〇）年六月の第十五冊目までつづいている。またこの間、関野貞は、一九一七（大正六）年にフランス学士院からスタニスラス・ジュリアン賞を受けている。

第七回朝鮮古蹟調査―扶余と慶州―

一九一五（大正四）年、数班に分かれての発掘だったが、関野は扶余陵山里にあった六基の墳丘墓のうちの中上塚を発掘した。この塚はすでに盗掘されていたが、冠の金具と思われる金銅製透彫金具と八角形の大小の金具十数枚を発見した。

第八回朝鮮古蹟調査―楽浪と高句麗―

一九一六（大正五）年、楽浪郡と高句麗の遺跡、遺物を中心に調査。

第九回朝鮮古蹟調査―高句麗の積石塚―

一九一七（大正六）年、平安北道の楽浪郡時代と高句麗時代の遺跡、遺物の調査をした。多くの積石塚を調査した後に鴨緑江を渡って平安北道楚山県の郡面雲海川洞墳丘墓群の調査をした。百五十基以上あって、ほとんどが積石塚であった。なおこれら積石塚の持つ意味についてはは支石墓のこととともにあとで再度検討することにしたい。（…p参照）

第十回朝鮮古蹟調査―楽浪郡治址と金冠塚の発見―

一九二一（大正一〇）年、慶州で金製品の遺物が大量に発見された。関野のもとに浜田、梅原などが集まり黄金の冠があることも確認され、金冠塚と名づけられた。またこの年、楽浪郡治址を調査した。
「金冠塚」の名を持つ古墳は日本にもいくつかある。また古墳の名前はそうではなくても「黄金の冠（金銅製の冠）」は多くの古墳から出土している。

第十一回朝鮮古蹟調査

一九二二（大正一一）年、咸鏡南道永興の新羅里で土城を発見、調査。

第十二回朝鮮古蹟調査

一九二三（大正一二）年、京城の公州尋常高等小学校の敷地内から二重に敷き並べられた磚（タイル状の焼き物）が発見され、中国南梁との関係があったことがうかがえる発見だった。

第十三回朝鮮古蹟調査

一九二四（大正一三）年、朝鮮古蹟調査が平壌でおこなわれた。

第十四回朝鮮古顔調査

一九二五（大正一四）年、朝鮮古蹟調査が平壌でおこなわれた。

第十五回朝鮮古蹟調査

一九二六（昭和元）年、朝鮮古蹟調査が平壌でおこなわれ、高句麗遺跡が調査された。
そして、一九二八（昭和三）年、関野は東京帝国大学を定年退官。なおその翌年設立された東方文化学院の東京研究所において大陸建築の歴史研究を担当し、その後も河北・山西・北京・満州等々を精力的にめぐっている。
また一九三三（昭和八）年「朝鮮宝物古蹟名勝記念物保存令」が発布された際、黒板勝美・浜田耕作・原田淑人・池内宏・梅原末治・藤島亥治郎・天沼俊一らの名とともに関野はその委員として名を連ねている。
一九三五（昭和一〇）年、東京帝国大学付属病院に入院し、その年六十八歳で永眠した。

②中国大陸および朝鮮半島北部の墳丘墓を踏査した原田淑人

原田淑人（一八八五・明治一八年―一九七四・昭和四九年）　東京神田生まれ。東京帝国大学文科大学史学科の白鳥庫吉のもとで東洋史を学び、一九〇八（明治四一）年、大学を卒業した。原田の学生時代には考古学を講じる先生は文科大学にはいなかったものの、漢籍を得意分野としていた原田の卒業論文は「明代の蒙古」という文献学的研究であった。大学院進学後は、一時、中国の風俗史、服飾史に方向を転じている。目の疾病により、文献研究に困難を生じたからという。

一九一四（大正三）年、史学科の授業として文学部（当時は文科大学）にも考古学の講義が設けられ、東洋史出身の原田淑人は講師に任じられた。

一九一五（大正四）年、宮崎県西都原墳丘墓群の調査に参加。

一九一六（大正五）年、朝鮮総督府に古蹟調査委員会が組織される。

一九一八（大正七）年、原田淑人は朝鮮総督府の古蹟調査委員会に委員として参加。

一九二一（大正一〇）年、在外研究員としてイギリス、フランス留学を命じられ、約二年間、西洋考古学の研究法と東洋考古学に関係する在外資料の研究をおこなった。

一九二五（大正一四）年、原田淑人の指揮の下、細川侯爵の寄付資金をうけて平壌を中心とする楽浪郡時代の遺跡の調査。これに黒板勝美・村川堅固などが参加している。そのおりの木槨墳の一つは保存がきわめてよく、漆器の銘文により後漢時代のものであることがわかり、また木印の刻字から被葬者の名前と生前の職名とが明らかになった。

この最初に発見された漢時代の墳丘墓についての大部にわたる報告書は、一九三〇（昭和五）年に田沢金吾との共著により『楽浪』として東京帝国大学文学部から出版された。中国本土でも漢墓の調査に関して見るべきものがない時代にあって、ここに出版されたこの報告書はすぐれた出版物として知られている。

このような漢墓にめぐりあえたことは、元来の漢籍の素養を生かした原田の考古学研究にとつて、その後の大陸考古学の道筋を決定付けることになった。このころ東亜考古学会が活動を開始している。

一九二七（昭和二）年三月、東亜考古学会の正式な発会式は、東方考古学協会第二回総会をかねて東大の山上会議所で開かれた。この年以降、原田は朝鮮古蹟研究から調査対象を中国に転じ、東亜考古学会による中国での一連の調査という方向に切りかえた。

当時、欧米の探検隊が各地でさまざまな発見をしており、東亜、特に中国での古代研究については、「今や在来の文献の詮索考証の時代は去った」との認識のもとで、考古学の調査が重んじられるようになっていた。日本でもこの風潮に乗り、東亜考古学会の組織設立のおりには中国の研究者と協議し、外務省に文化事業部が設けられた。これは日本に対して反発の強まっていた当時、中国への対策として考古学調査に援助する方針を打ち出したことによるものだった。

日本の大学で、考古学専任の教官がいたのは当時、東京・京都の両帝国大学の二つの学校だけで、この両大学の教官を中心に東亜考古学会は組織された。京都を代表するのが浜田耕作であり、東京を代表するのがこの原田淑人であった。

一九二八（昭和三）年一〇月、原田淑人主宰のもと、遼東半島の旅順牧羊城の調査が行われた。

一九三一（昭和六）年、朝鮮古蹟研究会が組織され、平壌付近の楽浪郡時代遺跡の研究所が平壌に設置された。駒井和愛と共著で、原田は東亜考古学会より『牧羊城』東方考古学叢刊・第二冊出版。

一九三三（昭和八）年、このころから日本学術振興会の補助金が出るようになり、その研究員に原田淑人は名を連ねている。

一九三三・三四（昭和八・九）年、渤海上京龍泉府を調査。これは現在の黒龍江省寧安県にあたる渤海国の首都であった土城祉である。満州国建国直後の当時の治安は悪く、とくに土城のある鏡泊湖付近はもっとも危険とされ、警備の日本軍からは、安全を保証しえないという理由から中止を勧告されるなかで調査の敢行であった。

一九三五（昭和一〇）年、春と秋、さらに一九三七（昭和一二）年夏、この三回にわたり、朝鮮古蹟研究会の委嘱により主査として、楽浪郡治址と推定される土城などの発掘をおこなった。この調査により不明なことの多かった楽浪郡について、属県名を印した封泥を発見したことや「楽浪礼官」という役所の名のある瓦の出土地点を明らかにするなど成果を残した。

一九三七（昭和一二）年、現在の中国内蒙古自治区にある元朝の上都遺跡を東亜考古学会主催により、原田によって調査された。この年には五月から六月にかけて約一カ月楽浪土城の調査があり、原田、駒井は平壌から洛陽に出てそのまま上都遺跡に向けて出発。

一九三八（昭和一三）年三月、東京帝国大学文学部に考古学講座が開設され、原田は教授に、駒井は講師となる。

一九三九（昭和一四）年、六・七月に山西省大同付近の北魏平城祉の調査を東亜考古学会の主催のもと、原田が団長で実施。

一九四〇（昭和一五）年、八月から十月にかけ、河北省邯鄲市にある戦国時代の趙国の都城を東亜考古学会の主催、原田が団長で実施。

一九四一、四二（昭和一六、一七）年、日本学術振興会の主催により、遼陽の漢墓を調査。

一九四二、四三（昭和一七、一八）年、山東省曲阜にある周代の魯国都城の調査を二回にわたって行う。

一九四四（昭和一九）年、日満文化協会主催による調査。駒井和愛が代わって主査になっている。楽浪で漢墓を調査して以来、漢代の土城・墓についてつねに注意を払ってきた原田は、遼陽市の発展にともない墳丘墓がつぎつぎと破壊されているのを憂え、周囲に調査の必要を説いて回った。

一九四五（昭和二〇）年、日本の敗戦とともに、中国大陸および朝鮮半島における調査終焉。

一九四六（昭和二一）年、東京帝国大学を退官する。

4　大谷探検隊

戦前におけるユーラシア的な視野の民間での活動としては大谷探検隊のことを確認しなければならない。

大谷探検隊は一九〇二（明治三五）年から一九一四（大正三）年の間に三次にわたって浄土真宗本願寺派第二十二代法

主・大谷光瑞によって組織された。その目的は中央アジアにおける文化一般の学術的な探検である。

当時のヨーロッパでは政治や経済において行き詰まり状態にあった。その打開のためにアジア・アフリカの奥地にまで探検隊を派遣するなどして天然資源の探索や軍事情報の収集に躍起になっていたのだった。

英国のスタインは、一九世紀後半から二〇世紀の始めころ、地理学や考古学の学述調査を目指した探検隊に参加して、中央アジアや中国北西部での調査を果たした後、発掘による出土品と収集品を大量に本国へ持ち帰っていた。その結果を受けて一九〇二（明治三五）年にハンブルグで国際東洋学者会議が開かれ、アジア・極東の文化全般を研究する国際学会を組織することが提唱された。

当時、ロンドンに遊学中だった大谷光瑞がこの活動に大いに刺激を受け、自らも探検隊を組織することを計画する発想をそこから得たのだった。

第一次（一九〇二・明治三五年～〇四・明治三七年）は、本多恵隆・井上円弘・渡辺哲信・堀賢雄と光瑞自身が参加して釈迦ゆかりのガンジス川流域、霊鷲山やマガダ国の首都王舎城などを訪れ、分かれた一派はタクラマカン砂漠に入り、ホータン、クチャなどを調査した。

第二次（一九〇八・明治四一～〇九・明治四二年）は、橘瑞超・野村栄三郎の二名によって外モンゴルからタリム盆地、トルファン、さらには二手に分かれ、野村はカシュガル方面、橘はロプノール湖跡のある楼蘭方面を調査した。

第三次（一九一〇・明治四三年～一四・大正三年）は、橘瑞超・吉川小一郎の二名が、トルファン、カシュガル、ホータン、敦煌などの調査を行った。

これらの探検により膨大な将来品を日本にもたらした。その後、この活動に刺激されて、先に紹介している東京大学の白鳥庫吉や原田淑人、また京都大学の羽田亨など東洋学の研究者たちが生まれるきっかけともなっており、それらの人たちによってその後の東洋史学、言語学などをはじめ西域方面の研究基礎が築かれることになったのであった。

しかし、これらによってできあがった学問的な成果については国際的な場面での公開をしなかった。そのため、日本は諸外国からは非難されることになったのであった。

二　「大和朝廷」概念の造作と展開

1　王政復古と皇国史観

当時の政府が対外的な富国強兵策と並行して国内的な重要課題が設けられ、文部省の設置によって新国家建設のための文化政策の推進を図ったことはすでに述べた。ここではその具体的な展開を確認してみたい。

①歴史学と教育制度のせめぎ合い——大日本帝国憲法制定と教育勅語

i　学制の公布

明治政府は富国強兵の政策推進のために国民にその意味を浸透させる方法として国民の教育に重点を置いた。江戸時代の民衆の教育に寺子屋が大きな力を発揮していたことを背景に文教政策の充実をはかった。

一八七二（明治五）には学制を公布し、その折の「太政官布告」に国民誰もが学ぶことが大切であると述べてその結びに、『高上の学に至ては其人の材能に任かすといへども幼童の子弟は男女の別なく小学に従事せしめざるものは其父兄の越度たるべき事』。つまり、上級の学問はその人の資質に任せるとしても児童においては男女に関わらず初等の学校へ行かせないのはその子の父兄の落ち度である、と述べてとりわけ児童への教育の必要を強調した。

一八七三（明治六）年の紀元節制定に言論の自由や集会の自由の保障などの要求運動である自由民権運動が盛んになると、政府はそれに対抗するように一八七九（明治一二）年にはさきの「学制」にあった「仁義忠孝」をさらに重視しての

「教育令」を、そしてすぐに一八八〇（明治一三）年にはそれの改訂令が出された。

さらに学校設置・管理の委員を府知事・県令による任命制に改めた。そして小学校の教科では、初めて修身を先頭に置いて道徳教育のさらなる重視の方針をとったのである。

ii　初代文部大臣・森有礼と「教科書検定」

一八八六（明治一九）年、伊藤博文内閣のもとで諸外国の事情に詳しかった初代の文相森有礼が就任して、改めて国家の繁栄のために教育が重要であるとの発想のもとに小学校令・中学校令、師範学校令、帝国大学令と四つの勅令（学校令）が出され、小学校を義務制にするなど教育の普及に向けて学校制度が改めて整備された。

一方で、その学校教育への国家による統制は一段と強化されていく方針がとられる方向へも進んでいったのだった。

小学校令ではその一三条に、「小学校ノ教科書ハ文部大臣ノ検定シタルモノニ限ルヘシ」と教科書の検定制度のことが明記され、さらにその翌年には教科書の適・不適を審査するための検定規則として「国体法令ヲ軽侮スルノ意ヲ起コサシムベキ恐アル書又ハ風致ヲ敗ルベキ憂アル書若クハ事実ノ誤認アル書等」、つまり「国の方針に合わないものなどを認めない」との意図でチェックする方向性も定められたのであった。

帝国大学についても「国家の須要に応ずる」学術を研究・教授するとの目的が示された。これは、学問研究を国家目的に従属させる方針の明示であった。

一八八七（明治二〇）年には方針が示されていた教科書検定規則制定が公布され、ここに小・中学校の教科書は文部大臣を検定権者とする検定制が確立するにいたったのである。

なお、この検定制度は教科書採択が府県に設置された審査委員会にゆだねられていた。このため、その採択に関して委員会を構成する師範学校長・学務課員・小学校教員・参事会員などに各教科書会社が激しい運動を展開し、贈収賄事件を頻発させる結果を生み、一九〇二（明治三五）年一二月には金港堂、集英堂などの教科書会社が家宅捜査をうけ、県・郡視学官らが拘引され、翌年の三月まで県知事、県書記官、師範学校長、県会議長、教科書会社社長など二〇〇人近くが全国的に検挙されるといういわゆる「教科書疑獄事件」が起こる下地ともなった。

iii　学校教育と「教育勅語」

①小学校が義務制　学校教育では教育の充実をはかり、これまであった都道府県立の師範学校を小学校教員養成機関として整備する動きが始まった。

一八八六（明治一九）年に新たに師範学校令が制定された。高等師範、尋常師範に二分し、小学校教員養成のための尋常師範学校は各府県に置かれ、そこでの修業は年齢一七歳以上、年限四年）を確立し、全寮寄宿制による生活規制などにより、独特な人物重視の教育を実施した。

一八八九（明治二二）年には「大日本帝国憲法」が制定され、その翌年には「教育勅語」が下賜された。この教育勅語について『世界大百科事典』（平凡社刊）で確認してみたい。

朕惟フニ我カ皇祖皇宗國ヲ肇ムルコト宏遠ニ徳ヲ樹ツルコト深厚ナリ我カ臣民克ク忠ニ克ク孝ニ億兆心ヲ一ニシテ世々厥ノ美ヲ濟セルハ此レ我カ國體ノ精華ニシテ教育ノ淵源亦實ニ此ニ存ス爾臣民父母ニ孝ニ兄弟ニ友ニ夫婦相和シ朋友相信シ恭儉己レヲ持シ博愛衆ニ及ホシ學ヲ修メ業ヲ習ヒ以テ知能ヲ啓發シ徳器ヲ成就シ進テ公益ヲ廣メ世務ヲ開キ常ニ國憲ヲ重シ國法ニ遵ヒ一旦緩急アレハ義勇公ニ奉シ以テ天壤無窮ノ皇運ヲ扶翼スヘシ是ノ如キハ獨リ朕カ忠良ノ臣民タルノミナラス又以テ爾祖先ノ遺風ヲ顯彰スルニ足ラン

斯ノ道ハ實ニ我カ皇祖皇宗ノ遺訓ニシテ子孫臣民ノ倶ニ遵守スヘキ所之ヲ古今ニ通シテ謬ラス之ヲ中外ニ施シテ悖ラス朕爾臣民ト倶ニ拳々服膺シテ咸其徳ヲ一ニセンコトヲ庶幾フ

明治二十三年十月三十日

御名御璽

教育勅語

勅語は、日本教育の根本方針は〈皇祖皇宗ノ遺訓〉にあるとし、そこから徳目を引き出し、国民はこの徳目を実践し、国家有事のさいには一身を国にささげ、天皇の治世がいつまでも盛んに続くよう助けるべきだ、と説いていた。教育勅語発布とともに、学校では、この精神にもとづく教科の授業とともに、儀式、修学旅行、運動会などの学校行事により日本精神を体得させることが重視されるようになった。修学旅行という外国には例のない日本の学校独自の行事は、２０世紀に入り、伊勢神宮参拝を中心とした敬神崇祖の念を強める教育活動の一つとして、また紅白にわかれて得点を争う運動会は、日清戦争のころから戦意高揚のための行事として重視された。学校でこれらの行事より重要な位置を与えられていたのは、祝日・大祭日の儀式である。

一八九一（明治二四）年、「小学校教則大綱」が公布された。「小学校祝日大祭日儀式規程」によると皇室に関係する行事（紀元節、天長節、元始祭、神嘗祭および新嘗祭）には教員・生徒一同式場に参集して儀式を行うこと、そこでは御真影（天皇、皇后の写真）への最敬礼・万歳奉祝、教育勅語奉読といった内容で行われ、校長は忠君愛国の「士気涵養」のために訓話した。

一八九七（明治三〇）年、師範教育令が改訂され、一一年前に定められた師範学校での「高等」「尋常」の別を廃した師範学校となり、師範学校令第一条には「師範学校ハ教員トナルヘキモノヲ養成スル所トス。但、生徒ヲシテ順良信愛威重ノ気質ヲ備ヘシムルコトニ注目スヘキモノトス」（師範学校は教員の養成学校であり、生徒に順良・信愛・威重の気質を教えることが目的である）と規定された。この「順良・信愛・威重」の三気質は、文部大臣森有礼の「国家必要ノ目的ヲ達スル道具」といった意味の教師観を端的に示したものであり、教師には「国家ヲ本尊トスル心志」を持つことを求めたのだった。

また森有礼は、「学問」と「教育」を分離する原則を打ち出し、教育は「護国ノ精神、忠武恭順ノ風」を国民に植え付ける機能を担うものとされ、一方教師は、学問的知識の伝達者であるよりもまず国家主義的人格の体現者であらねばならないとした。つまり師範学校は学問を究めるための場所という認識ではなく、学問と教育とは別であり「教育勅語」の趣旨を体現して実践できる小学校教員を養成することが目的とされた。そのため師範学校では「兵式体操」を取り入れるなど、人格形成の教育に力が注がれることになり、教師には国家権力の意志を代弁し、伝達する役割が課せられるとともに権力に対する服従性と命令者としての威厳をもつことが求められたのであった。

当時の陸軍下士官の戦闘服をモデルとして「兵式体操」を取り入れたといわれる。このような男子の学生服は、一八八六（明治一九）年高等師範学校、帝国大学などで採用したのを最初として、八七―八八年中に各地の師範学校、中学校などで制服として採用され、一八九三（明治二七）年に始まった日清戦争、一九〇四（明治三七）年の日露戦争のころには私立学校でも広く用いられるようになったのであった。

一九〇一（明治三四）年、内村鑑三の不敬事件。帝国大学教授久米邦武論文〈神道は祭天の古俗〉を学術誌である《史学雑誌》に掲載。

一九〇二（明治三五）年、久米邦武は論文〈神道は祭天の古俗〉を発表したことで帝国大学教授を辞職した。

そのころ井上哲次郎は『勅語衍義』（教育勅語解説書）を発行するなど初等教育に関心をもっており、ドイツで哲学を学んで帰国して東京大学で最初の哲学教授になっていたが、一九〇三（明治三六）年四月、桂太郎内閣は勅令によって小学校令の一部を改正した。この背景には検定制度には先に見たように採択のための贈収賄事件など不祥事がつきまとったため、疑獄事件の前後から科書の国定化の動きが始まり、ここに小学校教科書は原則として文部省が著作権を有するものとし、先の検定制度をあらため国定教科書制度になったのだった。

②道徳教育・神話教育の強化

学者の研究活動をも圧迫

このように学校教育に国家の力が介在する状況が強まる中で、「国の歴史」を研究する方向や、学校での偏向を心配して学者の発言にも制約が加わることになっていった。

後に述べる久米邦武の筆禍事件に代表されるように、当時の天皇制絶対主義の成立にともなう国家主義の台頭の前に、三宅米吉は、日本近代史学史の上で画期的と評価された『日本史学提要』の第二編以降の刊行を断念し、さらには「旧辞学」や「史学ノ本義」を草稿のまま、ついに活字にすることを諦めてしまうのである。

そしてこの風潮は「戦前」でも一九二五（昭和元）年以降、敗戦となる一九四五（昭和二〇）年になるまで日を重ねるごとに強化されながら続いていく。

維新の政権を推進する新政府は、『記・紀』の恣意的な読みのもとで「神話」を「国の歴史」に取り入れる方策を考え、仏教を排斥し、神ながらの道を強調した。

わが国は古代以来の悠久な神とともにあった国という神話を作り、その形で国の歴史を捏造したのだった。そしてその具体的なあり方として奈良時代の七五二（天平勝宝四）年に大仏開眼供養がおこなわれたとき以来、千年の時を越えて慣れ親しんだ「神と仏」の融合した文化現象を壊した。

東大寺では大仏鍍金のための黄金発見に関して一役買った宇佐八幡神を境内に勧請し、盧舎那仏と八幡神は一つの境内で同居したのである。そうした宗教の形態はそのとき以来、わが国の宗教政策の根幹部分ともなり、以降、千二百年あまり宗教と庶民の生活の中に根づいた神仏習合という文化だった。これは一般民衆だけでなく、時代ごとに変化した権力の中枢部でも年間の儀礼などの中にさまざま影響を与えて生き続けてきたのであった。

この千年を越える、いわば国民の生活習慣でもあった「神仏習合」という宗教形態を一朝のもとに消し去ったのが明治維新と呼ばれる政変だった。

一八六八（慶応三・明治元年）新政権の発足をめざす公武合体の新勢力は、幕府に大政奉還を迫り、王政復古に成功した。そして翌年には祭政一致の制度を打ち出し、すべての神社が神祇官の付属とされ、かつ神と仏を分離させるということが定められた。こうして千数百年にわたって展開した「神仏習合」の習慣が破壊されることになったのであった。

そしてこれらに付随して一八七二（明治五）年八月には学制が施行され、国策にあった国民教育に力を注ぐことになってゆくのである。

一八八一（明治一四）年、「小学校教育綱領」公布。

尊皇愛国の志気を養成する内容を持たない本を教科書とすることを禁止し、学校での教科書採択は届け出て認可を受けることになる。一方教科書内容の統制に危惧を抱く考えも出てきていた。三宅米吉の「小学歴史科に関する一考察」（『東京茗渓会雑誌』一一～一四〈一八八三年～八四年〉）の中の「神代ノ事」で『記・紀』に書かれた内容をもとにした教科書の記述について「之ヲ通常歴史ヨリ逐ヒ出シテ別ニ諸学ノ理論ニヨリ又地質天文等ノ実物研究ニヨリテ穿鑿スヘキノミ」（これは歴史とは言えないので排除して科学的に実証できることだけを追求することが正しい）と主張した発言も空しかった。この行動をとった三宅自身は、王政復古の天皇制を肯定する立場にあった人だったのだが、それでもここにあるように「神代」を歴史分野から切りはなすべきだと述べたほど学校の教育の歴史部門は「神話」を中心にすえて語る国策によってゆがめられていったのだった。それほどに当時の時の流れは急進していたのである。

2　「鎌倉以降の武門専権弊害」論

一八六九（明治二）年の「修史の詔」にある「鎌倉以降の武門専権弊害」というものの考え方は昭和一〇年代以降国粋主義的な風潮のたかまりとともにさらに強くなった考え方だった。皇国にとっては恥ずべき時代だった、という見方で、武士が政治の中心にあった時代について日本史の中では、排撃される状況も生まれていた。

武家社会を創建した最初の人物であった源頼朝も嫌われ、鎌倉時代を研究するその活動さえ危険なことになっていった。このことによって現在なお「鎌倉時代」の研究は停滞しているといえる（『鎌倉史の謎』相原精次著・彩流社）。また、鎌倉時代のあと時代区分は南北朝時代を経て室町時代になるが、この室町時代も同じ武家社会であるとともに、足利尊氏が後醍醐天皇の南朝を裏切った、ということで明治維新以降排撃される事態も起こっていた。

明治二八年（一八九五）から平安遷都千百年を記念して始まった京都の時代祭では尊氏をはじめとした足利氏が逆賊とされ、時代絵巻の行列からはずされた。

この行列に室町時代の風俗が加わったのは戦後も二〇〇七（平成一九）年になってからのことだった。

3　皇紀二千六百年

ここに示した「国体論」および『国史と神話』という本などに見られるような論理のもとで、一九四〇（昭和一五）年には皇紀二千六百年を大々的に祝ったのであった。

これは神武天皇が即位したのが「辛酉年春正月」と『日本書紀』に書かれているのを根拠に、六十一年ごとに巡ってくる「辛酉」の年を逆算して、西暦にして紀元前六百六十年にあった「辛酉」が即位の年であった、と決めたものだった。

『日本書紀』には各天皇紀の「元年」の記事の末尾に「是年也、太歳○○」という記載がある。この天皇の元年が暦上の干支でいつのことになるのか、ということを示している記事である。こうした紀年の記載は『古事記』にはなく、『日本書紀』が歴史書といわれる理由もそこにある。

この紀年は中国の歴史書に使われたものを日本でも援用したもので、六十年で一巡りしてまた同じ干支にもどる。厳密な暦法によって歴史書が作られた中国に習って、わが国でも七・八世紀にその「暦法」が採用され、これが『日本書紀』の各天皇紀元年の「太歳○○年」という記事である。

その『日本書紀』は「神武即位・辛酉」と述べているのだが、この「辛酉」について明治時代の学者が讖緯説の「辛酉に革命・一蔀（いちぼう）で大革命」によって、一蔀（一二六〇年）という時の流れの中での大革命であり、その計算の起点を辛酉年である推古九年（六〇一）置く、と想定し

『日本書紀』の神武天皇即位年の作成

東征出発　　　太歳甲寅・45歳
「是年也、太歳甲寅。冬十月丁巳朔辛酉、天皇親帥諸皇子船師東征。」
↓
天皇即位元年　　辛酉・〔52歳〕
「辛酉年春正月庚辰朔、天皇即帝位於橿原宮。是歳為天皇元年。…始馭天下之天皇（ハツクニシラススメラミコト）…」

（〈参考〉崇神紀・十二年秋九月甲辰朔己丑…称謂御肇国天皇也・ハツクニシラススメラミコトなり）
↓
治世76年目に崩御〔丙子〕・127歳
「七十有六年春三月甲午朔甲辰、天皇崩于橿原宮。時年一百廿七歳。」

讖緯説による「辛酉・甲子革命」

明治時代の那珂通世〔嘉永4年（1851）～ 明治41年（1908年）〕の論考
60年（還暦）× 21元＝1260年（一蔀）
推古天皇9年　辛酉（西暦601年）

た。

この説のおおもとは後漢時代に「鄭玄（一二七〜二〇〇）曰く、……三七相乗じ、二十一元を一蔀と為す。合わせて千三百二十年」（『革命勘文』昌泰四年（九〇一）の三善清行著）とあることが根拠となっていた。

この説を下地にして『日本書紀』の語る神武即位の「辛酉」は西暦紀元前六六〇年のこと（那珂通世による見解）で、これが皇紀元年（日本建国元年）であるとした。この説が日本史学界の定説となり、これにより昭和一五年（一九四〇）が皇紀二六〇〇年に当たるとして奉祝の行事が大々的に行われた。

ところでこの「昭和一五年」とはどんな年だったのだろうか。

この年七月に第二次近衛内閣が発足し、九月に日独伊三国の同盟が締結され、そして一〇月に大政翼賛会が発足した。太平洋の諸国を西欧先進国の支配から解放し、わが国を盟主国として「東亜の大繁栄」を実現したい、との理念のもとでわが国はいよいよ世界大戦への道を、坂を転げ落ちるように突きすすんでいった。

平和の塔と「八紘一宇」　橿原神宮を中心に展開した皇紀二千六百年の祝賀行事であったが、宮崎の地でも神武天皇東征の原点であるとして大きく皇紀二千六百年の式典が行われた。そのとき高さ三六メートルで「八紘一宇（はっこういちう）」の文字が刻まれた紀年の巨大な石造りの塔が作られたのである。

この「八紘一宇」のことは『日本書紀』の神武即位前紀の末にある、

上則答乾靈授國之徳。下則弘皇孫養正之心。然後兼六合以開都。掩八紘而爲宇不亦可乎。

（上は天上の国を授けくださった徳に答え、下は皇孫の正しき養いの心を弘める事だろう。その後に六合（国内）を兼ね、都を開き、八紘（あめのした）を掩（おお）って宇（いえ）と為すのがいいではないか。）

とある「掩八紘而爲宇（天の下をおおっていえとなす）」という表現から、この皇紀二千六百年の祝賀に合わせて「八紘一

宮崎市にある平和の塔、「八紘一宇」の文字が刻まれている

宇」という表現が作られた。これを改めて辞書で確認すると、

> 近代日本史学史上の一潮流。日本の歴史を〈国体〉の顕現・発展としてとらえる歴史観で、一九三〇年代半ばから敗戦に至る時期に確立、全盛期をもつ。この史観は次の三つの内容をその特徴としている。日本は神国であり、皇祖天照大神の神勅《天壌無窮の神勅》を奉じ、〈三種の神器〉を受け継いできた万世一系の天皇が統治してきたとする、天皇の神性とその統治の正当性、永遠性の主張。日本国民は臣民として、古来より忠孝の美徳をもって天皇に仕え、国運の発展に努めてきた、とする主張。こうした国柄《国体》の精華は、日本だけにとどめておくのではなく、全世界にあまねく及ぼされなければならない《八紘一宇》、という主張である。（平凡社『世界大百科事典』より）

という意味であり、そこに用いられていた「大東亜共栄圏」とは「日本を盟主とする東アジアの広域ブロック化の構想」〈平凡社・世界大百科事典〉という意味であった。

それは表向きは世界平和に寄与するという意味、という印象を与えつつ、アジア一帯への侵略を試みた論理、つまりアジアを一つの屋根の下に置く〈八紘一宇〉という主張だった。そしてこのような論理を支える根拠が第Ⅱ章で主に述べた

『古事記』『日本書紀』の記述であり、一方で中国の文献『魏志倭人伝』（『三国志・魏書』の「東夷伝」倭人条）、『宋書・倭国』や奈良県の石上神宮に伝わる「七支刀」にある文面であった。

戦前での昭和のこの時代「八紘一宇」という標語は壮大な理念をこめた言葉であるという意味として、「現代の我々の思いは古代から既にあった」かのように国民を鼓舞したのである。

しかし、すでに満州事変や日中戦争などの戦争を経ていた上にこの言葉を重ねながら、突入した「大東亜戦争（太平洋戦争・第二次世界大戦）」は、一九四一（昭和一六）年一二月、真珠湾の奇襲攻撃を仕掛けたことによって戦局は太平洋上に拡大していった。一時太平洋の南にある諸島の支配を拡げたが、たちまちその勢いを失い、沖縄の総攻撃を受け、さらに主要都市の大部分が空襲を受け、国土の多くを焼け野原としてしまった。

そして、連合国の戦争終結を促すポツダム宣言（一九四五年七月）を無視したため、八月に広島、長崎に原子爆弾を投下されて敗戦となった。

三　現行「日本古代史」は近代史の問題である

1　戦前の「国史・国体」論のこと

一九三七（昭和一二）年に国は文部省による編纂として「国体の本義」を著している。

大日本帝国は、万世一系の天皇皇祖の神勅を奉じて永遠にこれを統治し給ふ。これ、我が万古不易の国体である。而してこの大義に基づき、一大家族国家として億兆一心聖旨を奉体して、克く忠孝の美徳を発揮する。

このような文章で始まる「国体の本義」は広く国民に対し国家の根本体制について語り、呼びかけ、かつ国民のあるべき姿を訴える内容であって、全体に流れていたのは、「一大家族国家として世界における日本の重大な役割の自覚」のもとで「国のあり方が国の歴史のなかに表現されている姿を一般民衆に充分説き聞かせ」ることによって「国民としての自覚と努力とを促す」ことが目的で編集されたものである、と述べられている。

明治の維新政権は先進の欧米諸国に学びつつ近代化を推進する一方で、国民の意識統一化のための核として、強力な国家主義の思想が必要であると考えて、この「国体の本義」を示したのである。

（「国体の本義」本文「第一」の冒頭）

天皇制絶対主義国家の成立期にあって、欧米先進諸国より大幅に立ち遅れていた日本資本主義が、その弱点をおおいかくすために、神話的歴史観にもとづく「忠君愛国」的思想＝国家主義を利用する必要があった。そのためには、科学的な原始・古代史研究に大きな枠がはめられ、研究の自由な発展が阻害された……。

（『日本考古学史』勅使河原彰著・東京大学出版会刊）

ここに指摘されているように、明治維新政府のとった政策は先進的な欧米に範を求めた「近代国家としての方向性」であり、もう一方、近代化と相反する過去のある時代に範をとること、言葉を変えて言えば「過去の時代への回帰」ともいえる一見矛盾した方向への動きだった。

このことの徹底をはかるためには右の引用にもあるように「神話的歴史観」（皇国史観などと呼ばれる）を推し進める一方で「科学的に考究する原始・古代史研究に大きな枠がはめられ」た。そして歴史に関しては「研究の自由な発展が阻害され」ることにもなっていた。

また、考古学の第一人者大塚初重氏の談話形式の連載コラム記事（朝日新聞朝刊「文化・文芸」欄に「語る――人生の贈りもの」というシリーズの四回目、二〇一八年六月二一日）「撃沈され漂流『本当の歴史学ぶ』」の末尾には、

学校での歴史は、天照大神から続く神々の話を教え、「不滅の国日本」「神風は吹く」と繰り返してきましたが、それは必然ではなかったんです。

建国神話を鵜呑みにしてきた自分は勉強が足らなかった。俺は生きて日本に帰る。帰って本当の歴史を勉強し直すんだと強く思いました。


とある。大塚初重氏が戦後考古学に入っていったきっかけは若い頃の戦争体験が大きかった。その戦争にかり出され、奮い立たされた理由が学校で教え込まれた歴史教育にあったというわけである。

戦前の社会での国策はどのように展開し、どんな意味を持っていたのかという点についてもう少し深めてみたい。

2　創り出された「歴史」

①修史と国策

明治新政府は国家建設の重要な方向性として、「国家の成り立ち」を語るため太政官の中に修史を司る部署を設けた。これには重要な前例があった。八世紀の前半に藤原不比等がその完成を見とどけた『日本書紀』（『日本紀』）である。これに相当する近代での修史活動が一八六九（明治二）年、明治天皇の発した「修史の詔」なのであった。

修史ハ万世不朽ノ大典……鎌倉已降武門専権ノ弊ヲ革除シ、政務ヲ振興セリ、故ニ史局ヲ開キ祖宗ノ芳躅ヲ継キ、大ニ文教ヲ天下ニ施サント欲シ……

「修史の詔」にはわが国の歴史が「鎌倉幕府」の成立以来、「武門専権（政治が武士を中心とするようになった）」という弊害を生んでいたが、ここに王政が復古したことによって改めて「史局」（歴史編纂機関）を設けて国の歴史をきれいに整え「万世不朽ノ大典」（あらゆる世に通用する立派な内容）として作り直そう、ということになった。

これまでわが国には中国の「正史」にならって『日本書紀』を筆頭に勅撰の国史編纂の伝統があった。「六国史」と呼ばれるのだが、その「六国史」のあとをつぐ修史活動は中断して中世以降はとどこおっていた。

そのことに対して、明治政府が「鎌倉時代以降、武門が権力の中心になって弊害が起こった」（鎌倉時代は武家が政権を執ったことによる弊害の時代）との確認を示し、これ以降の混乱を正すため「史局」を設け、天皇を戴く（いただく）という伝統を復活させなければならない、と述べたものであった。この明治二年の何気ないような「鎌倉時代以降、武門の権力による弊害」という言葉は、その後昭和に入って「美しい皇国を汚した鎌倉時代をわが国の歴史から消し去ろう」という、現在では考えられない急進的な発想ともなり、さらに歴史語りに強いタブーを生むことになった。その結果鎌倉時代についての研究はなされなくなった。この停滞は今もなお私たちの「鎌倉史」に影響を与えているのである（『鎌倉史の謎』一九九八年、『図説　鎌倉史発見』二〇〇六年、ともに彩流社刊）。

一八八二（明治一五）年には漢文体での編年修史『大日本編年史』の編纂事業が開始された。当時は徳川光圀によって編纂事業がされはじめていた『大日本史』の伝統がなお水戸藩に受け継がれており、その基本を踏襲するという形で国史編纂事業は開始された。この修史の事業に携わったのが重野安繹（しげのやすつぐ）であった。重野は漢文学の素養のもとに中国清代の考証学派の方法論のもとに実証主義に基づく史学を提唱し、実践した。

ただ水戸藩のめざしていた記紀神話を「国の歴史」に取り入れる、という方向には反対であり、修史事業推進にあたって一方の旗頭であった水戸藩と、この部分で相反することになった。

そして、さらに重野は当時、時代的に推奨されていた『太平記』の語る児島高徳（こじまたかのり）などの実在性を否認し、児島高徳の史話や楠木正成（くすのきまさしげ）の桜井の別れの史話は事実でないと主張した。そして、この活動によって国学系・水戸学系の歴史家が一時非主流派のようになった。こうして明治初頭以来の修史活動での両者は明確に対立することとなった。

②『記・紀』の活用と歴史学への規制

こうした両派のせめぎ合いのつづく中で一八九二（明治二五）年、帝国大学教授で史誌編纂委員だった久米邦武（くめくにたけ）が『史学雑誌』（一八九一年一〇―一二月号）に掲載した論文「神道は祭天の古俗」を翌一八九二年一月二五日号『史海』に転載すると、その内容をとがめられ発売頒布禁止の処分を受けるとともに、職を解かれるという事件が起きた。

久米邦武事件　明治新政府は国のあり方として『古事記』『日本書紀』の神話部分、さらに『日本書紀』から各天皇紀の編年記述を利用して再構成した国の歴史を「国史」として展開させ、この思想を国民に浸透させる方法として、学校教育の充実を重視し、文部省を新設して学校制度の整備をはかり、「教育勅語」を発布して、教育によって「我カ皇祖皇宗国ヲ肇ムルコト宏遠ニ徳ヲ樹ツルコト深厚ナリ……」と皇親政治の正当性を国民に周知させることにつとめ、歴史教育の中に「国体」概念を盛りこもうとしていた。この流れに異を唱えたのは重野安繹だった。一方これに同調していたのが久米邦武だった。

『史学雑誌』と『史海』の掲載された論文が国学系・水戸学系歴史家、あるいは神道家を刺激することとなり、久米は帝大文科大学教授兼史誌編纂掛の職をおわれたのだった。これは「久米邦武事件」などと呼ばれている。

歴史から神話を切り離し、歴史の展開のなかから宗教の成立を説明する目的をもって同論文を執筆したのである。

しかし、当時は帝国憲法発布直後であり、天皇支配の正統性の基礎となる記紀神話や伊勢神宮への批判を行ったものとして、佐々木高行・岩下方平をはじめとする天皇制国家高官のつよい反発と神道家たちのはげしい非難を招き、これが（大学からの追放という）事件を引き起こした。〔（　）の部分は引用者の補足〕

（平凡社『世界大百科事典』「久米事件」より・部分）

この翌年、井上毅（いのうえこわし）文相は『大日本編年史』の編纂事業中止と「史誌編纂掛」という役職の廃止をうちだし、重野の方もこのことによって編纂委員長嘱託罷免となり、かつ帝国大学教授を辞職することになったのであった。

これは学問の自由に対する象徴的な抑圧事件となった。そして、これ以降、日本の歴史学が天皇制や、その周辺にかかわるさまざまな分野での研究や発言をタブー視し、真摯な研究は表だってできないという風潮を作り上げた。これによって歴史における学問研究での成果の実際と、学校でなされる教育内容の分離が当然であるような道を突きすすむ方向性が明確化していった。

③帝国憲法と万世一系

神話に始まる『記・紀』をもとに、とりわけ『日本書紀』の記述を下地にして、古代の天皇制は神話に端を発し以降一系のもとで継承されてきた、との解釈で「万世一系」という言葉が使われ、それにしたがって国の歴史を語り、新しい国家の体制に欠かせない大日本帝国憲法を制定した。

そこには以下に見るように、第一条にその「万世一系」の語が見られる。

大日本帝国憲法　一八八九（明治二二）年二月一一日発布され、九〇年一一月二九日より施行され、形式的には一九四七（昭和二二）年五月二日まで存続した憲法典で、〈明治憲法〉あるいは〈旧憲法〉とも呼ばれる。

（中略）

第一章が天皇であり、それは一七ヵ条という比較的多くの規定で構成されていることに示されるように、天皇は旧憲法の中核であった。〈大日本帝国ハ万世一系ノ天皇之ヲ統治ス〉（大日本帝国憲法一条）とされて天皇は主権者であるとともに、元首として統治権を総攬した（四条）。この天皇の地位は天孫降臨の神勅によって根拠づけられていたので、〈天皇ハ神聖ニシテ侵スヘカラス〉（三条）との規定から文字どおり天皇を現人神とみる解釈を生む一方で、国家に対して強い宗教性を与え、神道の国家宗教化をもたらした。天皇は憲法の条規により統治権を行使したが、立法権は議会の協賛によって、また広範な大権は原則的に国務各大臣の輔弼によって天皇がこれを行い、司法権は天皇の名によって独立の裁判所がこれを行った。他方、天皇は皇室の長として皇室事務を統裁した。

（平凡社『世界大百科事典』「大日本帝国憲法」より・部分）

④神と仏のせめぎ合い

神仏習合　日本ではもともと大分県宇佐市にある宇佐八幡では大陸から流入した仏教と在来の神への信仰とを融合させる新しい宗教活動が七世紀前後から起きていた。

その後、奈良に鎮護国家の寺として天皇の祈願によって建立された東大寺での大仏造立において、八幡神が大仏造立援助のため上京して東大寺を守る神（鎮守）となって東大寺の境内に宇佐八幡がまつられることになった。

以来朝廷による積極的な習合政策と地方民間修行僧の布教活動とが融合して神と仏が同時に祀られる形式の神宮寺や権現社・権現宮・権現堂などが全国的に広がっていたのである。「権現」の「権」とは「仮に」の意味で「権現＝仮の姿、仮に現れる」ということであり「仏教の永遠の理念である仏が、仮の姿で我が国の神になって現れる」という意味であり、「〇〇権現」という言葉が使われた。とりわけ平安時代以降は天台・真言両宗が中心となって衆生はすべて本来仏性を有し、人間も、草木山川も、そのままの形で成仏するということを教えたことにより、山岳修験道とも融合しながらこの権現思想は栄えたのである。

こうして各地に「神と仏が混在した権現堂や権現山」が誕生した。このような宗教のあり方を本地垂迹といい、「神仏習合」とも呼んでいた。そうした形態の宗教活動は八世紀以来、明治維新まで実質千百年ほどの歴史を持っていた。

神仏分離　ところが、幕末の動乱を経た明治維新を推進した新政府は、天皇の神的な権威確立の理想実現にむけ、「王政復古」「祭政一致」の政策を掲げ、天皇制の新しいあり方とともに神道を保護し、一方で本地垂迹という外来の仏教を上に見るような考え方を抑圧する宗教政策を行った。

その具体的な形として明治の初年に神と仏を分離させる「神仏分離」の考え方を立てなおし、実質は仏教を排斥する、という形で展開し、新政府は新たに宗教と政治が一体となる祭政一致の政策を掲げ、神道の国教化政策を推し進めたのであった。

神仏の分離にはその背景に儒教思想の国粋的な展開があり、それを明治維新の政府は国家の近代化政策の中で利用した。効率の良い政治態勢が必要であると考え、明白であった欧米諸国の文化面からの立ち後れ、伍して世界の仲間入りを果たすためには荒療治も必要として、富国強兵の政策とその背後で徹底的な思想統一を図ったのであった。

天皇制を全面に押し出し、万世一系を語り、我が国が神国であるという集団催眠をかけるかのような方法がとられた。そのために、神ながらの道が日本固有の宗教であり、仏教は外来の蕃神（外来の神）を祀るものであるとして排除に乗り出した。祭政一致（政治と宗教を一体化する）の政策により神道の国教化が図られ、神仏分離はさらに排仏毀釈にエスカレートしていったのである。そのため日本における近代化には王政復古という相矛盾した流れが共存したのであった。

この神仏分離的な動きは、実は既に早く江戸時代の始め頃から起こっていた。神と仏が混然一体となっているのは宗教的におかしなことで、神と仏を引き離すべきである、とするのがその論理であり、その推進者は儒学の藤原惺窩、林羅山、熊沢蕃山などで、また別に吉田神道の立場から、さらに本居宣長などの国学者からのもの、等々があった。

それぞれ立場は違うが、共通していたのは神の道が日本古来の宗教で仏教は外来の宗教であるとする考えであった。新政府は尊皇思想の徹底をはかるために祭政一致を政策とした。そしてこの神と仏との分離の論理を新たに打ち出すことによって神道の国教化を推進し、国民の思想統一に利用したのである。

そのことによって神仏判然令（しんぶつはんぜんれい）〔神仏分離令のこと・慶応四年・明治元年（一八六八年の太政官布告、神祇官事務局達、太政官達など一連の通達の総称）〕が全国的に公布された。

この通達を受けて全国の神仏習合した形態の寺社・権現社・権現宮・権現堂などでは民衆の暴動がおこるとの噂の流布も含めて各地で一斉に寺院、仏像、仏具などの破壊が行われた。このことによりこれまであった神前の仏具をはずし、各種の仏像は神としての名に変え、寺を神社の名に変えさせる、等々で仏教的要素の除去などが行われた。

廃仏毀釈　これら一連の動きは、新政府が西洋諸国にあった近代科学の進歩に対し、わが国の立ち遅れを知って、宗教の方向を定めながら、一方で近代化も急ごうとした政策であり、ことは急激でかつ過激な状況を生むことになったのであった。それは、以下のように展開した。

一八六八（明治元）年、神仏分離に関する法令出る。

一八七二（明治五）年、太政官第からの通達により仏教活動と不離一体となっていた修験道の活動に対しても「修験道廃止令」で禁止する表明がなされた。

これは、日本列島全土にあってほぼ千年以上にもわたって展開していた神と仏が習合し神像と仏像が並んで祀られる信仰形態を壊し、民衆の生活の中に生きていた土俗の風習をも一気につぶしてしまう文化破壊であった。

石造りの羅漢像や地蔵、観音像などを山中の寺域などでよく見るが、それらの多くは頭部がなく無残にも横たわり、破壊されている石仏群などである。これは明治維新の仏教排斥の運動と修験道の禁止など、神仏分離と排仏毀釈（はいぶつきしゃく）の嵐のなかで仏教がらみのものが手当たり次第破壊された様子を示す貴重な資料であるとも言える。

現在、奈良の興福寺へ行って百数十年前まではここが春日大社と一体のものであったことを思う人はどれだけいるだろうか。また、鎌倉の鶴ヶ岡八幡宮は「八幡宮寺」といわれ、仏教的な要素も持っていた、ということを現在の国民の何割が知った上でお参りをしているだろうか。その他、今、純然たる神社と思われている境内が、やはり明治維新の頃まで仏教寺院的な要素をも兼ね備えていた例が多かった事実を、現在初詣などといってお参りしている多くの人は知らないでいるのではないだろうか。

そして、これらとともに民衆の中に根付いていた民俗に根ざした祭礼などの行事や風習、あるいはそれらに付随していた工芸技術、芸能分野などでの文化の継承がそのおり一気に崩れた。そうした文化史、文化財といった面からの損害は計りしれないものがあった。

神仏習合という状況が著しかった権現社に奉仕していた修験道の道士はその生活の根底を揺ぶられた。これらの人々が当時いかに悲惨であったか、そんな様子を箱根神社社務所が昭和五（一九三〇）・十（一九三五）年に編纂した『箱根神社大系上・下』にある資料から神仏分離・廃仏毀釈の際の混乱ぶりを確認してみたい。

「箱根地方廃仏談」　分離当時の談話を聞きしに、当時の金剛王院住職は復飾し（僧侶をやめ）、箱根太郎と改名し、箱根神社の神官となり、金剛王院は廃寺し、その敷地、建物、仏像、仏具は自然に箱根氏の私有に帰し、数多くの仏像、仏器は顧みる者も無く、堂ヶ島の弁天社に持ち出し、三四日も焼き……。

旧箱根権現紳彿分離の始末　　明治初年の神彿分離及び其後の状況

神彿分離に付ては、当神社の如き彿臭味の最濃厚なりしに拘はらず、山間僻陬の地なりし故、外部よりの暴挙は無りしも、当末世の別当復餝神主箱根太郎と云へるもの、余りに思慮なかりしか、唯徒らに周章狼狽なし、今にも破劫に来るならんと驚き迷ひ、村民に申付けて、彿像に類するものは、悉く持出して、或は塔ケ島（現在離宮の地）弁才天社に、或は元箱根村興福院に、（当時の仏像の一部は現に存在）隠匿し、然かも大半は同寺前に於て焼却烏有に帰せ

しめたりしと云ふ、故に現今神社に残存せるものは皆槽粕の感に堪へず、誠に痛ましく畏き極みなりき。（内は引用者の補足）

以書付可申上候

明治六年二月十五日

箱根神社　旧神主　箱根太郎

旧役員　横山左久太

誰に命じられて動いているのかも分からない暴徒たちが、寺院を襲い、仏教的なものに関して見境なく危害を加え、寺社の重宝などは持ち去られた、等々の例も多々あった。こうした嵐のなかで日本から海外に流出した文化財も多かった。

鎌倉八幡宮寺境内図。段葛の先、源平池の所に仁王門・多宝塔などが見える

先にも述べたが鎌倉の鶴ヶ岡八幡宮は江戸時代末期まで「鶴岡八幡宮寺」と呼ばれ、上に示した絵図に見るように以前は境内に十二院と呼ばれた寺院があり、その他、檀葛（だんかずら）の参道にある正面門が仁王門であり、護摩堂、多宝塔なども描かれている。

ほんの百数十年前までこの境内の多宝塔は鎌倉での三名物として大仏、大鳥居、多宝塔という形で人々に親しまれていたのだった。でも、排仏毀釈の嵐のなかで仏教的な様々なものは打ち壊され、以来境内は今日見るような純然たる神社であるかのように様変わりしている。

あるいは阿修羅像で有名な奈良市の興福寺でも惨憺た

る状況となっていた。

明治五年には食堂をはじめとする諸堂や塔頭・子院はことごとく破壊され、わずかな堂塔を残して興福寺の幕はとざされた。……五重塔は、当時二五円で売却され、買い主は金具を得るためにこれを破壊しようとした。しかしあまりにも費用がかかりすぎるので、火をつけて焼け落ちるのを待って金具だけを拾い出そうと考えた。ところがいよいよ実行する段になり、類炎をおそれた周辺の町家から続々抗議がよせられ、沙汰やみになったという。これが現在みられる五重塔である。

(『神仏分離』教育社歴史新書・圭室文雄著)

といったありさまであり、春日大社と興福寺が分離されるとともに、僧侶は春日大社の神官となり興福寺の方は省みる者もなく放置され、広大な庭園は破壊された。

⑤土俗の神と国家の神

神社においても国家による統制と画一化はいちじるしく強められたのだった。

これは神社側にも少なからぬ影響をあたえていた。そしてそれぞれ各地方に土俗的に展開し、独自の信仰形態をもっていた神と仏にかかわる信仰は統廃合され、仏教では本尊が変えられ、神社では千年にもわたって信じられていた祭神のすげかえをさせられる事態さえ起り、国家の名において神社ごとに格付けがおこなわれ、新しい形での神社ごとの権威づけが図られていったのである。これは国による宗教の統制であり、ここに展開したのが「国家神道」だった。

先に見たように全国に寺院の打ち壊し、仏像の廃棄、僧侶への圧力の嵐が吹き荒れ多くの梵鐘や金銅仏は潰されて金属の塊りとなり、寺々にあった文化財は壊されたり廃棄されたりあるいは外国に持ち去られて行ったこと、そして神社の統廃合と祭神のすげかえ、格付けによる権威化が図られていった、それらのことと神道の国教化とは不離一体の関係だったのであった。

> 国家神道　近代天皇制国家がつくりだした一種の国教制度。……東京招魂社（のちの靖国神社）、楠社（のちの湊川神社）など新しい神社がつくられ、天長節、神武天皇祭などの祝祭日を定めて、全国的に遥拝式が行われたりした。神祇官を中心とする諸政策は、神道国教化政策と呼ばれている。それは、仏教を排し、伊勢神宮と宮中祭祀を頂点においた整然たる神社の階層秩序をつくりあげ、神道によって国民の宗教生活を掌握することでイデオロギー的統合をはかろうとするものであった。
>
> （平凡社『世界百科事典』「国家神道」より）

実は、先に見た明治維新と「神仏分離」と「廃仏毀釈」の動きは既に早く江戸時代の始め頃から徐々に起きはじめていた。禁止されていたキリシタン摘発のこともあって、宗門改めがおこなわれるようになり、檀家と寺との関係が強固になった。このことにより、民衆の葬式は寺と強く結びつき、経済的にも寺は優位に立った。このことによって儒教や神道方面から仏教が多くの反発を招くことにもなっていたこともその背景にはあった。

⑥隠れキリシタンと鉱山

「みちのく」のキリシタン遺跡　ところで「神仏分離」と「廃仏毀釈」の問題とは別に、戦前の歴史学はわが国のキリシタン史の実態についても隠す傾向にあり、それは戦後にも持ち越され、現在もなお、わずかに知られていた部分も「殉教の美」という方面で語ろうとした様子が見えている。

日本のキリシタン関係の遺跡には一般的にキリスト教弾圧に対する抵抗運動的な方向ではなく、殉教の姿、信仰に命をかけた美の姿、といった見方にして語られようとする傾向があるのではないだろうか。

現にキリシタン遺跡にはたいがい「殉教」の名がつけられ、民衆がキリスト教に惹かれていった背景に生活困窮といった問題も絡んでいたろうことについてはあまり関心を向けない。信仰を選んだ背後には改易された浪人や、経済不安からくる農民たちの苦しみがあり、それが時に集団による暴動、または一種の農民一揆に走るという要素もからんでいたという部分も多かったのではないか。

これはキリシタン史だけの問題ではなく、戦前の民衆への教育において為政者側からの期待値である「真・善・美」が「道徳」という美名で教育され、日常生活の中には歴史上の著名人や伝説的な主人公の「人生」という形で、その生き方が「真・善・美」で説かれる、というパターンは多い。キリシタン史でも実態を「隠すか」あるいは「殉教の美」として語るか、といった方向でなされてきたのではなかったろうか。

そんな疑問を長年持ち続けてきた。貧困にあえぐ無償の労働者。その過酷な労働と生活をわずかに支えていたのが浄土信仰や、キリスト教信仰という歴史事実ではなかったのだろうか。

それらの疑問の一端を解決する本にいくつか出会った。

『日本鉱山史の研究』（岩波書店、小葉田淳著）
『鉱山史話』―東北編―（ラテイス刊、渡辺万次郎著）
『仙北隠れキリシタン物語』（宝文堂、沼倉良之著）
『あきた鉱山盛衰記』（秋田魁新報社、斎藤實則）
『みちのくキリシタン物語』（春秋社、只野惇著）
『日本キリシタン殉教史』（時事通信社、片岡弥吉著）等々がそれである。

これらの中で注目され、私なりに以前から思っていた問題としてのキリスト教の「殉教史」の中に「鉱物資源開発」との関わりの要素も加える必要があるのではないか、そんな思いをこれらの書籍で再確認はできたように思う。

キリスト教に改宗した名もない一般の庶民。その中には、キリスト教徒であることを標榜する土地の為政者の示唆によって貧しい食事のみ与えられ、実質的には無償の掘り子とされ、闇の中に閉ざされた山中の鉱窟の中で、オラショを唱えて、心の救いをかろうじて得ていたのだろう、そんな姿が思い浮かぶ。

もともとそうした発想を得たきっかけは、以前文覚上人（もんがくしょうにん）にかかわる遺跡の確認のため東北へ赴いて、現地で鉱窟の中のキリシタン遺跡を見たことが大きなきっかけだった。

実は一五三頁〔「鎌倉以降の武門専権弊害」論〕で確認した文覚上人という人物であるが、その文覚伝承を求めて「みちのく」を歩いていた頃、思いがけず、文覚伝承とキリシタン殉教伝承が重なっていることも多々ある事実を知った。特に宮城県と岩手県の境に近く、太平洋岸に接した地区の藤沢町大籠（岩手県）、本吉町（宮城県・大谷金山で知られ、志津川町などにある文覚伝承）のあたりにはそれが顕著である。このあたりには金山があると共に、鉄が多くとれた。

以下は時代が下る話になるが、採取された鉄は大坂城（秀吉）、江戸城（家康）、岩出山城（政宗）の築城などにも使われたという。

岩手県の大籠村沢屋敷首藤家文書に「荒鉄一六〇〇貫を岩出山城の御用鉄として納入せよ・慶長二年」「荒鉄千三百貫目大坂御軍用ならびに鉄砲地鉄相立べく候・慶長三年」という記事があって、同じ文書によってこの鉄が石巻に送られたことがわかる。これは家老職から「御鉄吹工主立・弥左右衛門」に宛てた文書である。ところでここに登場する鉄吹工はキリシタンだった可能性がある。

この土地へキリスト教が入ったのはいつだったのか。『大籠村風土記』（安永四年・一七七五）の記事によると、東磐井長坂（現在の岩手県）の千葉土佐なる人物が「備中、吉備中山有木の別所から南蛮製鉄法」の技術者を呼んだことに始まっている（永禄元年・一五五八）。吉備中山はキリシタン大名としても知られている宇喜多秀家の領地である。つまり、この仙北の地には天正使節団の帰国（一五九〇年）より以前、天文十八年（一五四九）の鉄砲伝来からわずか十年目にキリスト教が伝来していたことになる。

平清盛は中国（宋）との貿易で巨万の富を得たが、その貿易のための手段として東北から調達される砂金が欠かせなかった。その東北での砂金の利権を源氏が明確に自分の手に握ることを確定するための闘争が源平の合戦だったのであり、その後に得た征夷大将軍という称号獲得の意味でもあった。

以来、鉱物資源をいかに確保するか、という問題はいよいよ増して行き、それまで以上に政治的にも重要な課題となり、以降の日本列島内での紛争・抗争のほとんどが、諸国の鉱山にかかわる利権の闘争だったと見ていいのではないかとさえ思う。たとえば戦国時代の実体の本質はそこにあったと思われる。

キリスト教の伝来は列島内の鉱物が目的だったのであり、その時代と重なっていた。戦国大名の中の一部が、いち早くキリスト教を取り入れたのも、西洋の新しい精錬技術が必要であったからであろう。信長にしても秀吉にしてもその意味を知ったがために、キリスト教優遇政策をとってみたり、弾圧政策に変えたり、めまぐるしい状況を作らざるを得なくなっていたのである。

清盛や頼朝の時代よりさらに国際化が進んでいた当時、貿易において「金」あるいは「銀」の需要は増した。戦国大名たちは、自分の支配する地域内にどのような鉱物資源があるかということは、農業生産の量に匹敵するか、それ以上の重要な関心事であり、地域の争奪戦ということの背景には「鉱物資源確保」という意味もあったのである。

有名な合戦のあったところはほとんど例外なく、鉄や、金、銀等々の資源の多い地域と一致している。このことを見ても、戦国大名の目指したものが何だったか想像がつく。そうした中で、イエズス会の宣教師たちが東洋に目をつけ、日本を目指して到来する時代背景とが重なっていたのである。

まずポルトガル・スペインがわが国との南蛮貿易を独占した形であり、これによって日本の銀は海外に流れていった。さらに一六〇〇年前後、中国産の絹糸の輸入によって多くの金銀が中国を経て海外に流れた。家康は将軍となり生糸貿易に統制を加えて糸割賦の制度を定めた。

清盛の時代の日宋貿易以降、日本から金銀の流失が続いており、新たに南蛮貿易が始まるにあたって日本における国内産の金銀需要は江戸時代に入るとさらに増していた。

日本でのキリシタン伝導史は「殉教」の美について多く語ったが、一方で、今述べたように実際は鉄や金・銀など鉱物資源の開発の方にも重要な問題があって、伝道師とその周辺の人物は新しい採掘方法の技術者としての一面があり、信者の獲得は、無償の人手集めが目的だった可能性もある。

そんな観点から見直さないと日本キリシタン史での布教受け入れと、弾圧の歴史の意味は見えてこないのではないかと思われるのである。東北には先に見た土地のほかにも仙台藩、秋田藩、南部藩、会津藩、津軽藩などに殉教の跡がある。

ここでは秋田県の例を『あきた鉱山盛衰記』（秋田魁新報社刊・二〇〇五年）によって確認したい。

秋田大学にはかつて鉱山学部があり近代になってからの鉱山活動は藤田・古河・三菱などの財閥がその利権を掌握した。鹿角市十和田地区にある小真木鉱山などは古く天平年間（七二九－四八）の産金伝説もある。ここの砂金が奈良の大仏を飾ったという。これを支えたのは当時の陸奥の雄、安倍氏だった。

これ以降各時代を通じて数々の鉱山が発見され、山の文化は長年にわたって盛衰を繰り返したのである。その中にキリシタン潜伏を伝える鉱山がある。

鉱山史の実際　秋田県仙北郡美郷町千畑千屋善知鳥(うとう)には隠れキリシタンの洞穴があるという。また雄勝郡（湯沢市）稲川町にある雲岩寺にはマリア観音があり、これはこの地にある白沢鉱山のキリシタン潜伏に関わる礼拝像ではないかといわれている。また雄勝郡（湯沢市）院内銀山町にある銀山にもキリシタン関係の資料が残っているという。

ところで仙北郡にある地名「善知鳥」だが、これについては平安貴族の藤原実方(さねかた)と清少納言の交流、そして実方中将が天皇から「歌枕探して参れ」と命じられた意味などを述べた『みちのく伝承――実方中将と清少納言の恋』（相原精次、彩流社、一九九一年）の中で、私は「実方と善知鳥(うとう)伝承」という中見出しのもと「うとう」の意味と全国各地にある「うとう」地名と金属資源との関係を述べた。そちらの方も参照願いたい。

ところで島原も、雲仙普賢岳で知られるように火山地帯であり、鉱物資源は多い。ふと私なりに思うことは島原の乱の背景にも土地の鉱物資源の争奪戦という要素もあったのではないか、とそんなことを思ったりする。たとえば長崎県の諫早市に多良岳にある金泉寺という修験道の歴史の濃い山岳寺院がある。ここは天正一一（一五八三）年キリシタン教徒の焼き討ちにあったとされている。

またこれらとともに「弘法伝説」などといわれ、弘法大師が諸国を巡り土地の民衆の窮地を救う、という美談の伝承等も、実は真言密教、あるいは宗派は違うが天台密教、そしてその密教と不可分の関係にあった山岳修験道などの活動のことなどが下地になった説話なのではないか。それらの背景には「鉱物資源開発」という歴史的な状況が隠されていたのではないだろうか。そんなことがあっただろうことを教えてくれる書籍がある。

『真言密教と古代金属文化』（東方出版・佐藤任、他）

『空海と錬金術』（東京書籍、佐藤任）

『密教と錬金術』（軽装書房、佐藤任）

『青銅の神の足跡』（集英社、谷川健一）

『金属と地名』（三一書房、谷川健一編）等々である。

これらを見ると、金属史そのものが戦国大名の合戦史等々の中にもありながら、実際はそういった観点から語られていない。その理由は、そっと隠し歴史の表には出したがらない要素が強かったからだろう。とりわけ明治以降の近代での「歴史の中の金属」は関係者以外には知らせない、という方向が徹底していたのではないかと思わせる。主な財閥繁栄の基礎はここに築かれたのではないか。私は廃仏毀釈での仏教への弾圧と、それに付随してあった山岳修験道禁止の近代における実際的な意味は開発会社関係者以外の「鉱山探索活動」の禁止が主目的だったのではないかという気がする。

3　学校と歴史教育

学者の研究と学校教育での「歴史」は別のものである、こうした発想のもとで国民の心を一つにまとめることが計画され、そのことの徹底を期すために、明治政府は歴史の問題とともに教育を重視した。

以下そのあたりのことをしばらく年表風にして追ってみよう。なおこの部分の構成には『歴史教科書は古代をどう描いてきたか』（勅使河原彰著・新日本出版社）に負うところが多かった。


一八六九（明治二）年、「修史の詔」が出された。

　これは『六国史』の伝統を継ぐ正史の編纂事業を開始することの声明だった。

一八七一（明治四）年、文部省設置、学校制度の整備。

　新聞紙印行条例・出版条例、公布。

一八七二（明治五）年、学制の発布。六歳以上の男女を学校に通わせることを定める。

　歴史教科書『史略』刊行。まだ国定や検定にはなっていない。

一八八〇（明治一三）年、文部省は、各学校が教科書としている書物の内容を調査。

一八八一（明治一四）年、「小学校教育綱領」公布。

　尊皇愛国の志気を養成する内容を持たない本を教科書とすることを禁止し、学校での教科書採択は届け出て認可を受けることになる。一方教科書内容の統制に危惧を抱く考えも出てきていた。三宅米吉の「小学歴史科に関する一考察」（『東京茗渓会雑誌』一一～一四〈一八八三年～八四年〉）の中の「神代ノ事」で『記紀』に書かれた内容をもとにした教科書の記述について、「之ヲ通常歴史ヨリ逐ヒ出シテ別ニ諸学ノ理論ニヨリ又地質天文等ノ実物研究ニヨリテ穿鑿スヘキノミ」と主張した三宅自身はもともと王政復古の天皇制を肯定する立場にあった人なのだが、それでも「神代」を歴史分野から切りはなすべきだと述べた。それほどに当時の時の流れは急進していたのである。

一八八二（明治一五）年、漢文体編年修史『大日本編年史』編纂事業開始。

一八八六（明治一九）年、「帝国大学令」「小学校令」「中学校令」「師範学校令」を公布。

小学校令では六歳から一四歳を学齢と定め、前半の四年間を義務教育の尋常小学校とし、後半の四年間を高等小学校とした。このときから教科書は文部省による検定制度が取られ、尊皇愛国の志気を高めさせる内容のものになった。

一八八七（明治二〇）年、文部省より「小学校歴史編纂旨意書」公示。

一八八八（明治二一）年、文部省より『小学日本史』刊行。

三宅はその後も史学を「科学的研究法ニヨリ事蹟ヲ精確ニシ」との主張をつづける。同じ頃、那珂通世は「日本上古年代考」を出して『記紀』をもとにしている日本の紀年法について各国の歴史を比較して「人類ノ発達ヲ考究センニハ、信拠スベキ紀年ヲ得ル」べき、つまり世界に通用する紀元は『記・紀』に依るべきではない、と批判した。

このころ坪井正五郎は東京の芝公園にある古墳を発掘している。（明治の古墳発掘の項参照）

一八八九（明治二二）年、帝国憲法公布。

一八九〇（明治二三）年、教育勅語。『高等小学校歴史』刊行。

一八九二（明治二五）年、久米邦武はこの年「神道は祭典の古俗」という論文を発表。

久米は那珂通世の、紀年法への危惧に賛同しており、神話は歴史ではないとする論を展開。それがもとで東京大学の職を追われることになり、歴史の実証主義を唱える重野安繹『大日本編年史』編纂委員長罷免、帝大教授を辞職。

一九〇〇（明治三三）年、「小学校令」公布。

一九〇三（明治三六）年、「小学校令」の改正。

小学校を尋常小学校と高等小学校に分けた。尋常小学校を四年間の義務教育とし、高等小学校は二年間の修学、そしてさらに二年間の延長が認められた。

教科書国定制度確定。

「小学校令」の改訂にともなって小学校の教科書は「文部省ニ於テ著作権ヲ有スルモノタルヘシ」とされた。

一九〇七（明治四〇）年、「小学校令」改訂。

尋常小学校の修学期間が六年に延長され、高等小学校は二年、ただし三年まで延長できる、とされた。そして、これまでの高等小学校の一・二年で教えていた初級の日本歴史を尋常小学校の五・六年で教えることになり、教科書も新たに『尋常小学日本歴史』巻一（一九〇九年）、巻二（一九一〇年）として刊行された。

一九一一（明治四四）年、「南北朝正閏論」。

喜田貞吉は「南北朝正閏論」で吉野朝（南朝のこと）ということばを使わず「南北朝」と表現した。このことによって文部省の休職を命じられた。当時、南朝を正統とする、との見解があったためである。

そして、学問的な「歴史」の真実性とは無関係に、教育上での歴史、つまり神話が強調される「小学日本歴史」が文部省の主導のもとに強力に推進されたのであった。

4　『記・紀』の活用と「万世一系」

神話教育の強化

一九一七（大正六）年に臨時教育会議が内閣総理大臣の諮問機関として設けられた。この会議は、その第一回の総会で総理大臣の寺内正毅が「徳性ヲ涵養シ、智識ヲ啓発シ、身体ヲ強健ニシテ以テ護国ノ精神ニ富メル忠良ナル臣民ヲ育成」することが国民教育の要（かなめ）であると演説し、その二年後には「小学校令」の改正がおこなわれた。ここでは「国史」の教育に重点が置かれる方針が示された。

一九一九（大正八）年、「小学校令」の改正がおこなわれた。その目的は国民に対する国家主義、及び道徳教育徹底のためだった。教科書が国定になった初めの頃「日本歴史」と呼ばれていたものが「国史」改められた。

明治時代にはその是非が議論されたこともあった神話教育であるが、昭和にはいるとそんな議論をするなどはもはや夢のことになった。

一九四〇（昭和一五）年に発行された『国史と神話』は発行された年のこともあわせ考えると、当時の時代相がどういう状況にあったかをよく感じさせるものである。著者の松村武雄は世界の神話と日本の神話との比較検討を加えるなど、当時の神話学の第一人者として知られた人だった。『国史と神話』の「序言」に、日本の神話が世界との比較の中で独特のものであることをつぎのように述べている。

神話を目して、たはいもない空想的な作り話と考へてゐた時代は、もう過ぎ去りました。神話とお伽噺とを混同するやうな者があつたら、その人は知見と情感とに於いて悲しむべき一種の不具者であるとしなくてはなりません。神話は、われわれの遠い祖先たちの実生活上の経験と知識とを基盤とするところの自然解釈であり、またそれ以上に文化解釈であります。その意味に於いて神話は、古い昔の人々の物質的並びに精神的な生活をありのままに映し出してゐるところの曇りなき鏡であります。もしわれわれがまだ何等の文献も存しなかつた時代の遠い祖先の生活や理念を窺ひ知らうとするならば、どうしても神話によりかかるほかはありません。考古学的なさまざまの発掘物も、かうしたことを知るに有力な資料ではありますが神話はそれ以上に多面的に古代を語つてくれるのであります。殊にわが国に於いては、他のもろもろの国と違つて神話のうちに起伏開闔してゐる民族的精神なり理念なりが、今の世にもいきつづけてゐます。有史以前のわれわれの祖先の胸に燃えてゐたものが、今日のわれわれの血のなかに脈脈として活きて動いてゐます。神話を心読してわれわれ自身を再発見することになります。

＊漢字の旧字体を新字体に置き換えた以外、原文をそのまま引用した。なお本文中の「開闔」は「かいこう」と読み、「ひら

き・とじる」ことで古来「出納・監査」などの職名に使われた言葉で、ここでは「神話のうちに起伏開闔してゐる」の部分全体で「神話のなかに展開している」といった意味になる。

この「序言」引用部後半にある「殊にわが国に於いては……今日のわれわれの血のなかに脈脈として活きて動いてゐます」の具体的な意味については右に引用した本の「第一篇　国史と神話」に述べられている。それによるとまず『日本書紀』（神代巻・下）の「葦原の千五百秋の瑞穂国は、これわが子孫の王たるべき地なり。……」の部分を引用した上で、著者松村武雄自身の論として、日本神話は「縦に、時間的につながり流れて」いることに特徴があるのだ、という。それは「日本国家の成立の史的経過を究め知ることが本願」であり、そこに「国史」の「神話」との重要な関係があると述べている。

「第二篇　羅馬神話と日本神話」では世界の神話との比較をしながら、日本神話が独自性をもったものであるということについて具体的に説明し、ローマ神話と日本神話の似ているところをまず指摘する。二つの神話はインド神話・ギリシャ神話・北欧神話などと違って、ともに「国家意識が強い神話」であること。一方、両者の最も違うところとして、ローマ神話では「治めるべき土地」と「治める者」とは制服者、入植者の関係であるのに対し、日本神話では「生成した神」↓「造られた大地」これは「血を分け合った関係」であり、つぎに、治められる者（国民）はその「造られた大地」に「同じく血を分け合った王者」がきて「その土地を治めるのを待っている」、また、ローマ神話は「民衆相互間の関係」であるのに対して、日本の神話は「神の血筋にある統治者及び統治者のものとしての国家」これを主としたうえに成り立っている「皇室及び臣民の関係」なのだと述べている。

5　近代国家発足時の混乱

まず幕末に諸外国からの圧力のもとに鎖国を続けるか、開国か、の議論。そして尊王論、攘夷論の錯綜等々によって議論渦巻く中で、認識不足のままペリー来航によって一八五八（安政五）年におこなわれた米国との通商条約の締結。その一ヶ月後には幕府は五カ国との通商条約を結ぶという流れとなった。五カ国とはアメリカ、オランダ、ロシア、イギリス、フランスであった。

これらの条約締結はこれまでの鎖国体制を脱し、いよいよ国際社会に立ち向かうにあたって、新しい「国家意識」を持たざるを得ない、その状況の中での船出だった。

そしてこれらの条約はどれもが経験不足からの不平等な内容のものだった。つまり外国人が滞在中、国家の権力作用（特に裁判権）に服さないでよい資格である治外法権や、相手国の特定品目に対し関税を決める際、協定された低い率の協定税率であったり、当事国がそれぞれ相手国を第三国以下に差別待遇しないことを約束する最恵国条項等々などで、わが国側が不利な扱いを受ける条約であった、ということである。

国内では幕府のとったこれらの動きをめぐって欧米を嫌う攘夷（じょうい）思想の急進化を招いた。これに対するアメリカ、イギリス、フランス、オランダの四ヵ国による一八六五（元治元）年の下関への攻撃があって、その二ヶ月後（慶応元年）に条約の勅許となり、いよいよ「わが国」の本格的な開国という状況になった。この間、国内では打ち壊し運動や世の末を思わせる「ええじゃないか」と狂喜乱舞するなどの事態も各地に起こって混乱したのだった。

一八六七（慶応三）年、徳川慶喜が大政奉還を申し出て勅許され、「王政復古」の号令のもと新政府が発足。

一八六八（慶応四）年、鳥羽伏見の戦いなどを経て、五箇条の誓文、九月、「一世一元制」が標榜され、「明治」と改元。江戸は「東京」と改称。

一八七一（明治四）年、廃藩置県がおこなわれた。

こうして世に「明治維新」と呼ばれる新体制は始まり、「太平の眠り」から急激な変化への対処としてとった政府の対策は「富国強兵」という政策だった。

それらを下地にしての「憲法の制定」があり、また外向けの国家の顔として「脱亜入欧（アジアを脱し西欧に学べ）」の発想等々、内部状況が渦巻く中で、先に述べた不平等な「条約」の締結が進んでいたのだった。その一方で欧米への使節団の派遣も行われた。これらは時を限られた状況下でやむを得ない見切り発車の連続であり、さまざまな混乱の中で多くの問題をはらんでいた。これが「明治維新」の出発当初の状態だった。

ただ、一方では新しいものへの好奇心も強く、その後の展開は国家のイメージ作りという強い動きとなり、これにあわせて「大東亜共栄」「八紘一宇」等々の標語のもとで「軍国主義」、そして「植民地主義」の強力な推進という展開になっていったのであった。

こうした時代背景のもとで国家の顔としての修史（歴史を見直す）活動において、『魏志倭人伝』、『日本書紀』の二つの文献について、政府にとって「こうありたい」という方針のもと、意図的な誤認による都合のいい読み方がなされ、これが当面の政策と文化行政として国民の意識醸成の上で重大な役割をになったのである。

両文献はわが国の植民地政策を具体化するための論理的な地固めに利用され、アジア大陸への進出の論理の裏付けという形においても使われた。また、両書はそれを国民的な思想とするため「国威発揚」のための論理的な根拠としても利用され、次々に戦争を誘発するといった時代状況が展開する中で、この両書は共に、為政者にとって重要な役割をになったのであった。

そんな時代状況の中で明治・大正期を生き、おもに文化面で活動していた森鷗外・夏目漱石の作品の中にそうした「時代の狼狽ぶり」を確認してみたい。

①森鷗外の作品「かのやうに」

陸軍軍医でもあり、作家としても後世に名を残している森鷗外が当時急進的に進んでいった「国史」での「歴史と神話」に対し危惧を感じ、自己そのものの思考のあり方、そして自己存在の意味、そうした葛藤を抱えながらの日々を送った。そんな状況を語った「かのように」という作品がある。この作品の意味を考えてみたい。

一八六二（文久二）年、石見国（現島根県）津和野に生まれた森倫太郎（鷗外）は代々藩主の亀井家の御殿医という家柄の長男であり、幼少時から漢籍に親しみ、十一歳で父に連れられ上京してドイツ語を学び、十三歳の折は東京医学校の予科に、年齢が足りないため万延元年（一八六〇）の生まれとして応募して合格したといわれる。十六歳で医学校が東京開成校と合併して東京大学医学部と名を変えたとき、その本科生となった。

二十歳で学校を卒業。第一管区徴兵副医官となり、すぐに陸軍衛生制度の調査官となった。そして二十三歳で国費の留学生としてドイツ留学を命ぜられ、八月に出発。二十七歳の七月に帰国した。ドイツでの丸四年間の生活だった。

この間、医学の研鑽はもとよりだったが、文芸や絵画などへの造詣も深めての帰国であり、帰国後すぐ文芸活動も始めている。

そして日清戦争があり、日露戦争も始まった。この日露戦争には第二軍の軍医部長として戦争にも加わっていた。幸い戦争には勝利したものの、この間、鷗外は国の歴史を「神話」というものでデフォルメし、それを背景にして戦争に傾いてゆく時代状況について、ひどく疑問を抱いていたのだった。しかし一方で自分は軍医部長として戦争にも加わる国家公務員であったため、この問題に日々苦しんでいたのであった。

明治四五年「中央公論」に一見奇妙な題の「かのやうに」という作品で当時の自分自身の気持ちのギャップについて発表したのである。

登場人物は秀麿とその友人の二人である。作品はこの二人の対話という形をとるが、実際はこの二人は鷗外自身の分身であって、鷗外の葛藤を立場の違う二人の登場人物に託して述べているのである。

西洋の先進知識に触れてきた秀麿は国が進めている「神話と歴史を一つにして考える」などということはできない、そう思っている。しかし、子爵である父親の手前、そんな意見を語り出せないでいる主人公は、自分が歯がゆく、神経衰弱になりそうなのである。友人との会話の中で、かつて読んだファイヒンゲルの「かのやうにの哲学」を思い出す。

これによれば、すべての価値は「意識した嘘」の上に成立している。どんな論理も、例えば数学でも「点と線があるかのやうに考えなくては、幾何学は成り立たない」と。この「かのように」という仮定が大切である、ということを改めて思うことによって自己内部の悩みを解消する方向にもっていくのである。

この作品について講談社発行「日本現代文学全集7『森鷗外』」巻末の作品解説で伊藤整はつぎのように語っている。

作品中の思想問題そのものが、幸徳秋水の大逆事件（明治四十三年）のあとの日本社会では、あからさまに扱うことの困難なものであった。その実質は、上層官吏である著者自身が、人間社会を批判せずにいられない文芸著作に携ることの矛盾に面して、その苦慮を述べたものとみていいであろう。日本に神道中心の国体というものと、科学的真理というものとの対立として、これはここで描かれている。社会思想の新しい展開は、現実にある国家観を抜け殻のようなものに見えさせる。しかし秩序を保持する立場にある貴族は、そのうつろなものを、中身のあるもののように扱うことで民衆の心を安定させなければならない。その点で鷗外はこの時代の新思潮にこの時直面していたわけである。

（「日本現代文学全集7『森鷗外』」巻末・作品解説より。伊藤整）

この「かのやうに」を書いたときの鷗外は、この後、ほぼ三十年後に日本が第二次世界大戦に突入したことは知っていない。戦局が末期的になっても「一億総玉砕を」というスローガンのもとで国民になお戦争を強いた事実、列島のほとんどの大都市を焦土とし、それだけでなく、広島・長崎に原子爆弾を投下され、無条件降伏をすることになるのである。

一方、右引用の解説の筆者伊藤整は一九〇五（明治三八）年の生まれであり、無条件降伏の年は四十一歳だった。そして一九六九（昭和四四）年（六十六歳）の逝去であり、いわば第二次世界大戦に日本がどのように関わってゆき、この戦争がどのように泥濘化し、どうのような状態の中で敗戦したのかを最もくわしく見聞した世代だった。そしてさらに「戦後」がどのように展開していったのかも、はっきり確認していた世代であるともいえる。

ただその「戦後」も今日「七十年」という時を重ねている。伊藤整の体験していた「戦後」とは今日までの半分程度の年月であり、その「後半部の戦後」を氏は知らず亡くなっている。右に引用した文章は一九六四（昭和三九）年頃、書かれたものである。

②夏目漱石の苦悩

世界へ船出していった新造船としての「日本」は、かなり無理をしているところがあった。

先に森鷗外の抱いた国の政策への懸念から生まれた作品「かのやうに」を確認したが、もう一人、同時代の作家である夏目漱石の作品の中に、やはり明治時代を語っている部分がある。そのあたりを確認してみよう。

夏目漱石は、やはり国費留学生としてイギリスに渡って文学や文化一般に接して日本の後進性を実感してくるとともに、この立ち遅れの中でとりわけ精神面において、日本人、あるいは「日本国」はどのように生きて行くべきかを模索した。

彼の作品の多くは漱石自身の個人的な内面を見つめる要素が強いのだが、それらは決して作者漱石一人だけの内面なのではなく、「日本人」をトータルした神経そのものであったと言えるのではないだろう。

何故働かないって、そりゃ僕が悪いんじゃない。つまり世の中が悪いのだ。もっと、大袈裟に云うと、日本対西洋の関係が駄目だから働かないのだ。第一、日本程借金を拵えて、貧乏震いをしている国はありゃしない。此借金が君、何時になったら返せると思うか。そりゃ外債位は返せるだろう。けれども、それ許りが借金じゃありゃしない。日本は西洋から借金でもしなければ、到底立ち行かない国だ。それでいて、一等国の仲間入をしようとする。だから、あらゆる方面に向って、奥行を削って、一等国丈の間口を張っちまった。なまじい張れるから、なお悲惨なものだ。牛と競争をする蛙と同じ事で、もう君、腹が裂けるよ。その影響はみんな我々個人の上に反射しているから見給え。こう西洋の圧迫を受けている国民は、頭に余裕がないから、碌な仕事は出来ない。悉く切り詰めた教育で、そうして目の廻る程こき使われるから、揃って神経衰弱になっちまう。……

（「それから」より）

と漱石は主人公の長井代助に言わせている。

こうした混迷の度合いは軍事行動の拡張という形になって大正期へ引き継がれていった。

③「十五年戦争」への道

一九一四（大正三）年、日英同盟の関係でドイツに宣戦布告。このことによってわが国は第一次世界大戦で連合国側の一員となった。そしてこのことが、懸案だった四年後のシベリア方面への出兵、という方向性を敷くきっかけになったのだった。このような大陸での戦線拡大とともに、山東省・南満州の権益確保と旅順・大連の租借期間年長など対中政策が進展するなどもあり、国内産業の振興とともに国内にあっては一見平和そうな時代に見えたか、宝塚少女歌劇、浅草のオペラ劇場の開設、あるいは「モボ・モガ（モダンボーイ・モダンガール）」等々の紊乱した若者風俗などが花開き、大正デモクラシーと呼ばれる文化現象をも生んでいた。

大陸では五族協和（日本・朝鮮・満州・蒙古・支那）というスローガンのもと、満州（現、中国東北地方）や蒙古の開発等々のふれこみとして「王道楽土（立派な政治のもとでの夢に満ちた国）といった言葉のもとで大陸への移住を呼びかけた。こうした政策のもとで、大陸での生活に夢を抱いた多くの国民が満州（現、中国東北地方）方面を目指して移住したのだった。

その前後の国外での状況は変化も激しかった。特に、一九一七（大正六）年にはロシア革命が始まり極東の政治情勢は混沌を加えることになった。一方、国内では一九二〇（大正九）年には経済恐慌が起こり、その後も不況の慢性化は進んだ。そのころ中国大陸では抗日運動が激化していた。このため山東省方面への出兵等々事態は急展開し始めてもいたのであった。

こうした多くの問題を抱えながら昭和に入った。

一九三一（昭和六）年、満州に駐屯していた日本の陸軍部隊関東軍が南満州鉄道沿線にあった中国軍（東北辺防軍）の兵営、北大（現北京）付近の柳条湖の満鉄線路に爆薬をしかけ爆発させる、という事件が起きた。これを柳条湖事件という（これは「柳条溝事件」といわれていたが実際の現地の地名は柳条湖であったため「柳条湖事件」と改められている）。

この事件はわが国側が爆破を仕組み、その爆音を合図に中国側の策動であるとの名目で、中国軍を攻撃するという手はずであったといわれ、これを機に満州事変が起きた。そしてこれにより国内では国防思想の普及運動などが全国的に高まり、戦線拡大を賛美する世論が広まるきっかけとなった。

一九三七（昭和一二）年七月七日夜、このことがきっかけとなって日中戦争に発展していく北京（北平）南西郊外にある蘆溝橋付近での日中両軍の衝突事件が起きた。蘆溝橋事件である。

一九三九（昭和一四）年九月一日に第二次世界大戦がヨーロッパで勃発。

一九四〇（昭和一五）年七月二六・二七日、第二次近衛文麿内閣は「大東亜新秩序の建設」、「国防国家体制」、「南方武力侵略（南進論）」、「日独伊三国同盟締結」、「対ソ国交調整」、「対米強硬方針の堅持」などの政策を次々に示した。

同年九月二七日、ベルリンで日独伊三国同盟締結。このことによりファシズムへの方向が明確になる。

さらに一〇月一二日、大政翼賛会の結成。これによって産業は国のためと鼓舞され、大日本婦人会や隣組の組織等々がすすみ、国民の生活面全体に国のために、という統制が及んだ。

一九四一（昭和一六）年、四月一三日、日ソ中立条約締結。

これらの対外政策はこれまでの方向を大きく変換させる流れであった。

こうして、いよいよ太平洋戦争への道に向かって一気に進んでいくことになった。

同年一二月、さらに真珠湾の奇襲攻撃を仕掛け、米・英に宣戦布告。

開戦の当初は一見戦勝気味だった。

一九四二（昭和一七）年、一月、フィリピン進攻作戦としてマニラ、二月、マレー進攻作戦としてシンガポール、三月、ビルマ（現ミャンマー）のラングーン（現ヤンゴン）を占領し、同じ三月、ジャワ島のオランダ軍を降伏させる等々、日本軍は開戦後約半年のあいだに東はギルバート諸島・ソロモン諸島から西はビルマ（現ミャンマー）に至る広大な地域を占領したのだった。

しかし同年八月、連合国軍がガダルカナル島へ上陸して以降は消耗が激しくなり、国内の生産が追いつかず、次第に制空権を奪われ、軍への補給が絶たれ、各地の戦闘で兵員・艦船そして航空機を失うなど、一気に戦局は傾いた。

一九四三（昭和一八）年、連合国軍の戦略的攻勢。

一九四四（昭和一九）年六月、マリアナ沖海戦での惨敗と七月八日のサイパン島陥落。一〇月、これ以降連合国軍はフィリピンから沖縄を経て日本本土へ迫り、同時にサイパン島などを基地とするB29による爆撃を開始。

一九四二（昭和一七）四月の東京初空襲から比べると桁違いの爆撃機が東京、川崎、横浜の上空に姿を現し、四五（昭和二〇）年には日本中の主だった都市は次々に爆撃を受け、焦土と化していった。

二月に群馬県太田市、四月に福島県、七月には北は盛岡し、仙台市、中部では名古屋方面、関西では大阪、兵庫などが襲撃を受け、とりわけ三月一〇日の未明の東京上空からの攻撃は熾烈を極め、東京大空襲とよばれる。その後、八月六日に広島、八月九日は長崎に原爆が投下された。

原爆を投下されてなお敗戦を認めなかったため、その後も波状的な襲来となり、爆撃は八月一五日まで続いた。

こうした出来事の末「敗戦宣言」となって太平洋戦争（第二次世界大戦）の敗戦となった。

かつての柳条湖満鉄の線路に爆薬をしかけて以降、この太平洋戦争（第二次世界大戦）敗戦まで、繰り返された戦争を「十五年戦争」という言い方もある。

第Ⅳ章　監視され、「遅延」した歴史学

一　戦前における歴史学七〇年の停滞

前の章では主に「戦前」に展開した時代の偏狭さによる歴史や文化の様々な「ゆがみの現象」について述べてきた。この章ではそうした「統制」という状況によって引き起こされた「歴史学」あるいは「文化面」での「停滞」といった状況に注目し、その「停滞」が何をどのように「遅延」させていたのか、そしてそれらがその後のどのように是正されたのか、あるいは是正もかなわず、古い状態のままなお放置されているという状況はないのか、そんなことに焦点を当てながら、改めて「病理としての日本古代史」について確認してゆきたい。

一八九一（明治二四）年に小学校での祝日儀式のことが規定された。その内容は、「第一条　紀元節、天長節、元始祭、神嘗祭及新嘗祭ノ日ニ於テハ学校長、教員及生徒一同式場ニ集シテ左ノ儀式ヲ行フヘシ」というものであり、同じ年、「小学校則大綱」が公布され「万世一系ノ天皇ヲ奉戴スルノ最大ノ栄誉ト最大ノ幸福」（万世一系の天皇をあがめ申し上げられることは名誉と最大の幸福）である、とあってその後に「太古略史」という記述が続いている。そこには、

> 太古内地中央以東（駿河、信濃、越後以東）ニ棲息セシ者ハ、蝦夷人種ナリシコトハ、今日各地ニ遺存スル所ノ器物ニ就キ、且後代ノ史乗ニ於テ、此ヲ証スルコトヲ得ベシ。（太古のわが国では中央以東（駿河、信濃、越後より東）に棲息していた者は蝦夷人種であったことはさまざま遺存する史的書物が証明している）。」

と述べている。ここにある「太古」というのは学問的な表現としては旧石器・中石器・新石器・弥生時代などと呼ばれる時代を指す。一般に縄文時代と呼ばれる時代区分があるがそれは新石器時代の中に含まれ、紀元前一万年から紀元前三

〜二世紀頃までとされ、それ以降が弥生時代とされている。

ところで、ここにある「太古」での「蝦夷」という概念にはいくつか重層されたイメージがあった。明治の新時代への移行期には、先進的な外国の学問などを学ぼうという風潮もあったのだが、明治二十年頃から逆に一気に抑えられていくことになった。とりわけ歴史の分野で。このため、「太古での蝦夷」についての議論は当時の日本の歴史が語っていた「わが国民は純粋な天孫族」という概念からはずれるため、おおくは語られなくなっていった。

こうした状況は「蝦夷」の概念だけでなくわが国の古代学の重要な部分はことごとく「発想・論争・考究」から取り残されたといっていいだろう。

こうした遅れは日本が太平洋戦争での敗戦を迎えるまでのおおよそ七〇年という歳月にわたって放置されたのであった。このことによって物や時代認識などに対する遅延が起こっていくことになった。

例えば「蝦夷」のことを例にして述べれば、「内地中央以東〔駿河、信濃、越後以東〕ニ棲息セシ者ハ、蝦夷人種ナリシコトハ、……」の部分に関して、ここにあるような発想から抜け出すことができなかった。「蝦夷」についての漢字の読みに関してもこれを「エゾ」と読むか「エミシ」と読むかで概念は変わってしまうが、それは「アイヌ人種を指す」という意味に使われたり、「北海道方面にいた人種一般のこと」とされたり、「みちのく」つまり東北地方全体をさして「東北の未開人」という広い意味で使われたり、と明確な規定が議論されることもなく使用されていたのであった。

このあたりのことは、人類学者であり、石器時代貝塚の研究や北海道アイヌの調査をおこなっていた坪井正五郎は日本での石器時代人とは、コロボックルのことであるという説を唱え、他の学者と論争していた。一見、びっくりするイメージであるが、アイヌの理解との関係で大事なものであったはずである。ところが、神話で古代を語ろう、そしてわが国は天孫の純粋民族、と教えようとしていた当時の時代風潮の中にあっては、石器時代の探求や、アイヌ人とはどういう人々なのかを究明、等々はかなり重要な要素を持った論争だったはずだが、コロボックルの定義を含めてそれ以上に議論することを時代が許さず、この件と連動しながら石器時代の問題も、アイヌ族の問題も、いっさいその後、話題から遠ざかってしまうことになった。

実は、戦後の七〇年を経過した今も、そうした風潮は、残されたまま、という状態で続いていると言っていいだろう。なおアイヌの人々が北海道の先住民族であることを明記した「アイヌ新法」が国会を通過したのは二〇一九年四月のことにすぎない。これは坪井正五郎が北海道アイヌの調査をおこなったり、あるいは日本原住民としてのコロボックル説をたて日本列島での石器時代人の問題を論じていた一九〇〇年頃以来、実に一二〇年ほども時は経過してのことになる。

こうした学問の停滞あるいは遅延がまねいて、二〇〇〇（平成一二）年に発覚した大きな事件があった。それは二八三ページで改めて触れるが旧石器時代発掘の捏造事件である。これについて専門家は、素人でありながら民間研究団体に所属して発掘を続けていた個人の責任かのように言う方向にあった。

しかしこの背景には戦後になってもなお旧石器や石器時代研究への学界の意識の薄さ、専門家自身が踏み込んで行くことのできない弱さがあったことによって、素人の活動を盛んにした結果ともいえる。一時、発掘にたけた「神の手」とまで褒めそやしたのは、その学界にあった人たちでもあったのだ。

『日本考古学を見直す』（日本考古学協会編、二〇〇〇年、学生社刊）という本がある。これは戦後間もない一九四八（昭和二三）年に発足して五十年目を迎えた「日本考古学協会」が、記念事業として考古学にかかわる学者による講演会を催したときの講演内容を収録したものである。この中に「岩宿から上高森まで」という題で講演した内容も含まれている。この演題にある上高森遺跡というのが捏造事件として騒がれることになった遺跡名なのである。

ところで、戦前、そして戦後においても「素人の活動」で見るべきものはとりわけ古代史分野には多く、代表的な旧石器や縄文時代遺跡の発掘で新発見という成果を上げたものの多くが実はそうした素人なのであった。

古墳の場合での発掘は戦後の高度経済発展の中で展開した。それは学問的な関心からではなく、未開発の土地が急激な土地開発によって掘り返される中で、多くの古代遺跡、あるいは古墳の破壊、という事態が生まれたことによるものだった。私の住む神奈川県の例でいえば、戦前は神奈川県に古墳があるという発想などなかったが、県下の様々なところで

「古墳が確認された」のだ。戦前、明治当初の「古墳への関心」が順調に伸展していたら、戦後の、この手の付けられないほどの新発見の様子も違う意味を持ったろう。

ところで、それら「停滞」「遅延」の問題の延長上に、一気に話が飛躍する、と思われるかもしれないが、私は既に一五三ページでも触れた頼朝の始めた「幕府による東国の武家政権（鎌倉幕府創建）」にかかわる検証の問題があるように思っている。ただこちらは、次々に新発見、というのではなく、戦後七十年を経て今もなお解明が「停滞」「遅延」している東国の文化という発想のもとで確認することが出来る事態なのである。

縄文時代、という言葉は明治の初年ころから使われ始めていた。

考古学という学問そのものが、アメリカからやってきたエドワード・S・モース（一八三八年～一九二五年）に始まるといわれる。モースは動物学者として来日して東京大学で教鞭をとった。もともと抱いていた人類学などの関心のもと横浜駅より新橋駅へ向かう汽車の窓で貝塚を見つけたのは来日したその年、一八七七（明治一〇）年のことだった。大森貝塚である。なお、この大森貝塚について最初の発見は、シーボルトの考古学的な論考を受け継いだ息子のハインリッヒ・シーボルトであったという説もある。（『小シーボルトと日本の考古・民族学の黎明』ヨーゼフ・クライナー編・同成社）。

モース像

こうした人たちの活動を下地にしてこの貝塚は発掘調査された。これが日本における科学的な方法に基づく最初の考古学的な発掘なのであった。以来、日本においてさまざまな発掘がおこなわれるようになるのである。「縄文」という名称は、モースが大森貝塚から発掘した土器をCord Marked Potteryと報告したことに由来するといわれる。

そして矢田部良吉によって「索紋土器」と訳され、さらに後に白井光太郎が「縄紋土器」と改めた。これが「縄文土器」という固定した使われ方となり、かつ「縄文時代」という時代区分の名にもなっていくのである。ただしこの時代区分が一般の人にも浸透していくことはほとんどなく、戦後になってもなお時代区分名に「縄文」が使われていたこと以外はなかなか民間のものにはなっていなかった。

戦後の高度経済成長のまっただ中、一九七〇（昭和四五）年に開催された大阪万国博で、シンボルタワーを造った岡本太郎が目をむきながら「縄文は爆発だ」と叫ぶのをテレビコマーシャルで見たのだが、その意味を、その当時の民衆のほとんどは知らなかった。「縄文、という言葉はたしか聞いたことある。けど、どういうことを意味するのだろう？」というのがほとんどの思いだった。

万博の関心はその部分にはなく、「縄文」のイメージの不明はその後も大きくは変わらず残っていた。ところでつい最近、二〇一八（平成三〇）年に東京国立博物館で「縄文展」が開かれ大いににぎわうという事態が起きた。これは「縄文」ということばがようやく一般民衆のものになろうとしてきたとを意味するのだろう。

1　旧石器時代――戦前の時代風潮が消した「先史時代史」

古代を表す言葉に「先史時代」または「史前史」という言い方があった。これについては明治時代に入って、日本の人類学の先駆者である坪井正五郎や日本初の考古学会を創設した三宅米吉、鳥居龍蔵などを筆頭にして、研究活動はおこなわれていた。ただ、これらの活動は当時の国策に合うものではなかったため、発展した論には展開して行かなかったのであった。

2　「史前学」と大山柏（おおやまかしわ）

私が以下に述べることがらは「皇国史観」が避けて通ってしまった内容であるが、ここで消されたり遅延した「歴史」

を早く本来の姿に戻さなければならないと私は考える。こう述べるのは、決して私的な関心事に過ぎないような「……もあればいいのに」といった思いからのことではない。消されたり遅延した「歴史」は本来は国民が知り、考えるべき「日本史」での要点ばかりなのである。

本来これを探求し、調べ、「日本史の編年」の中に組み込まなければ日本史の重大な要素が見えてこない、言い方を変えればこれらが欠落したままでは日本史が「日本史」にはなっていない、という要素ばかりだと、私は思っている。現行の「日本古代史」には戦前に「消されたり遅延した」分野が、例えば鎌倉時代に関しての考究が今も停滞したままであるのを見るように、「戦後七〇年」を経過した現在もなお放置状態にあることも多いのである。

私はこれらの「放置された要素」こそが「病理としての日本古代史」であると考えている。そのことを理解するきっかけとなる大山柏の生涯を簡単に追うことによって確認してみたい。

大山柏　明治時代以降、いわゆる戦前であるが、世の中は古い時代を「神話」で理解し、旧石器時代、縄文、弥生時代などという言い方ができなかった時代に、古代について考究した人物があった。旧石器時代、縄文、弥生時代などという言い方でなされるべき時代のことを「史前学」と名付けて研究を続けた。大山柏である。

大山柏は一八八九（明治二十二）年生まれ。「陸軍大臣大山巌(いわお)の次男で陸軍少佐・公爵」。この大山柏は、戦前の考古学をリードした研究者でもあった。ドイツで学んだ考古学の手法を取りいれ、私財を投じて史前学研究所を開設し、多方面の発掘調査を行った。

（『失われた史前学――公爵大山柏と日本の考古学』阿部芳郎著、二〇〇四年岩波書店刊、」の書籍カバーより）

大山柏の行った研究の実際は後世の「考古学」に相当する内容であり、これは時代性から業績が上がったとしても当時、決して賞賛されることはなかった。それは戦後になってさえ、大山の研究成果が注目されることはほとんどなかった。住居が戦災にあったため残していた研究結果の資料の多くを失ったから、ということばかりではなかった。多くの縄文遺跡の発掘資料のことや神奈川県にある「勝坂遺跡」を発見し、ここに縄文時代での農耕の痕跡を認めた新説に対しては、戦後になってからでさえも冷たい扱いだった。

意表をつくような意見や発見については、常に冷たい、というのが日本の古代史学の世界の常。重大な確認に対してあまり意見を言いたがらない、賞賛や評価したりしてそれが問題にでもなったら……、という傾向は戦後も戦前の雰囲気を引き継いで存在していたのだった。例えばこれが二八四頁で触れる「旧石器捏造事件」の背後にあった重大な要因だったのではないだろうか。

大山の業績を考える際に、現在の日本考古学に通底している戦前の捉え方に注意しておく必要がある。それは「記紀神話」に則り皇国史観を思想の柱とした戦前の思想統制の弾圧から解放された近代科学としての考古学が、市民権を勝ち取るという図式的理解である。それは当を得た概括的な評価ではあるものの、あまりにも図式的に説明されているのみで、複雑で多様な戦前の考古学界の内情などについては不問に付すか、あるいは前後につづくわずかな脈絡にことさらの正義感を背負わせた記述にとどまり、当時の状況を冷静に検討した研究が驚くほどすくない事実には、六〇年近い時を経た今日であっても、多少の驚きすら禁じ得ないのである。

（『失われた史前学——公爵大山柏と日本の考古学』阿部芳郎著、二〇〇四年、岩波書店刊）

二 「先史時代」の実際

戦前の「国史」では神話が絶対だったがために「縄文時代」も「弥生時代」も必要のない時代だった。

せっかく近代化して、歴史の学問も新しい段階に入り、モース以降始動し始めたはずの「古代史分野」だったのだが戦前は、そして戦後にかけても、しばらくの間は先の「史前史」に対してちょっと言葉を変えた「先史時代」という奇妙な言い方でくくられる方が主流でさえあった。ちなみに「先史時代」とは、

文献資料が存在する以前の時代。日本ではふつう旧石器時代から縄文時代までを指す。弥生時代を含める説もある。（『明鏡』）

ただこの説明も辞書・事典によって微妙な表現があり「先史（文献なし）・原始（文献不十分）・歴史（文献有り）」と三区分して

《魏志倭人伝》の存在を重視して、弥生時代を原史時代に含める人もある。また歴史は人類出現以来存在するという立場の人は、先史、原史、歴史の区分自体を認めていない。（平凡社『世界大百科事典』）

という解説もある。

ところで古代を研究する際、「文献学」という言葉がある。この「文献」については戦前、時代をリードしていた学者たちの大事にした言葉だった。「恣意的な発想を許さず、明確に文献（文書・書物）に記載あることだけを信じる」という、厳格な主張だった、が、ふと私は思うことがある。それはわが国の権威ある学者の述べる「文献」としてもっとも重大なものが『古事記』であり『日本書紀』である、という流れがある。すでに述べたように『日本書紀』というのは「日本」の名が付いているから「わが国の古代を語る重要文献」としてきたのだが、そのこと自体が、大きなよじれになって今日に至っていることを考え直さなければならない。

さて、「先史時代」の内の「石器時代」の扱われ方について二、三の例で確認してみたい。民間の考古学者だった直良信夫によって一九三一（昭和六）年に兵庫県明石市の西八木海岸で古い人骨が発見された。これを旧石器時代のものと判断し、発見場所の名を取って明石原人と名づけたことがあった。しかし、この説を当時の歴史学の世界では認めず、逆に直良は嘲笑の的にさえなった。さらに公式の鑑定のために提出していたその人骨も本人のもとに送り返された。その後その骨は戦災で消失してしまい、「明石原人」の真実はけっきょく消滅してしまった。戦後になってもなおこの分野に関心を持つ者は戦前のように「国賊」とまでは言われなくとも「異端者」であり「変人」扱いだった。『失われた史前学』の筆者はいう。

戦争をめぐる歴史学会の動向については、家永三郎による戦後の歴史教科書の編纂事業によっても明らかにされたように、戦前より根強く残る皇国史観が戦後歴史学の中に伏流していた可能性は決して小さくはない。では、考古学はどうか。そこには大東亜共栄圏構想の下に組織された日本古代文化学会というきわめて政治色の強いにわか仕立ての学会に名を連ねた人々が、戦後に見事な転身を遂げていたのである。これらの人々の戦前と戦後の研究を詳細に検討し、その正悪を一元的に問うのではなく、混乱したこの時期にかれらがどう生き抜いたのかという実像をまず明らかにする研究が、日本考古学の現在を確認し、将来を展望するために重要となってくるであろう。

（『失われた史前学――公爵大山柏と日本の考古学』阿部芳郎著、二〇〇四年、岩波書店刊）

1　確認された（後期）旧石器時代

その後、「旧石器時代」に関しては戦後になっての話だが、一九四九（昭和二四）年に、やはり民間の考古学者相沢忠洋が、群馬県岩宿で関東ローム層中から旧石器を発見し、ようやく日本の旧石器時代の調査・研究はこのときから始まることになった。

日本に旧石器時代は存在しないという長い間の学界の通説が破られたのは、46年、群馬県岩宿の関東ローム層中に包含されている石器を相沢忠洋が発見してからであった。その後約30年の間に、北海道から九州までの日本全土から旧石器時代の遺跡が続々と発見され、現在ではすでに3000ヵ所以上に達している。これらの遺跡の大部分は立川ロームおよびそれと同時期の地層に含まれているので、すでに新人が出現していた大陸の後期旧石器時代に対比されてよい。

約1万年前以降の縄文土器文化の誕生につながると考えられる。したがって、約1万2000年前から1万年前までは旧石器時代から縄文時代への過渡的な時期で、大陸での中石器時代に相当する。

日本旧石器時代の人骨については、1929年に発見されて話題となった明石原人の腰骨をはじめとして、葛生人、牛川人、三ヶ日人、浜北人、港川人などが報告されたが、いずれの場合も考古学上の遺跡から旧石器を伴って出土したものではないために、いま一つ説得力がない。旧石器と共存した資料としては、残念ながら大分県聖嶽洞穴の頭骨破片と、前記の同県岩戸遺跡出土の右側上顎犬歯および切歯の細片4点があるだけである。

（平凡社『世界大百科事典』「旧石器時代より・部分）

こうした中で記憶に残る事件があった。それは戦後も「平成」と呼ばれる時代になってのことであるが、その出来事も戦前のここまで述べてきた「研究の遅延・延滞」と大きくかかわる問題でもある。二〇〇〇（平成一二）年に起きた旧石器捏造事件がそれである。これは相沢忠洋によって発見、確認された「旧石器時代」を越える前期・中期に属する旧石器時代のこととされていた。

戦前の「縛り」の中で専門家が二の足を踏む世界であった「古代史」の部分に素人が入り込み、画期的な発見の多くが素人の手によるものだった。こうした事実の流れにあると考えられる事件、これは第五章（283頁）で改めて確認する。

研究への縛りという風潮は戦前特有のことというわけではなかったのだ。こうした「伝統」は戦後になってもきれいに払拭できずに、今日に至ってなお生きているとも言える。この捏造事件も民間の研究団体に属し、かつその活動についても暗に認められていた人物がかかわっていたのである。

2 縄文時代

是川（石器時代）遺跡は縄文時代晩期に属し、現在は国指定史跡になっている。青森県八戸市大字是川にあって、是川遺跡・風張遺跡の総称である。この遺跡が発掘されたのは一九二〇年（大正九）のことだった。

当時は古代にかかわる史跡はほとんど学者からも関心を持たれていなかった。しかし自分の住む身近から様々なものが発見され、これに関心を持った土地所有者の兄弟によってこの遺跡の実質的な調査はおこなわれたのだった。

中居地区の特殊泥炭層からクルミ・トチ・ナラなどの種、木製の腕輪・耳飾り・土器・石器・土偶・骨角器などが豊富に出土した。なかでも藍胎漆器（らんたいしっき）や赤漆塗りの木製品類など漆にかかわる出土品などは、珍しいものであったため、さすがに、これについては何人かの学者からも関心を持たれることになった。土器の編年史を手がけていた山内清男、陸軍にありながら古代史に関心を持っていた大山柏などがその主な人たちで、山内は当時「先史時代」などとも呼ばれていた縄文時代・弥生時代などに多くの関心を向け、大正時代の末には「石器時代にも稲あり」などの論文を出すなどの活動もあった人物だった。

ただ、多くの議論を呼びながらも、やはり時代の流れのなかで、関心は一部の学者のみが承知するだけで、公の組織は動くこともなく、当然、一般国民の知るところとはならなかった。出土した遺物は遺跡の土地所有者が私的に大切に保管し、それら総数六〇〇〇点あまりの遺物は、戦後になって八戸市に寄贈され、八戸市立歴史民俗資料館の収蔵品となって今日に伝えられ、その後ようやく遺跡の重要さの認識が変わって、戦後も十年経った一九五七（昭和三二）年七月一日に国の史跡指定を受け、さらに、それから五年後に出土品の六三三点が国の重要文化財に指定されたのだった。

同じく縄文時代について言えば、焼き物のなかに土偶が多いのもこの時代の特徴である。なかでもちょうど雪原などでサングラスをかけているかのように見えるため、「遮光器土器」（光を遮る）、という名称土偶のことはよく知られている。この形のものは青森県つがる市木造の亀ヶ岡遺跡で最初に発掘されたもので、その後も主に東北の縄文時代遺跡から発掘されている。これらはすでに江戸時代末期から好事家の注目する物件だったが、明治になって以降も関心を持ち、話題にするのは好事家の世界であって学問の世界では軽視されていた。このため、古代学に関心のない一般の人が「縄文文化」「縄文土偶」のことを実際に知るのは戦後になってからのことであった。「縄文時代」という言葉そのものはすでに存在していたので戦後の教科書には簡単な説明はあった。しかし、実際の文化的な状況については特別な関心を持たないかぎり国民一般のイメージからは遠い文化、というのが実態であり続けた。

それが国民の中に突然飛び込んできたのは一九七〇（昭和四五）年、大阪で開かれた万国博覧会のシンボルタワー、「太陽の塔」だった。これを制作した彫刻家岡本太郎の「縄文は爆発だ！」と目をむいて語る言葉がテレビジョンに流され、彼が「縄文土器に魅せられ」多くの作品を作ってきたことや、「太陽の塔」がその縄文土器のイメージで作られたものなのだということを知って「縄文って、ああいうものなのか」とようやく知られ始めたに過ぎない。

3　弥生時代

縄文時代に続く時代で、狩猟・採集をこととする生活から稲作などの農耕文化が始まり、その制作にかかわる農耕用の石器、金属器が使われ、水田などからの収穫物の蓄えなどが階級社会を生むことになっていった。時代的には紀元前三～二世紀以降、紀元後三世紀頃まで、と一般には言われ、それは中国の歴史書『三国志・魏書・東夷伝・倭人』（一般には

『魏志倭人伝』の略称で知られる）の語る「邪馬台国」の時代とも重なると思われてきた。

三　古墳時代

1　見えてこない「古墳時代」像

全国に分布する古墳

日本古代史の時代区分に「古墳時代」がある。これは三世紀代に始まり七世紀半ば頃までの約四百年間ほどの時代を指すとされている。そしてこの時代はこの名が示しているように「古墳」が中心に語られる時代のはずである。私は先に〔「古墳時代」という時代区分名は微妙である。「古墳があるからこの時代を古墳時代という」という、と一見明確なようでいながら、見方を変えれば、これは非常にいい加減な時代名なのである〕と述べた。その「いい加減な」と言ったことの意味は「古墳」の定義のあり方で「古墳時代」という時代区分まで揺らぎかねない、そんな問題を含んだ内容であるということなのだ。なお、全国の前方後円墳分布は序章の三四ページ、『日本古墳大辞典』に記述されていた「初期古墳」を度数化して示した表が二七二ページにあるのでそれぞれ対比してご覧頂きたい。

その問題というのを言いかえると「古墳」そのものが分かったようでいて果たしてどこまで解明が進んでいるのか、という根本的な問題をも抱えているからである。

現に、戦前は古代史に関し「大和朝廷」の言い方で説明できる「大和地区」または「河内地区」にあるものに関心が集中し、九州のはずれの宮崎県の西都原（さいとばる）古墳群などはその存在も無視された。そして、それ以上に関東各地の古墳など「それは何だ？」という扱いであり、まして東北地方の古墳などは専門家でさえ、あることも知らなかった、という状況は戦後まで、それもごく最近までの状況だった。

ところで、私個人の古墳への関心は、全く古墳とは関係のないところから始まった。

私の社会人としての歩みは大学を終えてすぐ奈良にある私立の中高一貫校で教師としての生活からはじまった。古代史の史跡に恵まれた奈良という地で過ごせたことはかけがえのない経験だった。五年間というその経験は必ずしも長くはなかったが、そこでのさまざまな経験が、横浜に戻ってきた私の周辺で思いがけず視野を広げてくれるという展開を示し、その後の私の生活を彩ってくれた。

というのは、私は国語の教師であり、それまで「歴史」分野への強い関心はほとんどなかったのだが、横浜に戻ったとたんに、逆にごく身近な生活圏で大学時代まで持てなかった歴史的な分野での「ちょっと待てよ!」という瞬間を多く感じるようになっていったのだった。

またそれら「ちょっと待てよ!」という感覚とは異質のことになるが文覚上人(もんがくしょうにん)という人物の存在に関心を持ったのである。それが次第に「歴史分野での、ん?」という問題とドッキングする形で、私の心に広がりはじめたのであった。文覚は僧侶の名で、平安末期から、頼朝の鎌倉幕府創建への過程の中に登場する重要人物の名である。

鎌倉幕府成立にかかわった源頼朝、これを勇気づけて立ち上がることを勧め、かつそのため様々な下ごしらえをした人物が文覚である。そんな人物名をあるきっかけから偶然知って、その生涯に関心を持ち調べることになった。

時代変革にそれほど重要な人物が歴史上でその名さえ知られていなかったのだが、実はこの人物、中世以来、江戸時代にも、そして明治の初年頃まで、よくその名は知られた人物だった。

特に近世では歌舞伎の世界などで「文覚物・荒事」というジャンルがあったほど知られた人物だった。それなのに明治も中頃になると、それこそ「忽然と」、その人物の名は歴史分野から消えていった。

いわばその「謎」は時代の波の中——「武家社会である鎌倉時代は美しき皇国の恥」という風潮の蔓延する中で消され

たらしい、ということが見えてきたのであった。しかもこの現象は、同じ理由によって「消された歴史」がそのほかにも様々あるらしい、その代表が「鎌倉時代」のことで、「文覚」という人物が消えていったのもその波の中の一現象であるという状況が見えてきたのだった。

以来、私は文覚上人についてさらに調べた。それが幸いなことに『文覚上人一代記』（一九八五年、青蛙房刊）という本の上梓となった。

そのことと平行して「日本の歴史」とりわけ古代史分野で「消された歴史」が他にもある、そんなものの見方がさらに私に芽生えていった。

身近な神奈川県内、横浜にも「古墳」があることもわかり、それは驚きでもあった。そして「関東にも古代はあるの？」「神奈川県の古代？」、そんな物の見方が私の心を動かした。そして、友人の力も借りながら彩流社のご理解もいただけて『神奈川の古墳散歩』という本を二〇〇〇年に上梓した。

その後、古墳で言えば新しい協力者である三橋浩氏を得て、以降いずれも彩流社から、『関東の古墳散歩』（二〇〇四年）、『東北の古墳探訪』（二〇〇九年）、『千曲川古墳散歩』（二〇一四年）と古墳をつぶさに見て回って写真をたくさん使った古墳関係の本を著すことになったのだった。

古墳は、やはり皇国史観で「大和」の地にあるもの以外は歴史上問題にする意味はなく、歴史学の世界が関心を向けていなかったテーマであった様子も見えてきた。古墳は古代を語る上で「意味がなかった」、いや、それ以上に「不必要なもの」でさえあったのだった。

そう思っていると、それまで見えなかった、いや見ようとの発想さえ持っていなかった「古代」について気になることが多くなった。「自分の周辺にもこんなに古代にかかわる遺跡があったのか」という驚きがわいた。

ちょうどそんなことを思いながら行動し始めていたころ、平成元年（一九八九）四月十九日の朝日新聞夕刊の「しごとの周辺」と言うコラム記事に明治大学教授の大塚初重氏の興味深い文章が載った。

それによると、東北は辺境の地であり、近畿から見れば田舎であって中央の古墳文化が波及したなどとは考えてもみないというのが、これまでの考古学界の大方の風潮であったがここ数年来、山形県米沢市の戸塚山山頂にみごとな前方後円墳が発見され、南陽市でも全長約百メートルの稲荷森古墳が四世紀末には出現していることが明確となるなど、最近つぎつぎに新資料が増加していること。また米沢盆地の西側の川西町では全長七五メートル近い天神森という前方後円墳が確認され、これも四世紀後半期と推定されていてこれまでの常識で、古墳であるはずがないと決めてかかってほとんど問題にしなかった丘陵が、実はそれらが古墳時代初期の古墳であったと分かってきた、と述べ、そして氏は、

辺境の地、東北の田舎という昔からの既成の考え方に立つかぎり、古代の真実の東北の姿は見えてこない。とくに古代日本海沿岸を経由しての、人と文化の東北への伝播は驚くべきスピードだったのである。

と結んでいた。

こうした「東北には古墳はない」と学会そのものが「実体を無視していた」「考究することを避けていた」事実が現在から見れば、たかが二十年ほど前の話なのである。「古代史は変だ」という私の思いはさらに高まった。「古代史は真実が語られているの？」という疑問だった。古墳の実態については現在一般に語られている「日本古代史」の常識では理解できない。わたしは、これらがただ「東北にも古墳があった」というのではなく東北の古墳の多くが「古墳時代初期」に編年されるものである、ということにも関心がわいた。こうした発見もありながら、古代史学界の趨勢が今もなお戦前の概念「大和朝廷」という認識を捨て切れていないのではないかと思う。

現に全長数百メートルの巨大なものから、直径が十メートル内外の小円墳まで、形はさまざまながら、これら古墳は現在の「県」単位でいうとほとんどすべての県ごとに「数千から万」をかぞえるほどの数があるのだ。そして、当時の最先端技術によって築かれたその構築物はタイムカプセルとなって現在に残っている、それが「古墳」なのである。

小山かと思えるような古墳。これは近代で言えば、超高層ビルを造るのに匹敵する当時の最高技術による築造物であり、その表面の部分はもとより、一方では主体部といわれる墳丘の埋葬施設等々、いわば内部は当時の文化の粋をこらした文物の貯蔵された宝庫なのである。

ところで各地の公立の歴史博物館の館長を歴任しておられる古墳学の権威者白石太一郎氏は『古墳とヤマト政権』（文春新書）の中で、「大仙陵古墳」の大きさについて以下のように述べている。

大林組のプロジェクトチームが一九八五年に行なった、大仙陵古墳の建設にかかる工期と工費についての興味深い試算がある。それによれば、今、これを古代の工法で造営するとすれば、一日あたりピーク時で二〇〇〇人、延べ六八〇万七〇〇〇人を動員して、一五年八か月の工期と七九六億円の工費を要するという。なおこの試算は二重目の周濠までで、埴輪作りの作業員や工費は除外されているから、実際はさらに多くの労働力と工費を要することになろう。このようにとてつもなく巨大な墓が、基本的には一人の被葬者のために営まれたのである。

要するにこの大古墳は少なくとも「一五年八か月」もかかってできあがっているという試算の例を示している。この試算には仮定の条件がいくつか設定されての話であるが、これより小さな古墳であっても全長百メートルを超す小山のような古墳であれば一・二年では作り得ないかもしれない、ということになるだろう。

これを考えながら、ここに被葬者を想定してみたり、築造の年代想定に五十年ほどの差異を意識しながら、「どちらの古墳が先にできたから……」と語るような古墳論は、何か別の目的があっての強引なイメージづくりなのではないか、ものによっては空論に近い、いや日本古代史論にとって時には誤解を生む根元になっている、ふとそんなことを感じることもある。

大きさで言えば見劣りしても、小さな円墳だからと軽視してはいけない。いずれも小円墳の部類に属するものであるが、壁画の発見された高松塚古墳は直径約二十メートルほど、あるいはファイバースコープで石室内部の壁画が確認され脚光を浴びることになったキトラ古墳などは、二段構成ではあるが、下段でも直径十四メートル程度。

古墳時代は前期・中期・後期・終末期などと時代区分されている。今、私たちが思っている以上にこの時代、日本列島は全体にわたって躍動し、力に満ちていたのであった。そのことは日本国中の古墳分布の事実が語っているのである。

現在、私たち一般人の抱いている古墳時代へのイメージは非常に狭隘なままといえる。発掘調査されたかどうか、といった議論以前に、全国各地の古墳の存在自体を一般国民はほとんど知らないでいる。現在のところ、古墳への関心はあたかも「好事家の趣味」程度であって、一般的風潮の実質は無関心・放置という状況に置かれている。おびただしい数におよぶ「古墳」。でも愛情次第では「存在しているにもかかわらず見えないもの」かのようになってしまう。さらに言えば、ある予断のもとでは「古墳」は「あっては困るもの」にさえなっている。

飛鳥あたりの古墳であれば騒がれながら発掘されるケースは多い。でも、一般的に「発掘は破壊につながる」といった論理を先に立てて、文化庁の指導のもとで実質上調査されることが抑制されている。これが「古墳」の置かれた現状である。

ところで、こうした古墳に関して「知らなかった」という現状を一般国民自身が恥じる要素は何もない。そうした状況にあるのは学者たちが古墳のことについて、こぞって重大な「何か」を語らずに来ていたことが原因なのだから。

各県や市町村単位の古墳に関する博物館や資料館は最近充実してきており、その多くは古墳公園のようなたたずまいの中にあって、かなりその施設は多くのことを語っているように見える。しかし、それら語られているものでさえ、おおもとの歴史学の世界が本気を出していない分、自然公園的な役割に重点が置かれ、古墳は添え物といった状態にある、そんな一面もある。

全面的に景観の創出が図られ「森のなかの古墳群」、「草原の古墳群」、「古墳間での散策」とするイメージで整備され、西都原資料館が建設された。しかし、特別史跡・県立都市公園・県立自然公園といった三重の保護枠の網がかけられ、歴史的環境の保全が図られたのはよいが、活用の視点が抜け落ち、手をつけないことが保全の最良の施策とでもいうかのように放置状態となり、すべてが鬱蒼とした森のなかに没してしまった。

（『西都原古墳群』北郷泰道著、二〇〇五年八月、同成社刊）

右の西都原古墳群のある広大な領域は整備も進み、現在、コスモス等々、四季の花々の咲く一般市民の憩いの場として広大な公園となっており、それなりに役割を果たしている。そして、史跡としての要素はボランティアによるガイドなども充実してきた。しかしそれでもなお、本質の部分ですっきりしないものが残っているのも事実なのだ。

古墳が築造された時代、三世紀になって以降の数百年間について、日本の古代史は今も学者によってイメージはバラバラなのである。ただし、それもある種の共通点を持っているパターンが多い。その「ある種の共通点」とは「予見」、といえる。そして予見された「結論」に合わない事例に関しては極力無視する。古代を確認する遺跡のなかでも、とりわけ「古墳」の場合それが顕著なのである。私たちはそのような「日本史」から、はやく卒業しなければならない。

「卒業」する方法はある。それにはまず、ほぼ日本の列島に満遍なく分布し、かつ千数百年前のタイムカプセルでもある「活きた証言者（古墳）」自身に、内包している全てを語ってもらう方法である。これが一番近道なのだと思う。これはどんな文献以上に確かなのである。

2　戦前における古墳研究の実態

新政府が発足してまだ間もない一八七四（明治七）年、政府から太政官布告として古墳を発掘してはならないという通達が出されている。その理由は「上古以来御陵墓ノ所在未定ノ分即今取調中ニ付」というものであった。つまり「天皇陵がどれなのかを調べている最中だから」現状を変えるな、というのがその理由であった。

また、一八八〇（明治一三）年、明治政府は府県宛への宮内省の通達として「人民私有地内古墳等発見ノ届出方」を出した。これによって偶発的な遺跡・遺物の発見をした場合や、図面の作成をした場合その場所の地名など宮内省に調査結果を申告することを義務化している。とりわけ「古墳」に関しては他の遺跡などとは違う緊張感を以て対処していたことが窺われる。

そして一八九九（明治三二）年には、「学術技芸若ハ考古ノ資料トナルヘキ埋蔵物取扱ニ関スル件」という内務省訓令を出し、特に古墳からの出土品に関しては「宮内省の管理」としたのだった。こうした国の政策の背景には「古墳を天皇制とどう関連づけるか」という模索と一方で『日本書紀』の記述では説明つかない古墳の実態があること、あるいは標榜した「万世一系」の天皇制という状況を危うくするさまざまな事実が目についていた。それというのも一私人として「山稜（古墳）」に関心をもって一八〇八（文化五）年『山稜志』を著した蒲生君平の調査、あるいは天皇の権威の回復という気運の高まっている中での『記・紀』にある「御陵」の特定と調査、そしてその修復という事業のなされた文久（一八六一〜一八六四）の修陵と、そのおり工事の様子や整備の終わった陵の絵図で状況の少しずつわかり始めた天皇陵とされる墳丘の実態に対しあせりがあったのであろう。

なおそんな中でこの後に述べる一八七二（明治五）年一〇月に大阪造幣寮（明治一〇年に造幣局と改称）の金属技師として招聘されたイギリス人のウイリアム＝ゴーランドの「古墳探索」などが加わることによって、政府は「墳墓の実態解明」に制限を加えるようになっていくのである。

また、日本の学者の中でも古墳について調査を始めた人もあった。それは坪井正五郎である。しかし、この坪井にしてもすでに古墳調査については神経を使いながら行うものになっていたのであった。

この当時、二十五歳だった坪井は「人類学会」を立ち上げる一人となって、まだ考古学ということばもなかった時代から考古学的な分野での活動をし、すでに一八八六（明治一九）年には足利公園古墳群の発掘、翌年には埼玉県横見郡黒岩村、北吉見村の横穴調査などの活動をしていた。ところが、一八九八（明治三一）年、東京の芝丸山古墳群調査をして以降、古墳調査については消極的になっていた。

それというのも、それより早く一八八八（明治二一）年に福岡県仲津郡の馬ヶ岳古墳を発掘していたときに宮内庁から注意を受けた経験があったからである（『日本考古学史』斎藤忠著）。この十年という歳月の中に、資料には現れていないさまざまなことが古代史学の世界にはあったことをうかがわせる。

坪井正五郎による古墳発掘——足利公園古墳、芝丸山古墳

坪井正五郎は一八六三（文久三）年に江戸に生まれ、東京大学在学中の一八八四（明治一七）年に「人類学会」を創設している。英国留学して後、二十九歳で帝国大学理科大学教授となって人類学教室を主宰した。

足利公園古墳　一八八六（明治一九）年、足利にある公園を整備するに際して丘陵地帯にあった古墳群を坪井正五郎が発掘調査した。渡良瀬川を見下ろす緑町の丘陵部にある群集墳である。これは近代日本における古墳の本格的な学術調査としては最も早い時期のものであった。おそらく、外国からやってきて真摯に古墳研究を進めていたゴーランドの様子を見て、触発されての活動であったに違いない。この古墳群は六世紀の後半頃から築造が始まったものと考えられている。現在一・二・三・五・七・八・九・十・十一・一二号を整備して周辺を含め、古墳のある公園になっている。一・三・五・八号に石室が開口しており、中を見ることが出来る。

芝丸山古墳　この古墳も坪井正五郎によって発掘調査された。一八九八（明治三一）年のことである。現在は東京都の指定史跡になっている。東京タワーの足下、芝公園のなかに古墳はある。芝公園は元は増上寺の境内の一部であり、一八七三（明治六）年にその一部が開放された。増上寺は徳川家康の菩提寺として栄えた寺であり、その境内に家康還暦記念の像をご神体とした東照宮がある。そのすぐ裏の丘陵が丸山古墳であり、丸山貝塚のあったところとしても知られて

いる。古墳は東京都下では最大のもの。墳丘はかなりの部分残っているが、すでに一六三二（寛永九）年に二代秀忠の霊廟台徳院を造るに当たって縦に半分削り取られた。現在、墳頂には「瓢形大古墳」と書かれた石が置かれてはいるものの、さらにその奥に伊能忠敬の顕彰碑が建っているなどして、この丘が古墳であると、気づく人はあまりいないようである。

　このあたりの古墳学について考古学者都出比呂志は次のように述べている。

> 注目すべきは古墳発掘への規制が強かったことである。この意味において、天皇制による制約を最も直接に受けたのは古墳の研究であった。一八七四（明治七）年に政府は早くも「古墳発見ノ節届出方」（太政官達五九号）を発し、古墳調査にたいする規制を実施した。歴代天皇の陵のなかに所在の不明なものがあり、その確定が済んでいないからというのが理由であった。皇陵比定事業は一八八〇年―一八八四年にかけて実施されたが、その後も発掘の制約に変わりはなく、……梅原末治は戦前のこの状況について、すでに一九三五（明治一〇）年に、古墳が「学術上自由に発掘調査することの困難な事情におかれてゐた」と述べている。……この制約が古墳研究の大きな障害であったことを見落としてはならない。
>
> （傍点および括弧内の元号年は引用者が施した）
>
> （岩波書店『考古学講座』「日本考古学と社会」都出比呂志）

3　日本古墳学の祖・イギリス人のウイリアム・ゴーランド

イギリス東海岸サンダーランドに生まれたウイリアム・ゴーランド（この名前の表記は『ガウランド　日本考古学の父』のようにタイトルに「ガウランド」とあるが現在は一般にゴーランドとしているので、上記本の引用など以外ではゴーランドとする）は、日本に招聘され一八七二（明治五）年一〇月に大阪造幣寮（明治一〇年に造幣局と改称）の化学兼冶金技師として着任した。そして、一八八八（明治二一）年一一月に雇用期限満了により帰国。その間、十六年ほどの日本滞在だった。
ゴーランドは、日本陸軍省冶金関係特別顧問なども兼任し、わが国の民間の製鋼産業において大きな貢献をした。また、そうした公務に精励しながらも登山をはじめ、ボート漕法指導、日本絵画収集など、多くの分野で精力的な活動をし、日本の山岳名「日本アルプス」の名はウエストンより以前に、このゴーランドが名づけたものといわれている。
それらの活動のなかでも、日本各地での古墳調査にはとりわけ多くの精力を注いだ。そして、イギリスへ帰国してからもなお研究を続け、イギリスでその成果を論文としてまとめている。
そのゴーランドの著者『日本古墳文化論』（上田宏範校注・稲本忠雄訳、創元社、一九八一年刊）を見ると、ゴーランド自身が手がけた石室の展開図や、古墳外形の測量図、あるいは出土品等々の画像などは今日、各地の「発掘調査報告書」などに載っている図版と遜色ない。

氏の作製した処の古墳の外形や石室の実測図の如きは従来日本の学者の未だ曽て試みなかった処の新しい測量法に依り、正確且つ明瞭に画かれたもので、此の如き図法は其の後に最近に至るまで日本人の試みるに至らなかった位で、今もなほその正確さに於いて学者の推重する処である。

（追悼文・浜田耕作〔号・青陵〕大正一一年より）

これは戦前の考古学界重鎮浜田耕作（号・青陵）によるゴーランドへの讃辞である。これを見ても日本考古学での論文の形式、あるいは実測図のあり方は、このゴーランドによってすでに確立していたことがわかる。なお、右の引用文はゴーランドの訃報に対して一九二二（大正一一）年八月二一日付の大阪朝日新聞に載った浜田耕作による追悼文「日本考古学会の恩人　ゴーランド氏」であり、この追悼文は戦後になって一九八一（昭和五六）年にゴーランドの著書『日本古墳文化論』が翻訳出版されたとき、別刷りして本に挟み込まれた「ゴーランドに寄せて」という刷り物のなかに再録された。

この浜田耕作による追悼文を読んで私は別の角度からこの記事内容に重要な問題があると思った。ゴーランドの実績を確認しつつ改めて触れることにしたい。

なお、ゴーランドを知るにはこの『日本古墳文化論』の他に写真・図版の多い大型本『ガウランド　日本考古学の父』（責任編集ヴィクター・ハリス／後藤和雄・朝日新聞社・大英博物館共同出版、二〇〇三年刊）がある。

①無視された日本古墳学の父「ウイリアム・ゴーランド」

示唆に富むゴーランドの古墳論

ところでゴーランドは石室を持つ古墳を「ドルメン」と表現しており、彼自身、その著書『日本古墳文化論』のなかで、彼が調査したドルメンの数について総計四〇六基ほどあり、すでに破壊されていたものを加えれば八〇〇基にもなるだろうと述べている。そして調査のため足跡の及んだ地域として以下の地を挙げている。

ウイリアム・ゴーランド

> 大和、河内、摂津、近江、美濃等の近畿地方から、更に山陰、山陽の方面では出雲、石見、伯耆、備前、播磨の諸国、九州では日向、豊前、四国に於ては伊予、土佐等の各地にある古墳墓を調査し、其の或ものは発掘をも試みて其等に関する正確な科学的研究を行った。

また右の引用部分には出てこないが、その足跡はほかにも関東各地はもとより、東北は福島県、あるいは朝鮮半島にまで及んでの古墳調査であった。

ゴーランドはわが国の古墳時代とはいつ頃なのかを推定的につぎのように述べている。

ドルメンはすべて間違いなく鉄器時代に属し、日本人が最初にドルメンを造ったのは明らかに金属を知った直後である。（その後の工芸品などとの比較において）ドルメンは八世紀以前と考えてよいと思う。（中略）日本人が、いつドルメンを造り始めたのか、その時期を直接に決めるには、信用に値する〝データ〟が不足していて、ずいぶんと難しい。だが、ドルメン築造が廃止された時から逆算して、ドルメンの築造が行なわれた期間の長さは計算できると思うし、また開始の時期も、一、二世紀の誤差に目をつむれば、確かめ得ると考える。

ゴーランドの業績

彼はほぼ現在「古墳時代」とされる時代をさして「ドルメンの造られた時代」であると推定していた。また、その時代の初期的な遺物が前時代と比較して、明らかに異質であることから「一気に異文化の渡来によってドルメン文化は始まったもの」と想定している。そしてまた、この文化には重要な拠点となるところが四地点あると述べ、以下の地名を挙げている。

イ、九州の北および東　＝九州圏。
ロ、出雲、伯耆、因幡　＝出雲圏。
ハ、大和、河内及び近隣＝大和圏。
ニ、武蔵、上野、下野　＝武蔵圏。

これら四つの拠点を示した上で、ゴーランドは「金属細工の形、特に玉飾りや土器の形には、最も初期から歴史時代まで一貫性があるから、その侵入種族こそ、現日本人の祖先だと認めねばならない。移住が何回もあったのは明らかだが、それは親縁の種族だった」と、古墳が地域差を持って展開しているものではないことや、「やってきたもとの地はどこ、と決める材料はないが、ドルメンと埋葬墳が、朝鮮半島の対岸に多く分布することは、彼らがそこを通過して来たという考え方の、有力な証拠である」と論じつつ、以下のよう続ける。

これらすべての圏におけるドルメン出土遺物が非常に似かよっていること、地方ごとに多少の修正が加えられたにもかかわらず室の構造及び形が似かよっていることなどは、結局、われわれが、一種族について研究せねばならないことを結論づけている。ごく少数の例外を別とすれば、武器も装飾品も土器も、ほとんど同じなのである。

つまり、古墳文化は、地域ごとに多少の違いはあっても基本的には異文化の渡来による同一形体の文化であると述べ、さらに以下のように語る。

日本のドルメン時代の特徴は、その初めから終わりまで、高度の文明と文化を有した点にあり、およそ野蛮とはかけはなれたものだったことが以上のことからわかるだろう。その間、この種族は、部族ごとに、国の最も豊かな所から原住民を追い出した上で、定住し結合した民族となって、やがて工芸の進歩に大きく貢献したのである。

彼らが到達した文明が、かくも高い段階にあったとすると、偉大な死者の埋葬室として、ドルメンを自然石で粗雑に構築したことは、いぶかしく思われるかも知れない。が、私が記述したこれらのドルメンからの出土遺物は、次のような結論を訴えている。風化した河原石や自然石がドルメンの築造に使われたのは明確な目的があったからだ。それは、おそらく宗教的な目的であろう。その意味は、なお明らかではないが、しかし、少なくとも、彼らが石を切る技術を知らなかったからではない。

これによれば「彼らが到達した文明が、かくも高い段階にあった」にもかかわらず「風化した河原石や自然石がドルメンの築造に使われた」というアンバランス、これは「おそらく宗教的な目的であろう。その意味は、なお明らかではないが、しかし、少なくとも、彼らが石を切る技術を知らなかったからではない」というのである。

ゴーランドの業績の重要さについて先に紹介した浜田耕作の書いた追悼文においても、その中ほどで、

此の如き氏の研究は永久に歴史的の価値あるのみならず、それ自ら不滅の学術的価値を有するものなるを認むるに吝でない。……シーボルト。モールス。ゴーランド及びマンロー等……諸氏が新しい考古学の建設に如何なる寄与をなし、従来の伝統に捕らはれた見地から離れて新しい科学的立脚地を求めんとした事を考へて、特にゴーランド氏が日本の古墳及び其の時代の研究に於いて一時期を画した偉業に至りては永久に忘るべからざる考古学界の恩人なるべきを感ずる。

と最大限に讃えていて、このことは決して大げさなことではない。

ゴーランドの業績を生かせなかった日本

ところでゴーランドの功績を最大限に賞賛し、感謝の思いまで述べた同じ追悼文の中であるが、読んでいて気になったことがある。それは以下の部分である。

氏（ゴーランド）は又是等古墳の分布の上からして四個の中心を設定した。即ち九州、出雲、大和、武蔵即ちこれであるが、而も是等の中心とする地方の古墳墓は其の内容構造等に於いて相近似して唯一の人種の作ったものと認むるの外なく、決して別種族の作ったものではない事を説いてゐる。更に遺物の上から見て、彼は当時の文明が進歩してゐたに係はらず、石室等の構造に頗る粗大な石を用ひて築造したものあるは甚だ解し難いが、之は恐らくは宗教的

の意味ありし結果ならんかと推した。是等の見解中には今日に於いても興味を惹くものを少しとせない。

この部分だけを読めばゴーランドの立論をほぼその通りに述べたものであるが、実はこの部分に至るまでには前段がある。「古墳の始まりのおおもと」に関して「一気に異文化の渡来によって（ゴーランドの表現）」、なのか「他国からその方法を輸入したものでなく、自発的に国内で発達したもの（浜田の表現）」なのか、このことの立場がどうかによって古墳そのものの「わが国における意味」が逆転してしまうということなのである。

浜田はゴーランドの文章中にあった「古墳文化が渡来したものである」、との明確な表現を削って「自発的に国内で発達し」と言いかえ、その上で、ゴーランドが述べた「地方の古墳墓は其の内容構造等に於いて相近似して唯一の人種の作ったものと認むるの外なく、決して別種族の作ったものではない事」、および「石室の姿は宗教的の意味があってのこと」という言葉を部分引用してつなげているのである。

これはゴーランドの文章「金属細工の形、特に玉飾りや土器の形には、最も初期から歴史時代まで一貫性があるから、その侵入種族こそ、現日本人の祖先だと認めねばならない。移住が何回もあったのは明らかだが、それは親縁の種族だった」の部分があることについて、彼の文を直接読んでいない者にとっては、浜田の表現を介して「古墳は神話の国日本において自発的に発達した固有の文化」とゴーランドが述べていたように理解してしまうことも出来る。つまり、そのような論のすり変えがこの追悼文の中でおこなわれていたのである。

日本の古墳文化は「渡来したもの」なのか、「自発的に国内で発達したもの」なのか、ゴーランドが正しいのか、浜田が正しいのか、私は今ここではそんなことを議論をしたいわけではない。そのこと以前の問題なのである。ゴーランドの立論における重要な部分をはっきり改変しておいて、なお功績を高く評価するとの「追悼文」を書いている、そのことをここでは注目しないわけにはいかない。

日本国民は世界においてまれに見る純粋血族であるかのように語っておきたかった維新当時の為政者側からすれば、

ゴーランドの立論である「(渡来した)この種族は、部族ごとに、国の最も豊かな所から原住民を追い出した上で、定住し結合した民族となって」とあるところなどは、意識を逆なでされるような見解であったに違いない。

②ゴーランドは日本歴史学の問題に気づいていた

ゴーランドは冥界にあって自分が追悼文のなかで賞讃されながら、その肝心なところで立論とは全くちがう形に歪めて書かれたことをどう思ったろうか。

じつは、ゴーランドはすでに日本に滞在していた頃からこうなる可能性についてかなり明確に感じ取っていた可能性がある。ゴーランドが日本で古墳探訪をしていた当時、すでにゴーランド自身、その活動に対して妙な圧迫感を感じていた。ゴーランドが古墳研究をしていたことによって危険視されていたことをうかがわせるエピソードがある。

皇子の墓域内で、一度、警官に捕まったことがある。私は、彼の許可なくして二度と発掘はしないことを約束させられた。日本滞在の終わりころは、重要な古墳が存在するところはどこでも、私が到着すればすぐ一人が部署につくか、あるいは、近くにいることに気づいた。

(『ガウランド　日本考古学の父』より)

日本そのものが「私の古墳研究を喜んでいない」という思い、それがいつわらざる実感だったのである。ただ、ゴーランドの活動していた頃は、それでもなお、まだその風潮が極端化し鮮明になるよりわずかばかり前のことではあった。そして、ゴーランドの帰国する前後、明治二〇年あたりになると、しだいに様子が明確になりはじめていた。

日本国内にあって「歴史」の問題は軽々に語れなくなり、とりわけ「古墳」の問題については「日本国家の成り立ち」という問題とのからみもあって、日本の学者でさえほとんど手をつけることができなくなりはじめており、古墳研究に関して何ら先入観のない発想にあったはずのゴーランドにおいても、古墳探訪そのものが次第に微妙な問題となっていたのである。そのことをゴーランド自身が『日本古墳文化論』のなかで次のように語っている。

日本人は、神々の子孫として出現したとする。そして、大陸からの移住については、黙して何一つ語らない。初期日本人にとって、それこそ最大の出来事だったはずにもかかわらず。……日本古代の記録によれば、大和は初期における中央政府の所在地であったという。その支配者たちの首長は天皇の称号を持ち、全国をおおう最高権威を有するものとされた。しかし、これはドルメン時代前半に関する限り、議論の余地は十分ある。……これらの他地域のドルメン出土の遺物の方が、歴代朝廷があった大和圏出土の副葬品よりも、もっとすばらしい富と偉大さを示している。むろん、大和の支配者たちは、その後、これら他地域の上にも支配力を及ぼしたが、それはドルメン時代のかなりの期間が経過してのちである。……

このように彼は古墳の造営されていた当時の日本を分析していたのである。

この古墳に関する見解は彼が実際に探訪しながらつぶさに感じていた実感であったのだが、日を重ねるに従って次第に古墳を探求することが日本の国策に合っていないことで、それを続けること自体がかなりあぶない状況であることを、彼は身を以て感じていたのだった。

日本民族の生活史上、きわめて重要なこの時期に関して、多くの疑問点が、あいまいなまま残った。それらの解明のためにも、また、ドルメン時代以前にまで歴史をさかのぼって跡づけるためにも、より以上の発掘調査が必要である。私は、幸運にも、大変有利な立場にあったおかげで、これらの調査ができたが、願わくば、その調査及びそこから私が引き出そうとした事実が、本学会の注意を向けていただくに値するものと見なされ、私がそうしたことを、よしと判断されんことを祈る。

ここにある「私は、幸運にも、大変有利な立場にあったおかげで」の表現のなかに、日本人自身の研究家が古墳から次第に遠ざかって行かざるを得なかった様子をうかがうことができる。「私がそうしたことを、よしと判断されんことを祈る」という彼の言葉のなかに、「余計な口出しをする危険な外国人」と見られ始めていた当時の状況に対する悲しみの念がこめられているのである。

4　話題から遠ざかっている西都原古墳群

既に序章でも述べているが、ここで改めて確認したい。西都原古墳群について名前程度のことなら、全国的にもかなり知られているのかもしれない。神話の国、日本建国のおおもとの国などとも言われる宮崎県、つまり日向の地にある古墳群である。その存在意義は大きいはずだった。

ところが、この古墳群のあつかわれ方に、かたよりがあったと言える。古墳群の規模、築造された時代性、さらに存在している地域性の意味、こういった重大な要素が多いにもかかわらず、その割にこの古墳群についてあまり語られてこなかったのである。

この古墳群はざっと十三支群からなりたっている。序章二九ページの地図はその分布の中心部についての状況を示している。総数は三二九基（前方後円墳三一基、方墳一基、円墳二九三基）である。日本国内に数ある古墳群のなかでも奈良県の御所市周辺などとともに屈指の古墳密集地といえる。

その群中の代表的な古墳として、日本最大の帆立貝形と言われる男狭穂塚《おさほづか》古墳（墳長約一五四メートル）および、前方後円墳の女狭穂塚《めさほづか》古墳（墳長約一七六メートル）の二基がある。この二基については一九三四（昭和九）年、国の史跡指定を受けており、天皇陵に準ずる陵墓参考地として宮内庁の管理になっている。

西都原古墳群は一地域、一地方のもの、というより、日本の古墳について考える上で畿内にあってよく知られている古墳群などと同列に語られて当然な、たいそう重要な意味を持つ古墳群なのだ。現に戦前「神話の世界に通じる地方」「皇祖発祥の地」ということで国を挙げての調査が行われたのは大正から昭和へ変わる時代にかけてのことだったが、調査の結果、実際は「皇祖発祥の地」を歌い上げるような内容ではなかったことによって、一気に調査の熱が冷めてしまったという事実がある。

ところで『西都原古墳群』の著者も述べているのだが、日本の文化は中央から地方、あるいは「辺境」へと発展の波は緩やかに波紋を広げるように伝播すると語られ、中央（畿内）に比して文化の波は辺境には時間差があって到達していた、といった強固な論理が歴史学の世界にはあって、日本列島上で西南の隅に位置するという見解のもと、現在この西都原古墳群は「日陰の存在」という感覚で扱われているのが実状である。

ところで二〇〇五（平成一七）年には新たな発掘によって、この古墳群中の八一号墳が三世紀代の築造で、最古級に属する古墳ではないかとの見解が出されている。これについてはなお検討の余地はあるようだが、同じ宮崎県の宮崎市内にある生目古墳群での一号墳などとともに、今後のさらなる調査が期待される。

5　「あづま・みちのく」の古墳文化

①近代が消した「あづま・みちのく」古代史

神話の国「宮崎」の古墳でさえ疎んじられている。まして「あずま・みちのく」での古墳などはほとんどつい最近まで話題にさえもされなかった。ところで日本近代体制が無視したために「遅延したり今もなお置き去りにされている」そんな「古代史」がいくつもある。しかもそれらはそのまま放置してもさして問題ない、といった単純なものではなく、私たちにとって「遅くなったのを嘆くのではなく」とりあえず早く「停滞した部分」を取り戻さなければならない問題は数多いのである。

そうしたことを思いながら、ここではそれらがどのような部分に見られるのか、それをしばらく「古墳」に焦点を置いて述べてみたい。

②古代における日本海沿岸地域と東日本

標題に「あずま・みちのく」と掲げた。その意味としては東北の中南部地域を含め、関東地方、中でも毛野（けの）、つまり群馬県・栃木県あたりの北関東を主にイメージしてここではいくつか語ることにする。

この地域の古墳について既に述べたとおり戦前はほとんど問題にされていなかった。とりわけ「東北地方の古墳」などはその存在さえ認められていなかったのである。ところが一九六四（昭和三六）年に会津大塚山古墳が発見され、それ以降、先も見たように東北各地に古墳の存在することが次第に認められるようになったのだった。すると、にわかに学会では「古墳の東への伝播」が語られるようになり、かつ「古墳文化の東への波及は大和政権の東国支配とかかわる現象である」、とか「大和朝廷の勢力がここまで及び……」といったものの言い方にして説明されることになるのである。

そして、こうした言い方は現在「常識」となり、東国の古墳について語る場合には、このことが前提に置かれて全てが始まるようになっていった。その典型的な例が埼玉県の稲荷山古墳の鉄剣で、話は「雄略天皇」の名がこれに絡められ、「大和朝廷」の力がここに及んだ証拠が見つかった、という論調で広まってゆくのである。

ところで、果たしてその「常識」は本当にそれでいいのか。そのパターンでは説明のつかない実体が多々あるのではないか。そんな思いを近ごろ強く感じている。

神奈川に古墳はあるの？

「古墳」といえば、奈良県の飛鳥地方や大阪府の河内周辺のことをまず思い出すのではなかろうか。それに対して、関東地方での古墳、ということになると、あまり関心は向けられていなかったように思う。

ただそうした状況も、ここ十年ほどの間に部分的には変わって来ている。一九九〇年に高崎市教育委員会が「古代東国と東アジア」というシンポジウムを行っている。そして「東国」と「大和朝廷」にかかわる論争が、相前後して目立って増えてきたという事実がある。歴史に「東国」の視点が加わってきたのである。

（『神奈川の古墳散歩』「はじめに」より）

「関東地方にも、こんなにたくさんの古墳があったの！」

「関東地方にも、こんなに大きな古墳があったの！」

これはこの本をまとめた二人の著者の感想でもある。……

冒頭に述べたように関東に生まれて住んでいる大部分の方々が「古墳」が自分の周辺にもあるなどというのはあまり知らないのではないだろうか。あるいは、自分の家の近くにあることを知っていた人でも、隣の県では、あるいは関東全体では、どのくらいになるのか、という疑問にまでたちいたらなかった。漠然と「古墳文化」は西日本のもので、自分の身近では無縁のものと思っていたのではないだろうか。でも「古墳」は決して西日本だけの文化なのではない。関東各県の古墳をまわってみると、関東にもれっきとした「古墳時代」があったことがわかるのである。

（『関東古墳散歩』初版本の「はじめに」より）

文覚上人に始まった私の「古代史」への旅は右の「古墳への思い」へと展開したのであった。

四　一瞬で消えた千年以上の文化

1　仏教と修験道

先に「神仏分離」あるいは「廃仏毀釈」による文化破壊のことは述べた。神仏が融合しながら独特の文化を生み出して明治維新まで有に先年の時を経過していた。それは「神仏習合」という名を与えられた文化だった。その「神仏習合」の文化が一朝のうちに破壊されたのが明治維新であり、第二次世界大戦の終了まで様々な形で展開したのが「神仏分離」あるいは「廃仏毀釈」だった。

ただ一時破壊された仏教文化であったが、いささか形を変えることによって存続は許された。その形を変えることが条件となった部分が多かったのが真言宗・天台宗のいわゆる密教系統の仏教だった。

密教は権力者に利用されながら発展していった部分と、権力とは付かず、しかし離れずといった独自な道を歩んで行ったものとがあり、複雑な展開を示した。とりわけ、日本古来の民間信仰の中に培われた山岳を修行の場とする自然神道的な宗教と習合した密教は、新しい形の修験道をとりこみ。宗教的な形態としては各地の山岳寺院となり、あるいは神宮寺となって仏と神を同時に祀る形が一般的なものとなって行った。

このような形の密教又は密教と習合した修験道は約千年の間、日本の社会に大きな影響を与えて来たのである。本質的には各時代の権力の構造とは違う次元に活路を見出して独自の活動をしていた。しかし、それだからこそ、どの時代においても修験道は時の権力者にとって関心を持たれたのであった。密教の僧侶や修験道の道士たちを敵にまわしてしまったとき権力は危うくなり、味方にしたときは計り知れない力を提供してくれた。もともと異次元の集団だからこそ、その力は発揮されたのである。

今までわれわれの学んだ歴史は表（おもて）の部分が主であって、そうした密教や修験道の果たしていた俗的社会に貢献した部分についてはほとんど語られなかった。特に近代になって歴史が科学の一分野となってから、文字化された記録をほとんど残さなかったような歴史の裏面については無視してしまったといえる。とりわけ呪術やまじないのようなものが絡む修験道にはまやかしや詐欺といったものがついてまわったため、世を惑わすものであるとして、歴史的学問体系からはずされ、研究されなかったばかりでなく、近代化を推し進める上ではむしろマイナスであると、明治五年九月十五日付けの太政官布をもって修験道そのものの活動も完全に禁止されたのであった。

近代になって為政者は、宗教は聖なるもの、というキャンペーンを張り、その背後に持っていた俗なる部分を被い隠してしまった。これは単に宗教の統制という意味だけではなく背後に思想や信条の統制と、過去に存在した歴史の一面をおおい隠す意味も持っていた。聖なるものはあだやおろそかに語るべきものではないという形で言論を封じた。「祟りがある」「罰があたる」「敬を失する」という最も人間にとって弱いところである心情に絡めてそれは行なわれた。

聖なるものを個人が心に持ち、あこがれ、追求するのは意味のあることではあっても、これを権威あるものが統制し、強要するようになったとき、その時代は暗いものになることを我々は十分注意しなければならない。

宗教の統制によって陰に隠されてしまった歴史の一面とはどんなものであったのか。その中に修験道にからんだ鉱物資源の問題は大きい。

実は密教の呪法の一つに鉱物資源の探索というのがあったことを忘れてはいけない。鉱物資源は本来は不老長寿を果たす薬を得る目的で探られていたのであったが、時代が進むにつれてそれは権力の富の象徴にもなり、さらには権力を維持するための武器の原料としての意味も大きくなって行ったのであった。

修行者たちは自らが権力者の位置につくことにはほとんど目はくれず、自分の特殊な能力によって権力者を操る立場をとり続けた。重要な鉱脈などが発見されると、そこは大蛇が出て人を食う、とか祟りがあるから近付くなと封じたのに似て、近代の歴史学は歴史現象から金属に絡む要素を「聖なる」というバリアを設けて「学問の分野にふさわしくない」として外してしまったのである。

明治以降の修験道　修験道は日本古来の山岳信仰が外来の密教、道教、儒教などの影響のもとに、平安時代末に至って一つの宗教体系を作りあげていったものである。

西洋諸国の近代科学の進歩から立ち後れていることを知った日本は呪術や迷信の温床でもあった修験道を禁止することによって近代化を急いだ。それは先に確認している神仏習合した宗教を禁ずることでもあった。神的な要素と仏的な要素とを分離した。そして、国民の精神面をまとめる方法論として神的な要素のみを「国の宗教」として奨励した。

これまで千年の長きにわたって展開して混然としていた神と仏を分けたのが神仏分離である。そして分離した仏的な要素の弾圧が廃仏棄釈である。この神仏分離と排仏毀釈はセットとして実行された。

山伏たちの活動の場であった山中の多くの寺院はそのとき以来神道色のみの活動となったのだった。

2　密教及び修験道史と鉱物探索

①消された弘法大師の真実

弘法大師空海の西国霊場巡りはよく知られているが、その空海が密教及び修験道史あるいは鉱物探索の問題と深く関わっていたという方面からの話はあまり聞かない。鉱物探索というのは西洋史においても「秘される」という傾向にあった。

各地に弘法伝説とよばれる伝承がある。「古くから弘法大師が各地に現れて、奇跡を行ったとする伝説は多い。弘法大師が杖で地面を突くと水が湧き出すという弘法清水伝説、逆に村人がいじわるをしたため水が出なくなる水無瀬川伝説、また杖をたてるとそれが一年に三度実のなる栗の木になる三度栗伝説などがある。また旅姿の大師をばかにしたので悪いことが起こったとする型の伝説も多い」(「弘法大師信仰」平凡社『世界大百科事典』)。これら説話の根元をたどると弘法大師空海が鉱物資源探索者であったことの一面をおとぎ話風に暗示したものから発したと考えられる要素が強い。

弘法大師の話であるということにして各地の土地に眠っている「鉱物資源探査」の最新情報を「親方様」に報告したのが「夜伽衆(よとぎしゅう)」だった。戦国時代などでは時に「福の神」と呼ばれ「大黒様」とも呼ばれた。それが江戸時代になると、この「夜伽衆」は主君やその家族たちに教養をもたらす様々な分野の人材が選ばれるようになったようである。各地の鉱物資源情報は大名ごとの所有ではなく、徳川家に集まるようになっていたので「諜報衆」であった「夜伽衆」は平穏な存在になったということだったろう。生き身の大黒様は「徳川家康」と言われたという話が伝えられているのもそうした状況を物語っている。この逸話については『大名と御伽衆』(桑田忠親著、一九四二年、青磁社刊)に述べられている。

②密教と空海と錬金術

イ　今まで見落とされていた問題として、私は空海が錬金術または鉱山技術に重大な関心をもっていた、ということが指摘できると考えている。そんな問題を明確にしてくれたのが『密教と錬金術』(佐藤任著、一九八三年、勁草書房刊)である。

ロ　渡辺照宏・宮坂宥勝『沙門空海』(筑摩書房)によれば、空海の出自である佐伯部は、「五、六世紀ころ、大和朝廷の征服によって捕虜になった蝦夷(アイヌ人)であったという」(「井上光貞『日本古代史の諸問題』)

ハ　いわゆる科学を探求しょうとした空海は、中国にわたり、恵果から密教を伝授されて、結果的には思想家(いうところの宗教家)となったが、しかし最後まで「科学」への関心は捨てていなかったように思える。時の都である平安京に身を置きながら、山岳修験への魅力を最後まで捨てきれなかったようである。しかしその山岳修験の道が、その内容としてもっていたものが何であったかは、独自の課題として新しい視点より追求しなければならないであろう。

この問題は戦前テーマとして考究することが押さえられた分野であったからで、戦後復活した修験道であるが「山中の気を得て心身の鍛練する」という部分のみの復活になっているのではないかと私は思う。修験道に宗教的要素があるのは当然で言うまでもないが、山中行脚の中で薬物としての鉱物の探索という側面もあり、そこで確認できた情報により金・銀・鉄等々の採取・発掘という作業に転じさせるという一面も密教や修験道は内包していたのである。

ニ ラサーヤナとは長生術、蘇生術、回春法である。これはインド伝承医学のアーユルヴェーダの八科目の一つに含まれている。たとえば『スシュルタ本集』では、八科学の第七科の不老長生学（ラサーヤナ・タントラ）として組みこまれている。『スシュルタ本集』では、「不老長生学とは若返り長寿を保ち、健脳・強壮ならしめ、病を除く法なり」（大地原誠玄訳、総説薦第一章）と述べている。そしてこの不老長生術のラサーヤナが、いわゆる錬金術と解されているわけである。したがってラサーヤナ（錬金術）は、医学と密接な関係のある科学ということになる。また薬物の調合・処方という視点からすれば、化学とも密接な関係をもっていることになる。

ホ インドから相ついで中国に密教家が渡来し、また空海自身渡唐し当時の第一人者恵果に学び、それらの学流を受けついで日本に密教をもたらしている。密教のもつ科学性、言いかえれば、密教のなかに含まれる錬金術（化学）や占星術（天文学）の問題について、つまり密教の科学性について、占星術や暦術はともかくとして、「宗教は聖なるもの」という戦前における縛りがあって、密教方面からの科学や金属学は松田寿男氏の研究などわずかにあるものの、これまであまり触れられていないからである。そしてこの面の学問的な欠如は、密教を考える場合に、大きな欠落をもたらしているように思われる。

③空海と「丹生」地名

空海のゆかりを伝えている多くの土地や社寺があるが、その多くが空海伝承と「丹」の文字の絡んでいる場合が多い。ここでは「丹」の文字の絡む地名・神社を南から追ってみることにしたい。

佐賀県藤津郡嬉野町の丹生川と丹生神社、大分県大分市の丹生川と丹生神社、香川県大川郡大内町丹生、徳島県鳴門市

の丹生神社、和歌山県日高郡印南町丹生、日高郡龍神村の丹生ノ川、伊都郡高野町の丹生川と丹生神社、伊都郡九度山町の丹生川と丹生官省符神社、河根丹生神社、伊都郡かつらぎ町の丹生都比売神社と丹生神社三座、那賀郡貴志川町、那賀町、粉河町の丹生神社三座、奈良県吉野郡東吉野村、川上村、下市町の丹生川上神社三座と丹生川、吉野郡吉野町の丹生神社、高市郡高取町の丹生谷、兵庫県神戸市北区の丹生山と丹生橋と丹生神社、京都府舞鶴市の大丹生川、福井県三方郡美浜町の丹生大橋、丹生郡、丹生郡朝日町の丹生、小浜市遠敷、滋賀県伊香郡余呉町の上・下丹生（丹生神社二座）、坂田郡米原町の丹生神社、三重県員弁郡大安町の丹生川、一志郡美杉村の丹生俣、多気郡勢和村の丹生大師、飯南郡飯高町、岐阜県大野郡丹生川村の大丹生池と大丹生岳、長野県長野市の丹生寺、群馬県富岡市の丹生川、埼玉県児玉郡上里町の丹生神社、千葉県習志野市の丹生神社、山形県北村山郡大石田町、尾花沢市の丹生川等々、丹生川はここのあげただけでも十二河川、丹生の付く社寺は十九箇所を数える。熊本県、愛媛県、高知県、広島県と「真金吹く吉備」の岡山県にも丹生神社がある

④泰澄の登場と白山信仰

中国・朝鮮半島の太白山　朝鮮半島に五嶽とよばれる山がある。北嶽太白山（一五六一メートル、慶尚北道奉化郡）・南嶽智異山（一九一五メートル、慶尚南道咸陽郡）・東嶽吐含山（七五六メートル、慶尚北道慶州市）・西嶽鶏龍山（八四五メートル、忠清南道公州市）・中嶽八公山（一一九二メートル、慶尚北道大邱市）がそれで、つまりその北側に位置するのが太白山である。

中国では秦嶺山脈の中の一嶺である太白山がある。西安（長安）の西南一〇〇キロメートルほどの陝西省の眉県、太白県、周至県の境界にあり、主峰である抜仙台角峰は海抜三七六七メートル。中国大陸の黄土高原地帯では最高峰の高さである。ここには昔、漢武帝のころ太白山神祠が作られていた。その神の名である「谷春」は前漢時代劉向の作とされる『列仙伝』の中に、「一度病死したはずなのに冷たくならず、県門の上に座し、さらにその後太白山に入山した」と書かれている。

また前蜀の杜光庭の撰になる『録異記』によると「金星（太白星）の精が終南の主峰の西に墜ちたことから太白山の名となった」とある。

太白とは中国語では金星を意味するものであった。この太白山は李白の詩「登太白山」には「太白何蒼蒼、星辰上森列、去天三百里、邈爾与世絶」と詠まれ韓愈の詩「南山」では「西南雄太白、突起莫閑篷」はなどと詠まれ、中国道教の象徴としての山である。

みちのくの太白山　仙台には太白区がある。この太白区の名のもとはきれいな円錐形をした太白山という名の山があることによっている。山には仙台市の野外教育施設の整った太白山自然の監察の森も整備されている。仙台という地名は中国の太白山、つまり抜仙台から取られているのではないか、等とふと思った。

また「みちのく」での白山といえば平泉中尊寺の境内奥に白山権現がある。仁明天皇の時代八五〇（嘉祥三）年慈覚大師円仁が弘台寿院を建立した際加賀の白山をここに勧請したとされている。その後藤原清衡が中尊寺を建立。藤原氏三代の栄華の象徴である金色堂などのある丘陵である。なお能楽堂は嘉永六（一八五三）年、旧伊達藩主伊達慶邦によって再建奉納されたもので近世能舞台遺構としては橋掛、楽屋などを完備し、東日本では唯一とされ、二〇〇三（平成一五）年五月、国の重要文化財に指定されている。

複雑な白山修験の展開　白山信仰の聖地は石川、岐阜、福井の三県にまたがる御前峰・大汝峰・剣ヶ峰という主要三峰、それに加えて別山・三ノ峰などの総称で、山を修験の道場とする修験集団が山入りするルートの拠点として加賀馬場・越前馬場・美濃馬場と呼ばれる三馬場を形成した。当然どの馬場もが宮と寺を併せ持っていた。

加賀馬場は白山本宮で白山寺、越前馬場は白山中宮で平泉寺、美濃馬場は白山本地中宮（中居神社）で長滝寺が起点となっており、それぞれが白山信仰の中心であるという争いを長年繰り返し、その上に明治維新の神仏分離によって三馬場の神仏習合していた寺の部分の活動が解体され、かつ修験道の禁止という状況の中でさらに混乱し、その上にこうした伝統の宗教そのものが学問的な研究対象からはずされたということもあった。こうした様々な障害があって、とりわけ白山信仰そのものの本質がわかりにくくなったまま今日に至っている。そしてその問題とも絡み合って中国や朝鮮半島からこの山岳信仰の元になる思想が伝来したものであろう、という部分などは現在も不明のままになっている。

ただ奥州の藤原三代にわたる平泉文化が白山信仰の祖といわれる泰澄との関わりを持っていたのは事実だった。たとえば越前馬場は白山中宮で「平泉寺」という寺の名が「みちのく平泉」のもとでもあるし、藤原秀衡の寄進したとされていた虚空蔵菩薩像のことは伝承的なものであったのだが、それが事実であることが確認されたのである。


昭和五十九年十二月十九日の「毎日新聞」（東北版）は、藤原秀衡の寄進した虚空蔵菩薩像が岐阜県郡上郡白鳥町石徹白の白山中居神社に安置されていることを報じた。……社伝によれば、秀衡が寄進したのは今からちょうど八百年前の元暦元年（一一八四）のことで、一説では白山中居神社のほか、越前の白山中宮平泉寺にも寄進したという。加賀の白山本宮、越前の白山中宮平泉寺、美濃の長滝寺は、白山三馬場と呼ばれており、白山信仰の拠点となっている。……私はこの新聞記事にいたく興味をそそられた。そこで岐阜県郡上郡の白鳥町石徹白を訪れた。「上村十二人衆」を中心とした大師講の管理する大師堂は苔むした滑りやすい石段をのぼった小高い丘の上にあった。私は収蔵庫の硝子ケースに納められている虚空蔵菩薩を拝観した。仏像は息を呑むばかりに見事なものであった。この仏像の美しさは中尊寺の一字金輪仏にも劣るまいと思われた。それにしても、この仏像を八百年間も守り抜く「上村十二人衆」の末裔の歴史のなかに、私はまごうかたない「意識の連鎖」をみとめないわけにはいかない。

（谷川健一『白鳥伝説』終章「秀衡寄進の仏像を守る岐阜白鳥町の人びと」集英社、一九八五年）

⑤慈覚大師円仁伝承――慈覚大師建立の寺

慈覚大師円仁についてはここまで見てきた平泉中尊寺の白山神社の前身が慈覚大師の創建を伝えていたばかりでなくこの慈覚大師の名は「慈覚大師の開基にして」という言い方で岩手県二戸の天台寺をはじめ山形の立石寺・安久津八幡・二色根

薬師・松島の瑞巌寺・水沢の黒石寺・福島県伊達郡の霊山寺・下北半島の恐山等々あげるにいとまがないほど数々ある。

この円仁は初代の最澄の後、第三代目となる天台座主となり天台密教についてはその教義を大成させた中心人物である。その円仁がこのように「みちのく」に多くの名を残し、そしてみちのくの地に展開した天台宗の隆盛は何を意味しているのだろう。私はこの問題も「国史」での「あずま・みちのく」軽視パターンの中で捨てられていた問題の一つであると思っている。そしてこの問題はその後展開する日本の歴史の根幹に関わる重大な問題をはらんでいるのであり、このことの解明がなおざりにされているということは、つまり日本史における奈良時代から平安時代への、そして中世の鎌倉時代への移行期そのものの重大ファクターが空白になっているということを示しているものと思っている。そしてこの時代「大同二年（六〇七）」という謎の年号が東北地方各地の史跡に見られる。

慈覚大師と入唐　多くの苦労をしながら円仁は九年間唐で過ごした。

揚子江河口の揚州→山東半島の赤山→五台山→長安（現在の西安）

帰路は黄河の南岸を経て→山東半島→登州→赤山→黄海→日本

終始円仁の行動を助けたのは現地にいた新羅坊（新羅人の拠点）といわれ、現地新羅人のネットワークの中心的な拠点でそれは中国の揚州赤山にあった新羅法華院だった（『入唐求法巡礼記』円仁著・深谷憲一訳・中公文庫）。円仁はそのときの感謝の思いをこめてか、帰国後赤山明神を日本に建てることを計画した。それが実現したのは円仁の没後のことであったが、比叡山北西の麓、洛北の修学院のあるその近くに、比叡山の別院である赤山禪院が建立されたのであった。

桓武平氏と慈覚大師　奈良時代から降って頼朝に至るまでの平安時代を概観することにしよう。

桓武天皇は自ら政治的な使命を東北の経営にかけていたとさえ言えるほどだった。大伴家持に代表される「鎮守府将軍」の後を継いだ坂上田村麻呂の奥州への出兵はそうした政策のあらわれであり、宗教面では天台宗の慈覚大師を全面に押し出し、さらに桓武平氏と呼ばれた人々の関東への移住（親王任国）、そして、活動の開始、等々がそのことを意味している。慈覚大師は下野国（栃木県）に出生した人で、当然関東の文化を身に付けていたと同時に、下野は地理的に「みちのく」との接点にあたる場所であって、精神的にも「みちのく」を身近に感じることの出来る人物だったのだ。

慈覚大師の、関東から、みちのくにかけての活躍の様子は、かなり伝説化している部分もあるが、先にも述べたごとく多くの寺院の開山、開基の人物名として残っている。これらの中には、単なる伝承というだけでなく、事実も多く含まれているはずである。

この慈覚大師の東北への進出の背景にも当然、現地での金山等鉱物資源の発見、開発、という意味があった。例えば福島県に信夫山がある。ここの羽黒神社の別当寺の寂光寺（若光寺）もこの慈覚大師の開基と言われており、亨保年間には宮城県の仙台に分院も造られたとされている。そしてこの山には御山金山があって、「羽黒神社の下には金がいっぱいあるが羽黒山のオスミのものであるので決して掘らせない。もしそれを侵して掘る場合必ず災害がその身に及ぶ。」と土地の人は長い間言い伝えていたと言われている。ところで羽黒山にはここの山の修験の祖が崇峻天皇の第三皇子とされる蜂子皇子である、という奇怪な伝承があり、羽黒山にはいつの時代のどのようなゆかりによって描かれたのかは不明だが、奇怪な顔の画像が残っている。

これらの話は、宗教の形をとって開発の波が次第に東北の奥に深まって行った様子を示している。そして、その主とした目的が鉱物資源の発見と絡んだ問題が後世の増幅されて形成された伝承も含みながら伝えられてきたものであろうと私は思っている。

このような宗教という形での進出に合わせて、利権の獲得を目指して関東に来たのが桓武平氏だった。桓武平氏は「みちのく」を最終目的としつつ、その経営の足場として関東の経営に乗り出した。しかし、それは実質的には平将門の乱・忠常の乱等々、様々な混乱に見るように失敗に終わり、一統の主流は再び京都へ帰って行った。

平忠盛、清盛親子の京都での実体は、関東経営の夢に失敗した一族の最後のあがきが形成した一時的な栄光だったと言えよう。当然平忠盛、清盛親子はみちのくの黄金が当時の中国、宋との貿易には欠かせないものであることは熟知しての京都への里帰りであった。

桓武天皇の系統の桓武平氏に対して、一歩遅れた形で「あずま・みちのく」に関わりを持ったのが清和源氏であった。しかし、これも紆余曲折を経て、必ずしも思惑どおりに事は運ばなかった。

頼朝の登場と鎌倉幕府の創建は、そうした少なくとも七世紀末から八世紀初頭頃からの時の動きの中での総決算という形となったのである。

親王任国と桓武平氏　実は桓武平氏と親王任国とは不離一体の関係にあると考えられる。関東一円に一時期制力を張りめぐらした桓武平氏こそ後の「源平の合戦」での初期を飾った平忠盛、清盛親子なのである。その桓武平氏の大もとが桓武天皇の第三皇子であった葛原親王（かずはらしんのう）の子であるとされる高見王、その子供が高望王であり、以来「平の姓」を受けて上総介となって関東に移り住んだ。その流れが「将門の乱」で知られている関東の平氏であり、後に平清盛を生み、源頼朝と源平の合戦を戦った一族の祖なのである。

この桓武天皇の皇子である葛原親王自身が八三〇（天長七）年、兼常陸太守、八三八（承和五）年（八三八年）兼上野太守親王任国の太守となっている事実がある。ところで、親王任国という制度は八二六（天長三）年に制定されている。常陸国、上総国、上野国の三国に関してその国の守は親王に限られる、という制度で、特にその三国の国守は「太守」と呼ばれたのである。

なぜそんな制度ができたのだろうか。桓武天皇には皇子、皇女が多かったため親王家の維持のための財源確保、親王にあてる官職の確保などがその主な理由であるとされるが、ではそれがなぜ関東の三国にのみ限られたのか。あまりそれについての明快な説明を見ない。

このことには深い重要な意味があったのではないか。しかしこのあたりの問題も戦前はあまり追求することが好まれない世界であり、その風潮が戦後にも引き継がれたので、この問題、つまり「あづま・みちのく」の古代史については結局現在も曖昧なまま放置されている、というのが実態なのである。

親王任国の最初は葛原親王ではなく、天長三年、初めて三国の太守に任じられていたのは、いずれも桓武天皇の皇子である賀陽親王（葛原親王の同母弟・母は多治比真宗・常陸国太守）、仲野親王（母は藤原河子・上総国太守）、葛井親王（母は坂上田村麻呂の娘春子・上野国太守）であった。

清盛を中心に一時栄華を誇った平家、その前の時代の桓武平氏のことについて確認しておきたい。

天台宗が摂関家と結びついて「みちのく」入りを図っていた頃、併行してその足場作りのために進められた制度が「桓武平氏」による「あづま」各地への進出だった。そのことはやはり桓武天皇の皇子である葛原親王にかかわる伝承地や遺跡が関東各地に多々あることによってわかる。とりわけ神奈川県に集中している。

神奈川県綾瀬市深谷の皇子塚（葛原親王の塚）伝承・神奈川県藤沢市葛原字塩井淵・中村の垂木御所跡（葛原親王の宮あり）・神奈川県藤沢市葛原字聖台（地名の聖台は葛原親王の御座）・神奈川県藤沢市葛原字葛野の皇子大神（祭神は葛原親王）・神奈川県藤沢市菖蒲沢の御所見塚（垂木御所を見ることができたからこの地名となった）等々がそれである。また葛原親王の後裔であるとする岡村氏や鎌倉氏とかかわって葛原親王のゆかりを伝えているところも神奈川県には多い。頼朝に源氏の再興を促した文覚上人の伝承も近くにある。

あるいは平将門などの名とつながってゆく千葉県香取市（旧佐原市・香取郡小見川町）周辺にも葛原親王の名を残す伝承地が見られる。

こうした関東と平氏の関係が後の源平合戦につながり、頼朝の登場をさそい、中世史へ流れて行くのである。

第V章　「日本古代史」と「戦後七十年」——混乱と再生の中での展開とその問題点

一　研究と発言の自由……は？

一九四五（昭和二〇）年八月一五日、「終戦の詔勅」によって国民はポツダム宣言を受諾した事実を知らされた。それは「無条件降伏」を勧告した内容だった。

敗戦二年目の一九四六年、津田左右吉の「建国の事情と万世一系の思想」という論文が月刊誌『世界』第四号（岩波書店発行）に載った。

> 皇室は煩瑣にして冷厳なる儀礼的雰囲気の内に閉ざされることによって国民とはある距離を隔てて相対する地位に置かれ、国民は皇室に対して親愛の情を抱くよりはその権力と威厳とに服従するようにし向けられた。……（略）……そしてこのことと並行して、学校教育における重要なる教科として万世一系の皇室を戴く国体の尊厳ということが教えられた。一般民衆はともかくそれによって皇室の一系であられることを知り、行為の永久性を信ずるようになったが、しかしその教育は主として神代の物語を歴史的事実の如く説くことによって為されたのであるから、それは現代人の知性には適合しないところの多いものであった。
>
> （津田左右吉の「建国の事情と万世一系の思想」より）

ここでは、戦前を顧みることから文章を起こし、敗戦を機に新しい時代への出発という思いで、忌憚のない「日本古代史」を改めて語り始めようとの意志に満ちた高らかな宣言とも言える内容だった。

これを書いた津田左右吉は戦前、早稲田大学の教授であった時、歴史学における実証主義の立場から『古事記』『日本書紀』の両書について論じる著書『古事記及び日本書紀の研究』『神代史の研究』などを著したが、それはいよいよ太平洋戦争に突入していこうとしている一九四〇（昭和一五）年のことで、この両書は発売禁止の処分とされ、さらに同年早稲田大学教授も辞職に追い込まれた。このような介入の事態は一八九二（明治二五）年に「久米邦武事件」（161頁）があって以来、細々と続けられることになっていた日本古代史に関する研究活動に対しさらに多くの影響を与え、これ以降学問的真実追究は徹底的な打撃を受けることになった。

このような体験を持っていた津田は、国民を物言わぬ追随者に仕立てることになった「国史」、その推進者から解放され、改めて歴史学に携われる喜びを感じながら、明るい時代建設へ向けての高らかな宣言ともとれる論文を発表したのである。それは自由に意見表明のできる「戦後」のはじまりであったはずであり、その具体的な現れは、国定教科書の軍国主義的な記事や神話で語られた建国の部分について墨で塗りつぶすという形で実施された。

ただ、ここではもともと学校教育という範囲のことだったので墨で塗られた部分の背後にある大元の問題である「大和朝廷」という概念の詳細にわたる指摘にまでには踏み込んでいない情緒的なものだった。このあたりのことを、私個人の印象で述べれば、子供ながらに「あこれで戦前のゆがんだ歴史は清算されたのだ」そんなふうに受け止めていた。しかし、だいぶ過ぎてからのことであるが、問題の本質は教科書の神話部分に墨を塗って解消する、という程度の単純なものではなかった、と気づいた。ただ、歴史問題の深刻さはたかがこの墨ぬりのことによって、国民全体の中に「戦前のゆがんだ歴史は清算されたのだ」という妙な安心感が根を下ろす効果をもたらしてしまった。

当然、その発想の修正を意図する様々な論文は、戦後も時に応じて出されて来た。でも、微妙なバリアがあるような、ないような曖昧さの中で今日にまで来てしまっているという状況と言える。

二　戦後七十年の忘れ物とその中身

現在の「戦後七十年」という年月の言葉は「現代」という言葉でもくくることもできる。

この「戦後＝現代」を「戦前」と対比してみると両者が同じ量の時の経過だったとは思いにくい。それは、戦前での七十年は戦争の繰り返し、そしてその果ての第二次大戦での敗戦……、とイメージはあまりにも悲惨だった。

これに対し、戦後は焼土から十年、二十年と経過する中で高度経済成長という言葉にくくられる右肩上がりの時の流れがあって、スポーツでのアジア大会、つぎにはオリンピックの開催、そして経済と文化面での復興を演出した世界万国博覧会の開催、等々つぎつぎに平和裏に目先の変化する時を過ごして来た。

それだけに「戦後」の七十年は「復興」という夢と希望が見えていた。そんな状況を振り返ると、敗戦から十年目の頃、昭和三十年代になって「もはや戦後ではない」という言葉が流行していたことが思い出される。

1　戦後の古代史は教科書の「墨ぬり」で始まった

わすれものが何かという、その模索をも忘れている内に、どこか近頃、戦前への回帰という現象をさまざまな部分で感じることさえ見え始めている。改めて、この「戦後七十年」をもう少したどってみたい。

『ぼくら墨ぬり少国民――戦争と子どもと教師』

日本中の主な都市が爆撃に合い、多くの一般国民が無差別に「戦死」した。かろうじて爆撃を逃れた国民は焦土の中に焼け残った廃材でバラックを建て、明日の生活に困窮しつつ、町のあちこちに発生していた闇市を頼りに、何とか生き延びていた。

ただこうした混乱の中にも、復興させたい、立ち上がろう、と誰もが意欲的に模索していた。それが敗戦直後のわが国の姿だった。そうした中での「教科書への墨ぬり」のことである。

私自身は終戦時がようやく三歳だったのでその体験はないが、兄や姉あるいは先輩諸氏の体験を通してそのことは聞いていた。そのことを振り返ってみたい。小学校での「教科書への墨ぬり」は何が目的でどのように行われたのだろうか。敗戦のショックの中で、ようやくバラック建ての学校に、生徒たちの姿も見えるようになった頃、戦時中に使われていた「国語」や「歴史」の教科書の中にあった不自然な部分に墨を塗って消してから使う、という事態が日本中の学校でおこっていた。

その発想は、アメリカ合衆国からのものであった。当時、戦勝したアメリカは進駐軍と呼ばれた兵隊をわが国に常駐させ、その進駐軍は戦後のわが国に多くの影響を与えている頃だった。

墨を塗られた教科書はその後、戦後の改訂版も出されることになってゆくが、当面の一時しのぎとして、皇国思想のもとで軍国主義をあおっていた内容の部分を墨で塗って消させたのであった。

このことがどのように展開したのか放送作家であり、詩人、作詞家、小説家、とりわけ作詞家として多くの楽曲の制作に携わった阿久悠の小学校三年生（当時は国民学校三年生）の頃を回想風にまとめた小説『墨ぬり少年オペラ』（一九八七年、文藝春秋刊）によって確認してみよう。その作品に以下のような一節がある。

戦争に敗れて、秋になったある日、哲たちは、「初等科国語」の教科書を開くことを命ぜられ、指示通りに墨を塗るようにと云われた。

ええんかいな、そんなことして、とみんなは思った。そんな勿体ない、バチ当りのことしてええんかいな、教科書は大切に扱え、開く時には頭を下げろと云うてたやないけ、と怪訝な顔付きで、担任教師と北野伊作校長を見返した。

「そんなら、ええな。云う通りに、下の字が見えんように墨を塗って行くんや」

校長も担任教師も、哲たちの疑惑には答えなかった。

（『墨ぬり少年オペラ』阿久悠著）

作者阿久悠は一九三七（昭和一二）年に淡路島に生まれ、終戦時には八歳になっており、二月の生まれだったので当時国民学校の三年生になっていた。

そのころの淡路島での彼自身を含め身辺にいた若者の風俗について思い出を語るように小説にした。作者はこの小説に『墨ぬり少年オペラ』とタイトルして、一九八七（昭和六二）年に文藝春秋から出版した。小説の題名に「墨ぬり」とあるのだが、小説全体ではそのことを思わせる記述は右に引用したわずかの部分に出てくるに過ぎない。ただ「墨ぬり少年」と題名をつけたかったほどに、小学生当時、学校での「墨ぬり」は作者の体験として強い印象で残っていたのだろう。

この「墨ぬり」が実際はどのように展開したのかについてもう一例示してみたい。

「終戦の詔勅」の出された年の九月、その「詔勅」につづいて文部省から「新日本建設ノ教育方針」が出されている。そこには新しい教育の理念が「従来ノ戦争遂行ノ要請ニ基ク教育施策ヲ一掃シ」と新しい時代となったことをのべ、「文化国家、道義国家建設」のための「文教諸施策ノ実行」と述べられていた。そして、戦後における最大の理念となる「平和国家ノ建設」という言葉もあった。

ただその反面「国体の護持」という戦前の歴史教育を否定しきっていない言葉も使われており、教科書に関しては「新教育方針ニ即応シテ根本的改訂ヲ断行シナケレバナラナイガ」当面は「訂正削除スベキ部分ヲ指示シテ……」とある。

もう一つの例、とは先の阿久悠と同じ年、一九三七（昭和一二）年に秋田県に生まれ、やはり国民学校で「墨ぬり」を体験し、彼自身が子の親となる頃、教師となった人で、教師の立場となってから終戦時の自分の体験を思い出しつつこの回想記をまとめたのだった。

そしてようやく自費出版を経て、一九七四(昭和四九)年に改めて太平出版社から刊行されたのが『ぼくら墨ぬり少国民——戦争と子どもと教師』(和田多七郎著)である。

九月二〇日、教科書から削除する不適切な教材があげられ、一〇月二二日には占領軍から、教育にかんして最初の指令「日本教育制度ニ対スル管理政策」がだされた。これは「軍国主義的乃至極端ナル国家主義的イデオロギーヲ助長スル目的ヲ以テ作成セラレタル箇所」の削除を指示している。

続いて占領軍は、一二月一五日「国家神道、神社神道ニ対スル政府ノ保証、支援、保全、監督並ニ弘布ノ廃止ニ関スル件」という基本指令を出し、この指令に基づいて大晦日には修身・日本歴史・地理の授業停止と教科書の回収を指令した。

こうしてわたしたちは「教科書はたいせつにせねばいけません。開く前に、一度おじぎをしてから開くのです」とまで教えられていた教科書に、同じ教師の命令でまっ黒になるまで墨をぬったのである。

「墨をぬった」、というよりは、「墨をぬりたくった、墨でぬりつぶした」とでもいうほうが、より正確であろう。新しい学年の新学期に新しい教科書の第一ページを開くときのあの緊張と感激——。それなのに、わたしと同世代、すなわち一九三三(昭和八)年四月から一九三九(昭和一四)年三月までに生まれた人たちは、日本全国の学校でこの墨ぬり作業をさせられた。

このように自分の体験した「墨ぬり」について述べ、続けて

国語の教科書でいちばん多く墨をぬったのは、わたしが習っていた「巻四」で、二四課あったものが七課しか残ら

ず、一三一ページの教科書がたった五〇ページになってしまった。

（略）

墨でぬりつぶした教科書で学ぶ――どう考えたっておかしいではないか。嘗て、「たいせつに扱いなさい、おじぎをしてから開きなさい」「ここに墨をぬりなさい、もっと黒くぬりなさい」「はい、〇〇ページを開きましょう」と、同じ一人の教師が教えるのであるから……。

と書きつづっている。そしてさらに続ける、

年月の走り去るのは早く、墨ぬりのときに小学校四年生であったわたしは、いつしか四〇歳ちかくになってしまった。そして、たいしたもんではないと思った「教師」を、生涯のなりわいとしてわたしは選択している。わたしの長男は、いま小学校三年生。あのころのわたしと同じ世代である。――あれから三〇年ちかい年月、たしかに日本に戦争はなかった。

しかし、世相はしだいにあのころに似てきている。ふみとどまって、よく考えてみれば、驚くほど似てきているのだ。こと教科書にかぎっても、小学校の社会科に神話が復活する、といって教育界やマスコミが大きな問題としてとらえてから数年になる。

算数教科書の「比」の単元で、それまで「畑」で縦と横の比を教えていたのが「日の丸」のタテとヨコの比に変わったり、音楽教科書の「君が代」のページの日の丸の挿絵が、改訂ごとに大きくなっている、ともいわれている。ひとことでいえば、再び「墨ぬりの季節」が、なしくずし的に足音を盗みながら迫ってきている、ということである。

長男の習っていた『しょうがくしんこくご　二年』下（M出版）には、神話教材「小さなかみさま」がある。この教材の原典は『古事記』上巻「大国主神」のなかの「少名毘古那神」によるものと思われる。

右に引用したこの部分について、この随想の筆者は自分の子供の教科書にも、かつてのような「神話」が載るようになっていたことに、ある種のおそれを感じたと述べている。「戦後」三十年ちかくたってまたこの神話教材は生きかえっていたのである。

戦後いつの間にか「戦前への回帰」の風潮が見られはじめたのではないか。この引用した本の筆者の語る戦後三十年頃、ここに書かれた内容は、当時神奈川県内の高等学校の教師をしていた私の周辺にも感じ取れることでもあった。さほど歴史分野に関心を持っていなかった私自身の心の内側に、国語の教師ながら、日本史の、とりわけ古代史にかかわる「ん?・」という思いがふくらんで来ている頃だった。

当時の古代史学の世界を振り返ると、さまざまな「王朝交替論」が出されている頃だった。ところがこれらは新しい視点での「古代史試論」となって発展はしていかず、これ以降、ことごとく消されていくことになる。その状況を見ると、歴史学界の深部に「戦前を捨てられない」という強い勢力があって、それが表に出ない形をとりながら、かつ「文献学」こそが歴史学の王道であるかのような風潮を作りながら、その実、戦前から誤読されてきた『記・紀』の解釈を重んじる傾向の再生・復活といった形で流れていくのである。

2　もはや戦後ではない

戦後復興の中の「戦前回顧」風潮

敗戦後、十年ほどして「もはや戦後ではない」という流行語が出来た。この言葉について辞書には以下のようにある。

一九五六年度の『経済白書』の序文に書かれた一節。戦後復興の終了を宣言した象徴的な言葉として流行語にもなった。執筆責任者は後藤誉之助。当時の日本は戦後復興の時期であり、日本経済は，朝鮮特需の影響もあり，戦前水準に向かって順調に回復していった。「回復を通しての成長は終わった。今後の成長は近代化によって支えられる」という序文の一節には、戦前水準への復帰を果たした達成感と、今後の成長への不安が入り混じっていたことがうかがわれる。

（『ブリタニカ国際大百科事典』）

私個人の人生で言えば中学生になった頃のことである。周辺の空き地にはなお戦争の影は残っていた。しかし、当時、自身を含め、周辺の生活状況は次第に豊かになっていることを実感していた。（188頁の「戦前空襲被害」の表参照）例えば「昭和三十年~四十年」その頃、神武景気、岩戸景気などの名で語られる高度経済成長が続き、今さら戦前を振り返る意味などないような状況だった。「東洋一の○○」という言葉も踊った。企業の景気は常に上向きだった。技術革新は続き、様々な分野での躍進が目に見え、さらに「東洋一」を超え「世界一の○○」という言葉さえ使われることも珍しくなくなっていった。

そんなただ中の一九六四（昭和三九）年に開催されたのが、実質アジアでの最初の開催となった第十八回「東京オリンピック」だった。これは敗戦の混沌を乗り越え、わが国が東洋ならぬ世界へ、飛躍しはじめた象徴として国民を熱狂させたのである。

それに引きつづいて一九七〇（昭和四五）年の「大阪万国博覧会」。これもアジア最初の万国博であり、会期中の来場者数は六千四百万人を超え、博覧会史上最高といわれた。こうした実績は、さらにさらに国民の心を奮い立たせた。

一九八九年に昭和という元号が終わり、平成となった。自動車・電気製品の世界規模での評判、そこに大都市の高層化が一気に活況を呈する、そんな中でバブル崩壊という事態も起きた。

好景気もかげりを見せ始め、次第に不安要素を抱えながら今日にいたり、こうして変転きわまりなかった年月をトータルしてみるといつの間にか七十年を経過していた、という状況なのである。

表面的には戦前の「戦争色」での激動とは比較にならない平穏さ、そして都市部の巨大な開発・再開発の様を見ていると「繁栄・発展」という言葉の方がまさにふさわしい七十年だったと言えるだろう。ただし、その背後にはその「平穏」というきれいなベールの中に包みこんだまま、残して来てしまった問題はあった。

その問題を私は「わすれもの」と表現したい。

それは「歴史」という問題である。うっかりしている内に、というのではなく、ひょっとすると、分析し清算するべき必要はある、とわかっていながら、そのことを「避け、先送りしたまま」放置してきた七十年だったような気がするのである。放置してきてしまった「問題＝わすれもの」とは何か。「国の歴史」、そして焦点を絞れば「古代」という概念にかかわる歴史認識のこと、と言えるだろう。そのことを私はここで問題にしたい。

わが国には古代を語る『古事記』『日本書紀』という書籍がある。この書籍に責任はないのであるが、この両書に書かれているある部分を拡大解釈して、日本の「古代史」であると作りあげて、語ってきたのが「国史」という名の古代史像だった。実はそのことの始まりは、「近代」の出発のその時点にあったのだ。国民は常に受身であるようにし向けられ、景気の乱高下も、戦争への突入も、まるで自然現象相手に一喜一憂すると同じ感覚で、「○○の頃はよかった」「○○の頃はひどかった」と回顧するのがせいぜいだった。

とりわけそうした風潮は太平洋戦争に突入して以降、報道統制は激しくなり、国民は展開している戦争の状況についても「操作された報道」を信じ込まされていたというのが実態だった。こうした物言わぬ、物言えぬ国民は、国策によってただ忍従していた。それが「戦前」という時代だったのである。

三　戦後の二大発見「高松塚壁画古墳」と「稲荷山鉄剣象嵌文字」

1　二大発見その1　高松塚壁画古墳の発見

①彩色壁画古墳発見の衝撃

一九七二（昭和四七）年三月、高松塚古墳の壁画が見つかったとき新聞は一斉に一ページ全面をさいて壁画の女性群像をカラー刷りで紹介した。当時まだ新聞のカラー刷りは試験的に始まったばかりだったので、全面が一つの写真のカラー刷り、というのは異例な扱いだった。この興奮はすぐにはおさまらず、これも異例な日本古代史家、韓国古代史家、さらには現在でさえ交流のない北朝鮮の古代史家を加えて古墳の壁画についての討論会が催されたほどの興奮状況だった。発見されて半年後、初めて関係者立ち会いのもとでの古墳内部の確認が行われた。

高松塚彩色壁画発見からおよそ半年を経た昭和四七年九月三〇日、文化庁の総合学術調査団が現地を訪れた。彩色壁画の描かれていたしっくいは、一三〇〇年の月日のため、保存上きわめて危険な状態であった。そのため文化庁は、四月の末に、高松塚をいったん密閉し、気象条件のよくない夏をやり過ごして、秋に本格的な調査を実施することにしたのである。運の悪いことに、その年、飛鳥地方は例年にない酷暑に見舞われた上、強度の地震も記録され、果たして壁画が無事夏を越すことができたかどうか、関係者の心配は絶えなかった。

当日、百人を超える報道関係者の見守る中を、白衣を着用した文化庁の技官が入室し、現場には、極度に緊張した雰囲気がみなぎった。

もし壁画の描かれたしっくいが、何かの事情で剥落していたら、一三〇〇年の闇から蘇った飛鳥人は、今度こそ、永遠に失われてしまうことになる。

文化財の保存技術はもとより、古墳の発掘という行為そのものの当否が問われることにもなりかねない。しかし、関係者の心配は杞憂に終った。入室後およそ三〇分、室内は、春に密閉したときの状態とほとんど変化がなく、壁画にも何の損傷も発見できなかったという報告がもたらされた。飛鳥女人たちは、無事夏を越していたのである。

文化庁の高松塚総合学術調査団は、原田淑人団長以下委員二四名、専門委貞一一名、日本の考古学、歴史、美術史などの各分野から、最高の権威が選ばれた。これまでの日本の考古学の歴史の中で、これほど大規模な調査団が結成されたことは、かつてなかったことである。

さらに、この総合学術調査は、外国からの考古学者、歴史学者の参加を得、国際的な学術交流の場としても大きな関心を集めた。

大韓民国からは、東亜文化研究委員会委員長金戴元、ソウル国立博物館美術課長崔淳雨、ソウル大学教授金元竜、西江大学教授李基白の四氏、そして、まだ日本と正式の国交を開いていない朝鮮民主主義人民共和国から、社会科学院歴史研究所長金錫亨、社会科学院考古学研究所副所長朱栄憲、歴史博物館学術員金銑浩、金日成総合大学教授金石俊の四氏が、文化庁の招きで総合学術調査に参加したのである。

（『二つの飛鳥』川田武著、新人物往来社、一九七三）

②一時高まった「東アジア古代文化」論

この興奮はその後も継続した。それは一九七四（昭和四九）年の創刊号に始まる『東アジアの古代文化』という季刊の古代史関係雑誌の発行となってあらわれたのである。この雑誌の創刊号は「特集 倭と倭人の世界」だった。そして二〇〇八年の一三六号まで三四年間にわたり刊行がつづいた。ここに展開した内容は戦前わが国で議論の薄かった問題や、現在は目慣れているが、それまで特に封印状態に置かれていた「百済・新羅・任那・伽耶」など朝鮮半島にかかわる地名、国名が論文のテーマとして踊った。

2　二大発見その2　稲荷山鉄剣象嵌文字発見と解読――「大和朝廷」論への回帰

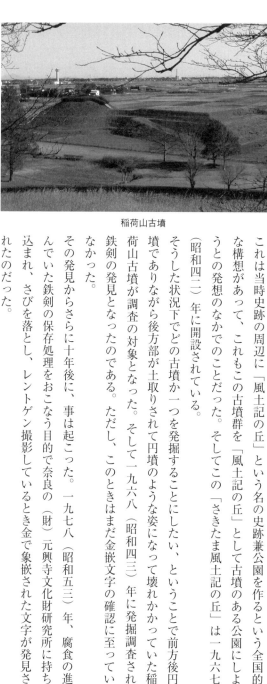

①稲荷山鉄剣象嵌文字発見のいきさつ

稲荷山古墳

この鉄剣の発見のいきさつは、まず古墳が多くあるここを古墳公園として整備する、その一環として、崩れかかっていた古墳の発掘ならいいだろうと、調査をすることになったことに始まった。

これは当時史跡の周辺に「風土記の丘」という名の史跡兼公園を作るという全国的な構想があって、これもこの古墳群を「風土記の丘」として古墳のある公園にしようとの発想のなかでのことだった。そしてこの「さきたま風土記の丘」は一九六七（昭和四二）年に開設されている。

そうした状況下でどの古墳か一つを発掘することにしたい、ということで前方後円墳でありながら後方部が土取りされて円墳のような姿になって壊れかかっていた稲荷山古墳が調査の対象となった。そして一九六八（昭和四三）年に発掘調査され、鉄剣の発見となったのである。ただし、このときはまだ金嵌文字の確認に至っていなかった。

その発見からさらに十年後に、事は起こった。一九七八（昭和五三）年、腐食の進んでいた鉄剣の保存処理をおこなう目的で奈良の（財）元興寺文化財研究所に持ち込まれ、さびを落とし、レントゲン撮影しているとき金で象嵌された文字が発見されたのだった。

文字発見後、歴史学会は色めき立った。文字史料となれば、文献学の学者の出番である。古代史にかかわる学者がそれぞれ文字全体の解読を始めたのだった。

②文字解読の展開

文字は表に五十七字、裏に五十八字あった。そして表側の書き出し「辛亥年七月」が「四七一年」にあたるであろうとされ、日本古代史を考える上から「書かれた史料の遺存しない五世紀」を知るきわめて重要な歴史資料とされた。

その後、考古学会の重鎮、あるいは古代史関係の名のある学者達による文字全体の解読が繰り返され、東国のこの地域にまで雄略天皇の力、つまり「大和王権」の支配が及んでいた証しである、という論調でこれを語るようになっていったのである。

このできごとは日本歴史学における重大事として騒がれた。ところで、その騒がれ方の意味は何だったかを考えたい。それは、文字史料のほとんどない時代の文字、確かにこれだけでも騒ぐだけの意味はある。それに加えて江田船山古墳の例にあった「大王」という文字がこちらにも含まれていた、ということも重大な要素であったと思う。それというのも熊本県の江田船山古墳での出土品によって「大王」が「天皇の意味である」という見方が既に存在していたなかで、これを補うように今度は関東での「大王銘」の出土である。このことが、とりわけ当時の「学会」において重要だったのではないのかと思う。というのも文字発見のその後は「日本古代史」に関わる重大なエポックとなった。

実は戦後になって、稲荷山鉄剣の「文字史料」発見より十年早い一九六八（昭和四三）年にやはり関東の古墳が大きな話題になったことがあった。群馬県高崎市にある綿貫観音山古墳のことである。特に出土品の豊かさ、とりわけ特徴から朝鮮半島の百済の古墳などと対比される出土品が多くあったため、これらがヤマト経由ではなく、この地域の首長が直接海外と交流をしていた証しなのではないかという見方が生まれて、古代史を見る際の「古墳は大和朝廷からの伝達文化・文化は大和朝廷を軸にして広まった」という戦前から固定されていた「常識」を見直さなければならない、という機運が起こりかけていた時期であった。俄然、この風潮に抗し稲荷山鉄剣問題を重大局面として盛り返えしをはかるために、この銘文を利用しようと「守旧派」が躍り上がったのも無理はない。

古代史学会は前例を下地にして「大王」とは「天皇」の意味で使われたものととらえ、「獲加多支鹵大王」の部分については「ワカタケル大王」と読み「雄略天皇」と解釈される案が出された。そしてこの文字解読とともに古墳文化は「大和朝廷からの伝達文化」なのだ、という巻き返しの論調となって展開された。その論はたちまち「古代史の常識」となり、「ワカタケル大王」が武蔵国に鉄剣を下賜したもので「ヤマトの王権」が「すでにこの地を制していた証拠である」と一斉に報じたのだった。そして、この見解は定着したかのようになって今日に至っているのである。

四 「稲荷山鉄剣象嵌文字」のその後——戦前回帰への二大論調

1 二大論調その1 「大王とは天皇の古称」のこと

稲荷山鉄剣象嵌文字と「ヤマト朝廷」論——象嵌文字解読

発見された文字は「ヲワケの臣がワカタケル大王の時、天下を左治して、よい刀を作らせた。そのことの由来を文字にして残した」といった意味に解釈されて、「ワカタケル大王＝雄略天皇」と考えて「大和王権」が関東のこの地まで支配権をのばした証拠になる、といったキャンペーンとなってことは展開した。

以来、関東のその他の古墳からの出土物をも含めて、論調はまるで日を急ぐかのように増幅されながら、さまざまな部分で、これは大和王権の勢力が「東国」に及んだことを示していると報じられたのだった。

こうした風潮、とりわけ一気に「大和朝廷」の力、という方向で進んでいることに大いに疑問を呈した学者がいた。金井塚良一氏である。氏は埼玉県に生まれ、埼玉県の文化財保護課長等の歴任のあと当時埼玉県立博物館長に就任しており、当然のことながら埼玉県をはじめとして、どちらかといえばアカデミズムの主流がほとんど関心を示さない東国の古代史に関心を持って研究を続けていた。

この金井塚氏が『古代東国の原像――金井塚良一対談集』（新人物往来社）を世に出したのは一九八九（昭和六四・平成元）年のことだった。その中に氏自身による以下のような意見がある。

銘文の発見は、埼玉県で考古学をやってる者にとっては、大変な収獲だったわけです。……今までの埼玉県の前方後円墳の研究は、まことに没主体的でした。……埼玉考古学会が、ようやく地域の実態に則した前方後円墳の研究を取り上げたんです。しかし、その研究がまだ充分進展しないうちに、鉄剣銘文が発見され、埼玉の前方後円墳の解釈の中に、大和王権・武蔵国造・系譜・姓・杖刀人・古代氏族といった古代史の問題が、一気になだれ込んできてしまった。そのために埼玉の研究者は一時茫然とし、またあっけにとられて、非常な混乱状態に陥ってしまったんです。

そういう意味で私は、鉄剣銘文の発見が早すぎた。もう少しおくれて、埼玉の前方後円墳の研究が進み、理論的にも深まった段階でこれが発見されれば、埼玉の若い研究者を中心にして、活発な論議が展開されたろうと、非常に残念に思っているんです。しかし、これからは、埼玉の前方後円墳研究の具体的な成果の上に立って、稲荷山古墳の問題が考えられ、鉄剣銘文が解釈される。そういう方向に進んでいくだろうと思っています。

（『古代東国の原像――金井塚良一対談集』新人物往来社、一九八九〔昭和六四・平成元〕年）

2　二大論調その2　稲荷山鉄剣に派生した二つの「定説」

ここまで述べたように稲荷山鉄剣は戦後の古代史を大きく動かすことになる。そこでは二つも「定説?」を生んだということである。それは、

A「定説」検討その1　「大王とは天皇の古称」のこと

B「定説」検討その2　鉄剣銘の主人公は「雄略天皇」のこと

であり、この「定説?」は多くの本でも使用され現代の「古代史」での重要な用語となってしまっているが、私にはそれぞれが一可能性、今後もなお検討するべき「重大テーマ」とは思うものの「定説」かのように使われていることには疑問を持っている。この件についてもう少し述べてみたい。

A「定説」検討1　「大王とは天皇の古称」のこと――「結論」が先行する「日本古代」のイメージ

近頃「大和朝廷」ということばはほとんど使われなくなり、それに取って代わって独自に「初期倭王権」「倭王権」「倭政権」「ヤマト王権」「ヤマト政権」そして一部に「大和政権」……等々に表現を変えて使われている。これらに見られる「王権」とはいつどこで、どのように始まった「王権」なのか「大王」「王権」あるいは「倭」「大和」「ヤマト」などの用例の多様さとともに、妙に曖昧模糊としている。

古代史論のなかで現存する古墳について、『記・紀』にある古代の天皇名などをからませて語られるような場合、それはさまざまな問題を含んでいると見なければならないだろう。それに加えて「大王」の言葉も吟味してみるとひどく曖昧である。にもかかわらず「大王」とは「天皇」のことであって「古代そう表現されていた」ということは現行の古代史の分

野では常識化しているのである。

その証拠・根拠は江田船山古墳、及び埼玉県の稲荷山古墳から出土した鉄剣に彫り込まれていた「大王」の文字であるとされている。とりわけ後発の埼玉県の稲荷山古墳から出土した鉄剣の金錯銘の「大王」文字の発見はその論理を強固にする形で展開したのである。

この論は「倭国王が大王を名のったことは埼玉県の稲荷山古墳から出土した稲荷山鉄剣の銘文のワカタケル大王の名からも明らかである」という言い方、つまり鉄剣の銘「大王」が「天皇」を意味し、具体的には「雄略天皇」であるという前提のもとで成立している。そして、この常識は今や古代史を語る書物や論文のタイトルにも「大王の誕生」「大王の時代」「大王家の……」といった形で定着して使われている感がある。

しかし、これは前提の部分でも、また結論についてもいくつか疑問点がある。にもかかわらず、そのことには触れず、「ワカタケル大王」と判読し、それを理由にして「こうでありたい」という解釈の集積がなされ、それが今日定説であるかのようにまかりとおっているのである。

しかし、これを懐疑する意見も現にある。「埼玉県稲荷山鉄剣銘文のワカタケル大王」の読みの問題自体について、別の論の一例を次に示してみよう。

> 埼玉県の稲荷山古墳から出土した鉄剣の辛亥銘にある「獲加多支鹵」については、頻出する「獲」が正字の「獲」ではなく、艹の省略され、又が夂に変形した異字体であり、中国の金石文ではわずかに東魏から北斉にかけての一時期（五三四—五七七）にしか現れないことから（秦公輯『碑別字新編』文物文化社　一九八五年）、当然、辛亥年はこの期間ないしそれ以降に限定されることになる。稲荷山古墳出土の鉄剣銘の辛亥年は、これまで言われてきたように四七一年でも五三一年でもなく、五九一年である可能性がすこぶる高い。したがってワカタケル大王も、これを雄略天皇に擬することには疑問があり、またワカタケル大王の宮を斯鬼（磯城）と記している点からみても、欽明天皇と

みて差し支えないと思われる。
　すると、ワカタケル大王世に作られたとする江田船山古墳出土の有銘大刀も、欽明朝下の制作ということになる。欽明天皇の在位は五四〇年末から五七一年であり、その他の副葬品、金銅製の履や冠の年代を計る有力な手掛かりとなる。少なくとも江田船山古墳の築造年代は、これまで大刀の象嵌銘から推測してきた五世紀後半という年代からは大幅に後退することになる。したがって、江田船山古墳の年代を基準とするときには、藤ノ木古墳の年代も、もっと下がることが考えられる。

（国際シンポジウム『藤ノ木古墳の謎』より）

　これはシンポジウムのなかでの一つの発言なのだが、これにつづく議論はこのシンポジウムでこれ以上には展開していない。その会場での直接の雰囲気を私は知らないが、ここで読むかぎり、この論は冷たく無視されている。この発言者が考古学の専門家ではなく美術史が専門だったからではないのか。

①「大王＝天皇」は正しいか

「大王」ということばが古代における中央政権の最高権力者のこと、つまり『記・紀』にある「天皇」にあたる古代語であると決めてかかれるのか、このとについてもう一度検討しなおす必要があると私は思っている。
　ところで、これから検討したいのは「復加多支鹵」の読みに関する疑問点だけではない。ここでさらに確認しておきたいのは、それ以前の問題として鉄剣に彫られていた「大王」という文字が「天皇」の意味である、とする論理そのものの立論の曖昧さについてである。この疑問点が放置されたままで今後も「大王＝天皇」と展開するのであれば「古代史論」は修正作業のないまま砂上にむなしく屋上屋を重ね続けてしまうことになる。

②「大王」という用語の使われ方

『記・紀』を見ると両書とも初代の「神武天皇」以下、ずっと「天皇」という語が使われた書籍が一般には出まわっている。ただしこの「天皇」の称号は七世紀の中頃に始まったものというのが現在の見方である。ではなぜ、それより遥か昔のことであろう神武天皇以下、各時代にわたって『記・紀』では天皇号が使われているのか。それは、これらの書物が「天皇」号が制定されて以降に編纂されたものであるからである。

ちなみに、日本で「天皇」の用語が実際に成立したのは推古天皇のころ、そしてそれが定着したのが天武天皇のころであろうとされている。このことによって現在「古代史」に関する論文や、出版物などでは七世紀以前に関して天皇について述べる時は「大王」の文字が使われる場合も多くなっている。ただそうした表現では混乱するので、古代史の一般的な本などでは「天皇」という表現をそのまま使っている例も多い。その場合は注釈が付き「大王」とすべきところだが便宜上「天皇と表記する」といった形で書き進められていることもある。

ところで「大王」を使う場合、二つのパターンが考えられる。

①は「天皇」にあたる語として仮に「大王」という表現を使っておこうという立場である。外国の人物「アレキサンダー大王」などのように、とりあえず「古代の最高権力者」を意味する翻訳的な代名詞とほぼ同じ使い方である。

②は日本の古代社会で「天皇」という概念が成立する以前「大王」は、その天皇に当たる人物に対して実際に使われていたもの、とする説であり、その根底には戦前の「大和朝廷」のイメージがこっそり顔を出している。

③「大王」「王」という用語の問題点

さて、ここで「大王」という語が「天皇」を意味すると考える論の問題点を考えてみたい。

先の①の「天皇」に当たる表現を「仮に大王」としておく、という論であれば、それはそのまま成り立つことになる。「仮に」ということであるから、人によって「大公」や「大君」を使う、あるいは「古代の王権所有者は……」のように長い表現が使われてもいいわけである。

一方、②の方は、「天皇」はかつて歴史的事実として「大王と言われていた」という立場になると、そう言える根拠が明確でなければならない。

ところがその「大王」なるものが統治していた「国」、最近よく使われる「ヤマト王権」のあった「国」での「国」とはどんなものだったのかを始めとして、ともに、その論は情緒的に流れていて明確とはいえないのである。

例えば②の説での基本的な論調を紹介したい。それを「日本古典文学大系」(岩波書店)の『日本書紀』の「大鷦鷯天皇仁徳天皇」にかかわる注釈の部分で確認することにしよう。

なおこの書物は一九六七(昭和四二)年の刊行であって、稲荷山鉄剣の「ワカタケル大王=雄略天皇」の騒動がおこる以前に出版されたものであることを念頭においてお読みいただきたい。ただし、江田船山古墳出土の「銀象嵌鉄大刀」にあった「大王」を「天皇」の言い換えである、との説は既にあった。

この本では各ページの上部に、本文にかかわる語注が施されている。ここでは「仁徳天皇紀」に出てくる「大王」表現にかかわる「注」である。その部分については囲み記事の【参考】で示した(次頁)。

この注はよく読むと、いささか不徹底であることに気づく。うっかり読むと、この部分での用法「大王」が「天皇」の意味で使われた「最初の例」であると理解してしまうように書かれている。ただし、これが「天皇」をさす表現ではないことをこれを書いている論者自身がわかっているので、明確には言い切ることは避け、巧妙にぼかしながら、目を別のところにそらすようにしむけているのである。

「いずれも後漢書など中国の文献によるものであるが」とひねる。この部分もうっかり読むと「大王」という表現が天皇のことを意味するのは「後漢書など中国の文献によるもの」と思わせるように書かれているのだ。この部分は、先に見た「宋書」(69頁)の「倭の五王」あたりのことを指しているのだろう。そして「この頃から天皇が大王と称しはじめたことと考え合わせて注目しておいてよい」と文章はつづく。ここでの論展開は江田船山古墳出土の大刀の銘の「大王」を指

頭注

大王の語句、書紀ではこれが初見。以下允恭紀・雄略紀・顕宗紀・継体紀等にしばしば見える。いずれも後漢書など中国の文献によるものであるが、この頃から天皇が大王と称しはじめたことと考え合わせて注目しておいてよい。

【参考】　『日本書紀』巻十一

大鷦鷯天皇　仁徳天皇

大鷦鷯天皇は譽田天皇の第四子なり。母をば仲姫命と曰す。五百城入彦皇子の孫なり。天皇、幼くして聰明く叡智しくします。貌容美麗し。壯に及りて、仁寛慈惠まします。四十一年の春二月に、譽田天皇、崩りましぬ。時に太子菟道稚郎子、位を大鷦鷯尊に讓りまして、未だ即帝位さず。仍りて大鷦鷯尊に諮したまはく、「夫れ天下に君として、萬民を治むる者は、蓋ふこと天の如く、容ること地の如し。上、驩ぶる心有りて、百姓を使ふ。百姓、欣然びて、天下安なり。今我は弟なり。且文獻足らず。何ぞ敢へて嗣位に継ぎて、天業登らむや。**大王**は、風姿岐嶷にまします。仁孝遠く聆えて、齒且長りたまへり。天下の君と爲すに足れり」と。……大鷦鷯尊、対へて言はく、「先皇の謂ひしく、『皇位は一日も空しかるべからず』とのたまひき。故、預め明徳を選びて、**王**を立てて貳としたまへり……。我、不賢しと雖も、豈先帝の命を棄てて、輙く弟**王**の願に従はむや」とのたまふ。固く辭びたまひて承けたまはずして、各相讓りたまふ。

『日本古典文学大系・日本書紀・上』（岩波書店・昭和四十二年刊）

していたのだろう。ただし、この筆者は『日本書紀』のこの部分の「大王」の用法が「天皇」の意味ではないのが分かっているので江田船山古墳の例の「大王」は天皇のこと、という「常識（定説？）」のあることに逆に苦慮しているのである。

けっきょく、読者はこの注では、何のことかはっきりわからない。この表現によれば、いつの間にか議論を避けて「天皇＝大王」の図式が自明のことであるかのようにすり替わってしまっているのである。

この上部の注の作成者はさらに詳しく理解するための用意として、巻末にある「補注」を参照せよ、としている。そこで指示された巻末の「補注」を見ると、そこには「天皇号」の解説がある。「天皇」という言葉がいつ頃から使われたのか、ということについて詳細な解説である。

その説明のなかに「江田船山古墳の鉄剣銘の大王」について言い及んでいて「鉄剣銘の大王」というのは「ミズハワケ大王」で、これは「反正天皇」にあたり、古代「天皇」の称号は「大王」であったことがその銘によってわかる、といった趣旨の解説になっている。これでは「Aとは何か、Bで分かるよ」、とあるのでBの説明の方に行くと、「Bとは何か、それはAでわかるよ」と、論理の循環によって素人を煙に巻いている様子が分かる。

ワカタケル大王は雄略天皇なのか

ところで「大王」が「天皇」の古い言い方であることを全面に出した手に入りやすい本によってこの「大王」使用現行一般説について分析してみたい。

鉄剣銘の解釈では、辛亥年がいつで、ワカタケル大王とは誰か、ということがまず問題となったが、現在では、前者は四七一年、後者は雄略天皇とするのが定説となっている。

稲荷山古墳は、近年では五世紀後半の築造とみる見解が有力になっている。辛亥という干支は六十年に一度ずつ巡ってくるが、古墳の築造年代を目安にすると、四七一年が最有力ということになる。

一方、ワカタケル大王は、「大王」が倭王、すなわち列島の支配者であるとすれば、『書紀』に大泊瀬幼武（『古事記』では大長谷若建）と名前を伝える雄略天皇をおいてほかに該当者はいない。この雄略天皇は、先に述べたように、倭王武と同一人物と考えられるが、武が宋に朝貢したのは四七八年のことであるので、雄略の治世はこの前後ということになる。辛亥年を四七一年とする見方と矛盾しない。

稲荷山古墳鉄剣銘の解釈に重要な材料を提供してくれるのが、熊本県菊水町（現和水町）の江田船山古墳の大刀銘である。この銘文の冒頭部分は、かつて「治天下𤟱□□歯大王」（𤟱宮に天の下治めす弥都歯の大王）と読まれて、反正天皇（『書紀』に「多遅比瑞歯別天皇」とある）にあてられていた。ところが、鉄剣銘発見後に改めて両者を比較した結果、「𤟱」は「獲」、「歯」は「鹵」によく似ており、船山大刀銘は「治天下獲□□鹵大王」と修正され、これもワカタケル大王と考えられるようになったのである。

江田船山古墳の大刀銘には、作刀の年は記されていないが、ワカタケル大王に典曹人（「杖刀人」が武官なのに対して文官の意味）として「奉事」したムリテ（无利弖）がこの刀を作った、という意味の銘文が刻まれている。鉄剣銘のワカタケル大王に関しては、これを東国の「大王」とみる意見もあったが、江田船山古墳の大刀銘を参考にすれば、そのような説は成り立ちえないことになる。オワケ臣とムリテが仕えていたのが、ともに同じワカタケル大王であったとすれば、ワカタケル大王は畿内の大王以外には考えがたいからである。

（日本の歴史03『大王から天皇へ』熊谷公男著、講談社学術文庫「治天下大王」―ワカタケル大王、より引用）

（傍点は引用者による）

これをお読みになって読者諸氏はどうお思いだろう。私の率直な感想を述べることにしたい。まず気になるのはこの文章は全く説得力を持っていないということである。それというのも先に決めておいた前提としての「定義」に向けて「一見それらしくこじつけた論」に過ぎない、ということだからである。

もう少し具体的に述べれば、本のタイトル『大王から天皇へ』にあたる「大王」の用法を強引に承知させようという意図に他ならない。「辛亥年・ワカタケル大王」が「現在では、前者は四七一年、後者は雄略天皇とするのが定説となっている」という。

まずこの「定説」が本当に「定説」なのか、基本の「雄略天皇」そのものが「実在」という定説があるかどうか。それを含めて、「雄略天皇」が「大王」だとする、つまり「大王」が「天皇」となる前の言い方だという「定説」を含めて何度も首をかしげてしまう。これらは学者たちの「一つの説」の例としての「大王説」と見る方が正しいのではないだろうか。そしてこれは「一説として……」のような書き方が正しいのではないだろうか。

④『万葉集』における「おほきみ」

日本最古の歌集である『万葉集』で「天皇」はどのように表現されているかを確認してみたい。

まず『万葉集』の「歌」にはその歌の始めのところに「詞書（ことばがき）」というのがあって、例えば冒頭第一番の歌には、「泊瀬朝倉宮御宇天皇代［大泊瀬稚武天皇］／天皇御製歌」とある。この「詞書」は泊瀬朝倉の地に宮のあった時代をお治めになった天皇・大泊瀬稚武天皇御製の歌、ということを示している。ただし、この表現があるからといって「大泊瀬稚武」が当時「天皇」文字の称号で呼ばれていたということの証拠になるものではない。「天皇号」そのものがこの人物の時代より後世の「形成語」であるからである。かつ、歌そのものも伝承的である。

読み下された「うた」のおおもとの表現は「万葉仮名」で書かれており、ここでは当時の人が「ことば」をどのように発音していたかを知る上で大いに参考になる。つまり後世、漢字で「天皇」と表記したものが「語りことば（万葉仮名）」ではどう対応するかが重要である。ただ一般の『万葉集』読者の目にしている歌は漢字仮名交じりの古語表現に書きかえられて示されている。

意味として「天皇」を指していると思われる万葉仮名表記は「大王」が多く、「天皇・多公・王・須賣呂伎・皇・大皇・皇祖・公・於富吉美・於保伎美・於保吉民・憶保枳美・於保支見・意富伎美・意保枳美」などの例が見られ、これらを「すめろき」または「おほきみ」の読みにしたうえで一般読者はどれも共通した「天皇」の漢字が当てられたかたちで「うた」を読んでいることになる。

また、「八隅知之　吾大王　高照　日之皇子（やすみしわがおほきみ高照らす日の皇子）・巻一・四五」のように万葉仮名は「吾大王」と書かれ、「わがおおきみ」と読んでいながらこの歌では「天皇」の意味ではなく「皇子」のことを指している例である。あるいは「額田王」のような定着した読み方での「王＝おおきみ」の例もある。これは女性の名としてよく知られている。

これによって『万葉集』の時代では「おほきみ」という言葉はあったものの漢字の使い方は「大王」「王」以下さまざま

で、またとりわけ「おおきみ」が必ずしも「天皇」だけに使われた表現でもなかったことがわかる。ただ使われている頻度からいうとたしかに「大王」の文字がイコール後の「天皇」である例は多い。『万葉集』編纂の頃、比較的な形でいえば「大王」表記を「おおきみ」と読ませている場合のイメージは「天皇」に近かったかもしれない。ただ、だからといって、このことを以て、「天皇」称号の制定される以前その権力者に対して「大王」という固定した表記があった、などというわけにはいかない。

ところで、先にも引用している『古代史を解く「鍵」』という本に「大王」についてこんな対談が収録されている。

門脇　王と大王というふうな呼び方の使い分けを検討した説はあまりないんじゃないでしょうか。実際のところ、金石文に○○大王と出てくるから、ヤマト朝廷の王は大王といっているわけです。……。その反面、ヤマト朝廷でも、○○王と呼ばれた人はたくさんいるわけだし、地方にも、○○王と表現された人はいっぱい出てきますからね。そういう点で、地方の王で大王と呼ばれた確実な例がないから、いまのところ、大王と王との違いは自明だと考えられているわけだけれども。

森　万葉集ではよく柿本人麻呂あたりが、その当時の天皇以外の人のことでも「わがオオキミ」といっていますね。

……

森　それはともかくとして、古墳時代の研究者などの頭には、大王というのは、日本列島では、その当時、ヤマトに代表される政権に一人しかいないという思い込みがあって、その思い込みが、古墳の広がりなどを理解する場合の前提になって考えている。だから、古墳のあり方から逆に考えるのでなくて、そういう先入観があって、それにとらわれすぎているように思うときがあります。

門脇　自分の調べたものとしては、万葉集でいうと、「大王」の用例はもっぱら和歌もしくは寺院縁起に限られるようになる。大君と書いた例も少なくないし、また同一の作者が使い分けていた例も多い。それらは、神亀年間の後期以降の時期にめだつ。「大王」の用例ではそういう特徴があるということです。それが、金石文とか、いろいろな銘文の用例とどこまでつながるか。そこが問題ですね。……

鉄剣の年代

森　あの古墳は副葬品その他が豊富ですから、わりあい年代の出しやすい古墳で、銘文が知られるまではほとんどの古墳研究者は、六世紀の前半という年代を当てていた。ところが、あの鉄剣で「辛亥年」を文献学の先生方が四七一年と当てられてからは、考古学者のなかには、急に五世紀末説がパラパラッと出てきたんですよ。ぼくは、ちょっとそれはだらしないのではないかと思う（笑）。……仮に、あの剣が本当に五世紀後半の辛亥年に当たるとしても、すぐ墓に入れたかどうかわかりませんから、考古学から出る年代をきちんと主張すべきだと思うのです。ぼくはもう六十年下げて六三一年（五三一？）のころも含められると思う。

門脇　ぼくもその説ですよ。

森　あの古墳には二つの埋葬施設があって……鉄剣のあったほうは……少なくともメインになるものではない。馬具などからみた古墳の年代は、六世紀の前半でもよい。四十年までは下がらないでしょうけれども、辛亥年を六世紀に下げることができると思う。…………

門脇　それを聞いて安心しました。私も何かに書いたけれども、稲荷山古墳鉄剣銘が出たときに、それまでの考古学者による稲荷山古墳じたいの解説書をいろいろ読んだら、おっしゃるとおり、六世紀前半とか、中には中葉に近いという説もにおわせた人もいるのです。……私も、辛亥年をもう一巡下げて、六世紀の初めにしてもおかしくないと思っていましたが、それは別にしても、古墳の年代観を聞いて安心しました。この対談の最後では、考古学への不満、考古学から歴史学への不満をいうということなので、この際、これを例の一つに出していただければうれしいです。

こうした見方があることも忘れてはならないだろう。

B　「定説」検討2――鉄剣銘の主人公は「雄略天皇」のこと?

「大王」についての「定説」について疑問点を確認してきたが、この件とセットになっていたのが「大王」は「雄略天皇」である、という「定説」である。ここではこのことについて確認してみたい。

①古代史専門家内の説の揺れ

定説化への疑義　いわゆる古代史の重鎮が申し合わせたように稲荷山鉄剣の銘を根拠に東国が「ヤマト朝廷」の支配のもとにあった、という見解を作り上げていく中で、当然のようにそうした決めつけが拙速ではないのかと疑問を呈する動きも存在していた。同じ日本古代史の文献学者の中にも、あるいは考古学を専門としつつ、古代史に関しても多くの意見を発している学者も中にはいる。

たとえば古代史への古代史家そのものの危惧論、ここに見るような固定してしまっている「常識」を早く修正すべきであると指摘する論が出はじめているのも事実である。その例をいくつか示してみよう。

『古墳時代像を見なおす』(二〇〇〇年、青木書店)という本がある。これは北條芳隆・溝口孝司・村上恭通の三氏による共著である。この本の執筆された当時の三氏はそれぞれ順に徳島大学埋蔵文化財調査室・九州大学大学院比較社会文化研究室・愛媛大学法文学部人文学科の勤務であった。この本の「序」において「著者共識」として「現在の考古学会をとりまく状況を……」という形で語り出している中につぎのような表現がある。

現代社会は経済的側面でのグローバリズムが急速に進展し、国家の枠組みの比重は急速に退潮している。公的式典における日の丸掲揚問題や君が代斉唱問題は、こうした変化に対する反作用として理解すべき現象であり、現代社会の構造的変化を象徴するものであろう。日本国家のアイデンティティが揺らぎつつあるとの危機感がこうした動きの背景にあることは間違いない。歴史教育問題についても、このような危機感は色濃く反映されており、古代史像にかんしては記紀神話の復活が強く説かれるまでにいたっている。……

……第2次世界大戦以前の国家形成論と本質的にはどこが違うのか不明な部分が多く、神武天皇を畿内地域なる用語に置き換えただけではないかとの疑念を強くいだかざるをえない。

ここにある「神武天皇を畿内地域なる用語に置き換えただけではないかとの疑念を強くいだかざるをえない」というのはどういうことを意味しているのだろう。

このことの答えに当たるのがこの本の本文中に見られる。それは北條芳隆氏による「前方後円墳と倭王権」――「大和主導説の再検討」である。

前方後円墳の成立過程を論じる際にこれまで支配的であった考えかたは、大和地域の優位性を前提とし、その主導のもとに前方後円墳は誕生したとの図式をあてはめることであった。……（このような代表的な説についての要点をまとめている、この部分省略）……以上のように概観してみると、大和や畿内勢力の主導性を前提として議論を展開することと自体を問い直すことが、じつは最大の懸案であることに気がつく。

これは地方の歴史的事実の状況をはっきり確認している人の概嘆であろうと私は思う。

あるいは『古墳時代の政治と社会』（土生田純之著、二〇〇六年、吉川弘文館）で著者は『「畿内中心観」の克服』の中見出しをもうけて、関東や東北の古墳の実態が知られていない例を挙げた後、つぎのように述べている。

このような事例を前にするとき、考古学界に蔓延する単純な事実・事例主義はもはや考え直す時期にきているとの思いを禁じえない。畿内との関係において日本列島各地の古墳文化が展開し、古墳自体の変化も畿内中心に起こったことは事実であろう。しかし、畿内との関係が絶えたり疎遠になったとき、畿内的墓制を営む必然性はいかほどのものがあったのだろうか。今後研究者はすべての面における畿内中心主義、というよりも畿内に対する敗北主義を捨てなければならない。畿内の役割をことさら矮小化するような議論には与しないが、その逆にも大いに疑問を感じている。上述の論考が旧来のステレオタイプな古墳時代観を見直すための一里塚になることを願ってひとまず本章を閉じることにしたい。

この後に註釈的に『古墳時代像を見なおす』という先の本の論文を上げて、画期的な文献であると高く評価しつつ、まだ従来の畿内中心史観から完全に抜けきっていない、として「畿内とほとんど無縁で独自の社会構造を維持していた地方の存在をも視座に入れた研究が望まれる」とつけ加えている。

②揺れる「古墳時代」の実態と箸墓古墳

古墳時代　弥生時代が発展的に解消の後、歴史時代に至るまでの時代。3C末ないし4C初めから7Cまで継続。4C代の前期、5C代の中期、6C以降の後期の3期に区分される。……

（『角川歴史事典』第二版一九版、一九八二年発行より）

つぎに「箸墓古墳」のことについて確認しておきたい。

箸墓古墳　（前半の説明省略）……奈良盆地では、最古式に属する古墳の一つで、4世紀前半ごろの築造と考えられる。宮内庁により倭迹々日百襲姫命陵に比定されている。

（『日本古墳大辞典』四版、一九九五年、東京堂出版より）

これは事典で確認できる一般的な内容である。こうした説明を「修正」するような見解が「纏向遺跡」の周辺を語る際見られるようになってきている。

箸墓古墳

箸墓古墳出現の意味　古墳の出現の年代に関する研究では、出現期古墳に大量に含まれている三角縁神獣鏡の年代研究が最近著しく進んできました。残念ながら箸墓の銅鏡はわかりませんが、箸墓が出現期古墳の中でももっとも古い段階のものということは、埴輪の様式からも、前方後円墳の形態そのものからもいえます。結論的にいうと、三世紀半ば過ぎにさかのぼる可能性が極めて高いと考えています。中頃と考える人もおられますが、私は半ば過ぎだと思います。三世紀の半ば過ぎ。……（中略）……古墳がヤマト政権の政治秩序と密接な関係をもって造営されたとする戦後の考古学研究の成果は正しいと思われます。

（『前方後円墳の出現と日本国家の起源』白石太一郎、KADOKAWA、二〇一六年より一部引用）

③前方後円墳の出現と終末の意味するもの

さて、今右に三つの資料を並列して示した。これらの説明によれば古墳時代の始まりをどこに置くかということが微妙に違っている。初めの二点「三C末ないし四C初め」「四世紀前半ごろ」三点目は「三世紀半ば過ぎにさかのぼる」とある。

とりわけこの三点目の引用で気にかかることがある。「古墳がヤマト政権の政治秩序と密接な関係をもって造営されたとする戦後の考古学研究の成果は正しいと思われます」という表現である。「ヤマト政権」とは？　ということ、そして「古墳」がその政権の「政治秩序と密接な関係をもって造営された」とあること。ただこれらは「古墳時代」をとおして常にそうなのかどうか、等々の点である。

まず、時代区分としての「古墳時代」ということが「揺れている」そういう発想を強く持つに至った理由を、ここに述べてみたい。

④箸墓は卑弥呼の墓か

先に『関東古墳散歩』を著した私ども著者二人は、前著の延長として「みちのくの古墳」を調べはじめた。できれば本としてまとめることを前提にして。しかし当初、東北にも古墳があることが確認されたと、言われてはいたもののつぎの点に関して必ずしも、明確な見通しは持ててはいなかった。

つまり「みちのくの古墳」と、テーマを設定して本にまでまとめられるほど北国に古墳文化などあるのか。そんな心配はたしかにあった。

ところが、取材を進めるにしたがって、みちのくの各地に、思いがけない数で古墳は存在していた。そして次第にその取材を進めるごとに興奮度は高まっていったのである。

当初、東北地方六県の範囲での取材だった。でもこの中に新潟県も加えるのが自然だ、と思うようになり、取材の範囲は新潟にまで及ぶことになった。その頃から私どもはさらに新しいことに気づき始めた。

まずその一つは新潟県にも少なくとも四世紀代築造の初期古墳が存在し、その出土品などから、この地では直接的に大陸文化を取り入れていたであろうという姿が見えてきたこと。

会津坂下地区で越後方面への街道の分岐点に気多神社を見た。この越後街道は、ほぼ阿賀野川に沿っている。気多神社は主に「越」の地に分布する古代からの神社である。つまりこの街道と会津地域の初期古墳の存在とは無関係ではないだろう、そう思えたのである。阿賀野川は会津地区で只見川とも合流しており、この只見川の沿岸も上流部へ行くほどに北関東と、あるいは新潟の魚沼地区とを結ぶ古代物流の道筋であった。

また、会津の喜多方地区は大峠によって、やはり初期古墳の見られる山形県の米沢盆地ともつながっいた。この道、東北地方に特徴的な縄文時代の大木式土器や新潟県と関係の深い火炎土器などの交流に密接にかかわっていたはずである。

（『千曲川古墳散歩――古墳文化の伝播をたどる』三橋浩・相原精次共著、二〇一四年、彩流社）

越地方と会津との交流は古墳時代のことに限らず、縄文時代・弥生時代以来、波状的に見られた現象であり、大陸との交流とともに、国内各地、つまり出雲地域、そして越前・越中など、あるいは九州地域、加えて瀬戸内、近畿等々、諸地域との複雑な交流があったことを思わないではいられなかった。そして、その流れは脊梁の山脈を越えて「みちのく」や「北関東」へも流れ込んでいた様子を示していたというわけである。こうしたものの見方は、心の奥底に戦前が巣くい「大和朝廷」の発想に縛られている間、見えてこない世界なのかもしれない。

そしてこれは、なにも「みちのくの古墳」だけの問題というのではなかった。日本全国に分布している「古墳」についてもほぼ同様なことが言える。

縄文時代ほどまでではないが、ほんの少し前までの一般的古墳概念はせまく、「古墳は関西、一部北九州にもあるのかな」といった程度の発想であった。そして全国規模で存在する古墳の実態に気づくと、「古墳時代とは？」「古墳って何なの？」等々、概念は様々となり、これをその実態の語りだしている事実の論理を作る必要が生まれた。その論理づくりの折りに、発想の中に戦前の「大和朝廷」という概念を根底に抱えていた場合どうなるのか。

ここに『記・紀』見られる「箸墓」伝承と、その記紀内容とは本来相容れないはずの中国文献の『三国志・魏書・東夷伝』「倭人」条の記載を絡めて「古墳」や「古墳文化」を語るとどういうことになるのか、そんなパターンの典型とも思える説に出会った。

この立論は奈良県纏向の地にある「箸墓」と『三国志・魏・東夷伝』「倭人」条にある「卑弥呼」とからめるという発想の中に生まれた論である。この立論に対して、私はまず『三国志・魏・東夷伝』の「倭人」条の記事と「箸墓」を同一線上で並べることに違和感を覚えた。違和感には相似形の古墳が各地に「支配」または「同盟」の証として造られたといった論理があること。そしてかつ「原初のもの」が「最大である」ということを含めて私には不自然に思える。さらに不自然さの最大の理由は「卑弥呼」の時代と、「古墳の発生」という年代が合わないという点である。

その違和感を当然右引用の筆者も承知なので古墳時代の始まりについて約半世紀ほど早まるとして「邪馬台国の時代にすぐ続く時期に営まれたらしいことはほぼ確実と考える研究者が多くなってきています」という論立てによってそれを解消しようとしているのである。

どうして古墳時代が早まることになったのか。私は十分な議論を経て「学界の趨勢」ということであれば、これまで研究が停滞し、遅れてしまったことの取り返しともなり、その結果、古代学自体の回復現象ということであり、学問の進歩であると喜びたいのだが。「邪馬台国」「女王卑弥呼」などという古代史の世界でまだ決着も見ていない言葉を多用しながら、逆にここでの論にはふさわしくない言葉を多用し、「便法」「一時しのぎ・こじつけ」する、そんな感じさえみえてしまう強弁さなのである。

この遺跡では「何百回にもわたる発掘調査を繰り返し……」という言い方がある。調査が深まり史跡が明確になること自体はめでたいことながら、一地域にこれだけ調査が持続的に集中する例はあまり聞かない。他の地域でも同じ頻度の発掘が繰り返されたらそれなりの結果が得られる、そんな地域は他にもあるのではないか。

「初期古墳」都道府県別 記載件数 『日本古墳大辞典』東京堂出版〔第4版・平成7年・(1995)〕をもとに作製									
都道府県名	記載総数	初期古墳件数	地域別件数		都道府県名	記載総数	初期古墳件数	地域別件数	
01 北海道	0	0			25 滋賀県	92	18	近畿	121
02 青森県	3	0	東北	8	26 京都府	66	9		
03 岩手県	13	0			27 大阪府	229	40		
04 宮城県	59	3			28 兵庫県	84	19		
05 秋田県	2	0			29 奈良県	204	31		
06 山形県	33	2			30 和歌山県	17	2		
07 福島県	45	3			31 鳥取県	43	7	北陸	34
08 茨城県	118	7	関東	80	32 島根県	64	8		
09 栃木県	89	9			33 岡山県	65	9		
10 群馬県	156	23			34 広島県	51	8		
11 埼玉県	96	7			35 山口県	31	2		
12 千葉県	103	6			36 徳島県	24	7	四国	24
13 東京都	29	1			37 香川県	57	11		
14 神奈川県	24	7			38 愛媛県	26	6		
15 新潟県	16	2	北陸	18	39 高知県	7	0		
16 富山県	11	1			40 福岡県	130	18	九州	38
17 石川県	38	3			41 佐賀県	43	8		
18 福井県	52	12			42 長崎県	7	0		
19 山梨県	32	5	中央	24	43 熊本県	71	6		
20 長野県	53	5			44 大分県	36	4		
21 岐阜県	60	14			45 宮崎県	26	2		
22 静岡県	62	11	東海	27	46 鹿児島県	8	0		
23 愛知県	49	4			47 沖縄県	0	0		
24 三重県	83	12			－				

【凡例】

1．上記の数字は見出しが「○○古墳群」でも1件としている。なお「群」中に　個体名があった場合、その名の古墳として再度カウントされている場合もある。

2．ここに言う「初期古墳」とは、築造年が①4世紀、②4～5世紀、③初期、④早期、⑤弥生時代から連続した遺跡内の「墳墓」などを抽出し、カウントした。

※この『大辞典』出版後に「古墳時代の始まり」が「3世紀中頃以降」に変わっている。

「箸墓」後円部墳頂部から見つかった円筒埴輪・特殊埴輪の型式が古いものである、周辺に弥生時代にさかのぼりそうな前駆的な墳丘墓ないし古墳が次々確認された、近くに大宮殿らしい建物遺構が発見された、……等々が論拠となっているが、これらが必ずしも箸墓そのものの古さを証明する理由にまではなっていないのではないか。

私はそうしたことだけではなく、箸墓について『日本古墳大辞典』に「最古式に属する古墳で、4世紀前半ごろの築造」と説明されている事実を見ている。そしてその事典（『日本古墳大辞典』4版、一九九五年）で克明に調べたところ、古墳で初期古墳とされる他の古墳の説明では「4世紀中葉から後半頃」、「4世紀後半に築成され、古墳時代前期前半に相当する4世紀前後の所産、三角縁神獣鏡はほかに4面の同笵鏡が知られ4世紀代後半に位置づけられ、刳り抜き式石棺を有する前期古墳で、四世紀末～五世紀前半の年代が推定され……」などという表現が一般であるという事実がある。

つまりこの事典の編集時には「初期古墳は四世紀の築造」というのが「定説」だったわけで、前頁の表に見るとおり「初期古墳」は日本列島の各地にある。こうした古墳の中にはおそらく「四世紀」をそのままにしておいていいものと、実際は「三世紀代の築造」と発掘者は言いたかった古墳もかなりあった可能性はあるだろう。

初期古墳の問題を『古墳とヤマト政権』（白石太一著、文春新書）の中でもう少し詳しく確認してみたい。この本自体が学術書ではなく、一般向けだからなのか、都合のいい部分だけ「三世紀の中頃」などと表現して、「古墳時代初期」を古い時代の方に延ばしてしまっている、という印象が強い。相手が学者ではなく一般人を対象にしたものであるならば、ほんの少し前までの「古墳時代」という概念で語られていた「初期古墳であって四世紀」という問題について放置して進めていていいのだろうか。

また地方の古墳は中央文化が地方へ及んだことを示す、という趣旨の表現もあって「ヤマト王権」が古墳文化の発祥地であるかのような前提のもとで議論が進められていく。それがこの本の主題でもあるが、それでいいのか私には疑問に思える。この問題点をさらに確認してみたい。

三世紀から七世紀までの日本列島は、特定の人物のために異常なまでに大規模な墳丘をもつ古墳が、それも数多く造営された、古代東アジア世界の中でもきわめて特異な地域であった。こうした度をこえた厚葬の背景には、古代の倭人たちの間にそれを生み出す独自の来世観や世界観があったことはいうまでもないと思われる。しかしそうした思想的・宗教的背景だけでは、こうした異常なまでの古墳の規模と数を説明するのは困難である。そうした背景とともに、一般にヤマト政権と呼ばれる、近畿中央部の勢力を中心に日本列島各地の政治勢力の間に形成されていた、特異な政治連合の政治秩序とも関わりがあることは疑いない。（11頁）―A

（途中省略）

箸墓は卑弥呼の墓か

古墳出現の背後にある広域の政治連合の成立の契機は、まさに鉄資源や先進的文物の入手ルートの支配権をめぐる争いにあったものと考えられる。さらにその時期は、中国鏡の分布の中心が移動する三世紀初頭前後に求めてよいものと思われる。とすれば、こうした契機で成立した広域の政治連合は、まさに『魏志』倭人伝にみられる邪馬台国を中心とする邪馬台国連合そのものに他ならないことになる。（59頁）―B

（途中省略）

古墳出現の前提となる広域の政治連合の成立が、三世紀初頭の邪馬台国連合の成立に他ならないとすると、古墳の成立自体は広域の政治連合の成立より半世紀ほど後の出来事ということになる。また、広域の政治連合の盟主のものと想定される最大規模の古墳が畿内の大和にみられるという、出現期古墳の分布のあり方は、その後の四世紀から六世紀まで続く前方後円墳の分布とまったく共通する。このことからも、出現期古墳を生み出した政治秩序は、その後のヤマト政権の政治秩序そのものにほかならないと考えられるのである。

一方、古墳の出現年代が三世紀中葉すぎまで遡るものとすると、卑弥呼の墓が古墳である可能性も充分考えられる。卑弥呼が亡くなったのは、『魏志』倭人伝の記載によると二四七年かその直後とみられる。ただこの段階では、例えば箸墓古墳のような巨大な前方後円墳の造営の経験はまったくなく、また大規模な労働力の動員の態勢も整備されていたとは考えがたい。したがって箸墓クラスの大規模な古墳の造営には一〇年程度、あるいはそれ以上の年月を要したことは容易に想像される。この点からも、箸墓古墳が卑弥呼の墓である蓋然性は決して少なくないものと思われる。（61頁）―C

（『古墳とヤマト政権』白石太一著、文春新書、一〇一九年）

（傍点は引用者による）

この文章の中には恣意的な発想が多々見られるように思う。

まず右の引用をグループ分けして、当該者書籍の11ページの部分をA、59ページの部分をB、61ページの部分をC、として検討してみたい。

Aの部分であるが「古代の倭人たち」という表現がある。これは前後の表現から「ヤマト政権」の人たちのことと判断されるが、これは「東夷伝」での「倭人」のことでいいのか、また「一般にヤマト王権と呼ばれる」とある「一般に呼ばれるヤマト王権」とはいつの時代のどこにあった王権なのか不明である。そしてその「三世紀の邪馬台国連合」とは「一般にヤマト政権と呼ばれる、近畿中央部の勢力を中心に日本列島各地の政治勢力の間に形成されていた、特異な政治連合」と書かれているのと同一と見ていいのか。また「近畿中央部の勢力を中心に日本列島各地の政治勢力の間に形成されていた、特異な政治連合の政治秩序とも関わりがある」とある政治連合とは何なのか。全国に多くある古墳の存在が「特異な政治連合」と関係があるかのように述べて、そのことを「疑いない」としているが、本当に疑いないのか。

Bの部分、先のAともかかわって「古墳出現の背後にある広域の政治連合の成立の契機」が「中国鏡の分布の中心が移動する三世紀初頭前後」とすると「広域の政治連合は、まさに『魏志』倭人伝にみられる邪馬台国を中心とする邪馬台国連合そのものに他ならないことになる」、この論理の構成は「仮定・仮説」の上に「仮定の論」を重ね、その上で「広域の政治連合は邪馬台国連合そのものに他ならない」と断言している。これは「そうありたい」期待値のために、都合のいいものを並べて「他ならない」言っているだけのことではないのか。

Cの部分、「古墳出現の前提となる広域の政治連合の成立が、三世紀初頭の邪馬台国連合の成立に他ならないとする。。。。と」という都合のいい前提のもとに「古墳の成立自体は広域の政治連合の成立より半世紀ほど後の出来事ということになる」という論理、先にも同様なパターンがあったが「……であるとすると、……ということになる」というご都合の論理の上に「古墳の出現年代が三世紀中葉すぎまで遡るものとすると」というさらに仮定的な言い方で前提を儲け、そのもとで古墳の出現期をくりあげる理由として「この点からも、箸墓古墳が卑弥呼の墓である蓋然性は決して少なくないものと思われる」という都合のいい結論が導かれている。

私は、ここで、ある個人の揚げ足取りをしているつもりはない。

たとえば七〜八世紀の転換期頃、畿内の「ヤマト」に「大倭・大和・日本」などの言い方が始まったことが『続日本紀』で確認できる、このことと先ほどのAの部分にあった「古代の倭人たち」の表現の「倭人」との齟齬、あるいは畿内の政治勢力が中央集権的に各地に影響を与えられるようになったのは、律令制の浸透と大きくかかわると一般には理解されていると思うが、そのことと、ここにある「三世紀初頭前後の広域の政治連合」には東北の古墳を含めて、という表現も引用部以外に見られた。三世紀初頭頃、東北をも含めた「邪馬台国連合の成立」とは、どのように確認できるのか、という疑問。

「初期古墳の総数、及び県別の度数」を示した別表（272頁）を見つつ、全国にこれほど多くの「前期古墳」があるが、「箸墓古墳」という一個体は他の前期の前方後円墳と実際に同列、ないしはその原形なのか。

場合によると箸墓古墳の築造期についても絶対とまでいかない可能性もある中で「古墳時代」という時代名について、そしてその時代区分について、いとも簡単に、いつの間にか時代が早まったかのように述べ、これが定説かのように変更されてしまっていることに関して、この本を読んでいてその点への納得のいく言及が全く見えてこないうらみがある、ということを述べたかったのである。

⑤やっぱり「前方後円墳」は日本生まれ？

前方後円墳という墳形は本当に日本で独自に作られたものなのだろうか。確かに日本の各地にみる前方後円墳は形も美しく、そして巨大なものも多い。そういう意味でこの墳形を日本独特のもの、と見る見方はある意味において間違ってはいないのだろう。ただそれを発生までオリジナルと言ってしまうなかに、大きな問題点があるように思う。かつ「箸墓古墳」を三世紀半ば頃の築造、との「予見」と「正当化」に対する私の意見は、先に述べた。

前方後円墳の発生から成長期への変遷の検証がほとんどなされないまま忽然と、完成形のかつ美しい古墳を目の前に置いて「最も古い」と言ってはばからない。そして前方後円墳が日本のオリジナルとする発想は、思いがけず頑固なのである。

前方後円墳の発生が日本以外にあり得るという指摘は、戦後になって一九七二（昭和四七）年の韓国中西部の忠清南道扶余郡南面松鶴里に前方後円墳あり、とする見解が出され、その後一九八三（昭和五八）年に朝鮮半島東南部の慶尚南道の松鶴洞古墳が前方後円墳であることがわかり、そしてさらにその後、海南郡方山里の長鼓山古墳、龍頭里古墳なども前方後円墳であることがわかった。果たしてこれらが日本列島上の古墳とどう関わるのだろう。

また中国との国境に近い北朝鮮の鴨緑江中流沿岸の松岩里、雲坪里でも一九九〇年に積石塚の前方後円形の墳墓が一〇基ほど見つかっており、これは出土品から紀元前二世紀から紀元前後のものとされた。その後も同様の確認がつづき、朝鮮半島南部の栄山江流域を中心に一三基もの前方後円墳が発掘されている。そして日本放送出版協会発行の『〈考古学紀行〉騎馬民族の道はるか　高句麗古墳がいま語るもの』が朝鮮半島における「前方後円墳」のことを述べている。

あるいは『東アジアと日本の考古学Ⅰ墓制①』所収の「栄山江流域の古墳」（朴天秀著）によると、前方後円墳形の墳丘は、日本における弥生時代期に編年される甕棺を埋葬する周溝墓とかかわりの深い地域での発見であり、それらは少なくとも日本の古墳時代の初期に編年される可能性も指摘されている。これらを含めてまだ十分な議論はされ尽くしていないのではないか。

ところで今引用した『東アジアと日本の考古学Ⅰ墓制①』は、近年の中・韓・日のめざましい考古学研究の進展を、「東アジア世界」という視点に立つことによって、さらに深め合うことを目的にして三ヵ国の学者がそれぞれの立場で現状について述べる論文を寄せ合って、二〇〇一年に編まれた本である。

ただ、この本の「あとがき」にあたる「総括」を日本の学者が書いているのだが、ここに収録された朝鮮半島における前方後円墳に関する論文について「古代の中国や日本のように、陵園を形成する墓が精神的・政治的な権威の象徴として機能していたか否かは大きな問題であり、日本の古墳時代の論理はそこに存在する。したがって、この地域の埋葬地を前方後円墳とか、方形周溝墓と呼称する場合にはそれなりの手続きが必要であろう。今後は、韓国における概念規定がすすめられ、その上での比較研究が期待される」との意見を述べている。

私はこの文章にいささか違和感を覚える。韓国の古墳文化について中国や日本に場合と同様に「陵園を形成する墓が精神的・政治的な権威の象徴として機能していたか否かは大きな問題であり、」と述べ、一方で「日本の古墳時代の論理はそこに存在する」と表現している部分だが、その断定的な認識には疑問がある。また、日本国内には『記・紀』に語られている内容だけでは語り尽くせないほどの「古墳」があるのだが、これを「前方後円墳」に限定してみても決して畿内だけではなく、日本中にほぼ満遍なく存在しているのである。

そして「前方後円墳とか、方形周溝墓と呼称する場合にはそれなりの手続きが必要」という表現であるが、この意味はどうも日本で使われている学問用語を軽々に他国の学者が利用するな、という意味のようにとれる。

一方、この本の編まれた趣旨は、とかく意思疎通を欠いてきた考古学における東アジアの視点を、改めて「ここから議論を始めましょう」という提案から始まっているのだが、この「あとがき」はこの論文集編集意図から遠ざかってしまっているのを感じるのである。

私はほとんど右と同様の感想を抱いた出版物にもうひとつ出合あっている。それは、財団法人朝鮮奨学会の創立一〇〇周年を迎える記念として二〇〇〇年に催されたシンポジウムの様子を伝える本である。こちらが本になったのはシンポジウムのおこなわれた二年後、二〇〇二年であって「『古代朝鮮の考古と歴史』（雄山閣刊）」がそれである。

このシンポジウムは朝鮮人民民主主義共和国・大韓民国・日本の三つの国からそれぞれ考古学の専門家が出席して、講演・討論という形式で行われたものである。その会場の舞台上には大きく横断幕で、この催しのテーマとしてつぎのようなことが掲げられている。

朝鮮奨学会創立100周年記念「古代史シンポジウム」
――いまよみがえる、東アジアの新発見――

この会の最初の講演者は石光濬（朝鮮人民民主主義共和国）で、その講演で語られた内容は「雲坪里4地区6号墳」のこと、そして「鴨緑江中流域に前方後円積石塚、前方後方墳形、四隅突出形墳墓も見つかっている。四隅突出形墳墓などは日本の山陰地方、出雲国との関係を示唆している。また高松塚壁画古墳、キトラ古墳などの四神図、天文図は高句麗の真坡里一号墳、徳花里二号墳、水山里壁画古墳などと類似している」と結んでいる。

当然、これは「古墳文化」を考える上で重要な内容であり、なかなか実現しない朝鮮人民民主主義共和国・大韓民国・日本の考古学の専門家がそろって出席しているという、まさに記念的な講演会であった。にもかかわらず、「討論」の段になって司会者は最初の報告者石光濬氏の論の要旨を①～⑥の内容に要約し、その上で①②④について質問します、という形でディスカッションを始めたのである。

ところで、司会者自身によって要約されてはいるものの、議論対象にならなかった⑥番目とは「鴨緑江中流域の前方後円積石塚、前方後方積石塚、四隅突出積石塚と日本列島の古墳との関係」とまとめられた部分にあたる。

実はこの⑥番こそ一堂に会した場合、最も議論したいテーマだったのではないかと思えるのであるが、ディスカッションからこの部分をはずし、かつこのシンポジウムではほとんど「古墳」の問題には立ち入らないで終了していた。

この本のあとがきに、古墳のことを取り上げなかった理由を「これまでの考古学の研究対象は、主として古墳が中心となってきたが、古墳は、いわば死後の世界であり、生活世界とは次元を異にしているから」という妙に不明確な言い訳を述べている。

このシンポジウムの冒頭には「東アジア全域のなかの極東に位置する日本というものを充分視野に入れて研究を進めるべきでありまして」とあった。そして、「古代史シンポジウム」との標題であり、かつパネラーも古墳の部分に力を入れていた様子が見られ、最も議論したい重要なテーマが「古墳」だったとも思える。ところがそのことが敢えて回避された状況だったわけである。シンポジウム冒頭の「東アジア全域のなかの極東に位置する日本というものを充分視野に入れて研究を進めるべきでありまして」という表現を改めて反芻してみると、妙に戦前を思わせる発言のように見えてきてしまう。

同じ頃、朝鮮半島の前方後円墳そのものが対象になって議論される論文が掲載された本の出版もあったのでそのことにも触れておきたい。『前方後円墳と古代日朝関係』(朝鮮学会、二〇〇二年、同成社)がそれである。

こちらは朝鮮学会創立五〇周年を記念したシンポジウムでの立論をもとに編集された本で、テーマが明確であったことによって、この場合は前方後円墳という古墳そのものが論議の対象となっていて、かなりつっこんだ意見の集約になっている。

韓国における「前方後円墳」問題は、いまや古代の日朝関係のみならず、東アジアの国際環境を解明するうえで重要な課題となっている。朝鮮古代史の問題であり、同時に日本古代史の問題でもある。

これはこの本の「あとがき」にある表現だが、とかく戦後といわれてからここまで、なぜなのか年数が重なるごとに、逆に日本側の歴史学の方向は戦前への回帰思考が強くなっているように思え、そして、ますます「古墳はわが国独自の文化」という論調のなかに、ヤドカリが殻のなかに逃げる姿のように、小さくとじこもろうとしている、そんな議論がここ二〇〇〇年代になって逆に多くなっているように思われる。まさに「古代史」は「現代史」なのである。

五　「専門家の混迷」と「素人の研究家」

戦前における戦争への道筋の中で、国民はどんな戦況の中におかれていても戦争に勝つことを信じさせられていたのだった。その背景には、政府による国民の思考を一定方向にコントロールする政策とも無関係ではなかった。

文部省は一九一九（大正九）年、「小学校令」の改正によって教科書を国定とし、「日本歴史」と呼ばれていた教科名を「国史」と改め、考古学の分野で確認されるような遺跡・遺物の検証、分析など、ありのままを語るための思考は排除された。

1　形態学に沈潜した古代学

それはなぜか。おそらく、神話で語りたい古代のイメージが遺跡・遺物などによって崩れてしまうから邪魔なものであり、そういった遺跡などにかかわる学問に関心を持つ者は「異端者」、「変人」または「国賊」扱いだった。いきおい「古い時代」の解明のための活動はほとんどの専門分野の学者が手控えた。そうした状況の中で、ありのままの古代を知るための橋掛かりとしては、素人の手探り状態での活動が実質上の成果を上げていた。言い方を変えればわが国の古代史分野での真摯な研究は、多くの部分がこうした素人の活動に支えられていたのである。

そのあたりを学者側からの証言で確認してみよう。

以下はある学者による述懐である。

個別的な現象の形態論的研究にとどまって記紀の盲信に根ざした古代史体系に踏み込まないかぎり、考古学は「研究の自由」を、ちょうど日蔭の雑草のように、保証された……。（『戦後日本の考古学の反省と課題』近藤義郎―『日本考古学の諸問題』考古学研究会十周年論文集―所収・一九六四年）

ここにある「記紀の盲信に根ざした古代史大系」とは「国史」を指すのだろう。その内容に踏み込まないように心がけながら「個別的な現象の形態論的研究にどまって」、そうした範囲の中で活動していた、というのである。「この土器の型と、こちらの土器の型は……に相異か認められる。」などというようなことを、述べていれば安心してそれなりの活動が、ゆるされていたというのである。

2　『日本書紀』の「暦」のこと

既に紹介してあるが、「第Ⅱ章　古文献を正しく読むために　一　誤った資料読解、二件〔『魏志倭人伝』・『日本書紀』〕の部分での「二」「視点1『日本書紀』に使われた暦のこと」に述べたものである。（118頁参照）

そこにあるとおり『日本書紀』の読みに関して重大な視点に気づいた小川清彦氏のことについて内田正男氏が『日本書紀暦日原典』（雄山閣出版、一九七八年）を出版するに際して、既に他界していた氏の立論の重大さを認めて、同書巻末に付録として活字印刷し、紹介したものである。

小川氏は『日本書紀』の読み方で重大な視点である「暦」の問題気づいた。それは戦時中のことで当時、「国史」以外は歴史はあり得ないという風潮の中で、氏は自分の意見を示す場も持てないまま研究の成果を自己のガリ版刷りで残して亡くなっていた、ということを紹介している。

小川氏は命を削るようにして克明に検討した自分の「暦」に対する論文が後世、評判になったことも、「『古天文・

暦日の研究』・小川清彦著作集」が世に出されたことも知っていない。ただ彼はその論文の一つ「日本書紀の暦日の正体」の松尾に、同時代のある学者が学問的真実を棄て、保身に走ったことに対して、社会的生活の上では、この方が彼のためにどれほど幸いであったか知れないのである。即ち彼は国粋主義者たる看板を傷つけずに済んだばっかりか、以前にも増して同じ主義者から重んぜられることになったからである。この点で彼は、敗戦前まで軍部の御先棒をかついで甘い汁を吸っていた一般の歴史学者・文献学者と軌を一にする利巧者だったとも言えよう。いつの時代でも世の中にはこの利巧者が多い。だが利巧者によって時代の文化が促進された例はかつて聞いたことがないのである。

3　旧石器捏造事件のこと

こちらの事例は素人の研究家の起こした事件のことである。この件についても、やはり既に一九二ページで触れている。それは前期・中期の旧石器時代とされた上高森遺跡発掘にかかわる捏造事件のことであって、こちらは捏造という事件を引き起こした人物の事例なのだが、この事例にしても、専門家である学者が真摯に研究を続けることに何等かの抵抗を感じていた時代があったというわが国独特の「古代史問題」の事情が、事の背後にはあったのであろうと思えるのだ。

この「捏造事件」は民間研究団体に属し、かつそこでの活動と成果が暗に認められてた人物がかかわっていた研究が、実は発掘者による捏造だった、という事件である。

旧石器時代のこの上高森遺跡発掘捏造事件は「平成」もだいぶ深まって騒がれた事件だった。その発掘とは、これまでわが国ではその存在が確認されていなかった前期・中期の旧石器時代だったが、その時代がわが国にもあったということを証明する石器を掘り出した、ということが話題性の中心だった。

そして、その発見はこの遺跡だけでなく、同類の発見が同氏によって、続いてなされていたことによって学者からも「神の手」とほめられ、センセーションを巻き起こしてもいた中で発覚した出来事だったのである。

これは、専門家がやりたくても出来なかった発掘確認を制約のなかった素人だから続けられたという活動であり、かつ、

「功績や名誉を得たい」という誘惑のもとで、陥りやすい事件でもあった。

そして、私は、これが「戦前」の話ではなく、二〇〇〇（平成一二）年一一月五日、毎日新聞朝刊でスクープされて分かったというできごとだった、という点である。

考古学の分野、とりわけ「旧石器時代」などが、なおこの「平成の世」にあっても「専門家」は本気で踏み込むことに躊躇する背景があったのだ。だからこその「素人」が手がけた活動であった。これは捏造者本人の生き様や、その研究のあり方を糾弾する以上に、言い方を変えれば、まさに「古代史の病理」、そのことを象徴的に示した事件だったと私は思っている。

終　章　歴史学の実際と世相への憂い

一　「古代史」への無関心の風潮

わが国は国民が自分の国の歴史に無関心なのではないか、そんな感じがしている。中でも「歴史」分野、とりわけ「古代史」の分野は一般的に関心が薄い。そんなふうに思われる。「古代史アレルギー」とでも言えばいいのだろうか。

その原因は戦前の「国史」が下地となって戦争への道に追い込まれていったというトラウマが、実は戦後すぐの国民意識から「歴史への関心」を奪う方へ向かわせることになったのではないか。

それは戦後すぐの焼け野原という状況の中で「歴史を考える」などという余裕もなかった、ということだけの理由ではなかったような気がする。為政者はその責任を逃れようとした。それが「学校教育」に反映されていったのであった。

戦前の、あまりにも極端に過ぎた「歴史教育」の反動のように、戦後は「歴史教育」に国家は腰を引き、一方、国民は「今さら古代史？」「千年や二千年も前のことはどうでもいいよ」等々、いやそうした意見を持つことさえ忘れたという「トータルした無関心さ」であった。その風潮は多分に小・中・高等学校などを通しての学校教育での「国の歴史」、とりわけ「古代史」に対する取り組みの薄さとなり、かつそれが「常態」となってきたという問題があり、「戦後」七十年を過ぎてもなお現在のわが国を覆っているのではないだろうか。

二　私の「古代史疑」へのきっかけ

三十歳を過ぎる頃改めて私は『平家物語』を読みながらそれまで関心の外にあった「文覚」という僧侶に出会ったことに始まったことは既に述べている。

この僧侶は、誤ってある女性をあやめてしまい、その罪を悔いて激しい修行の末に出家を遂げた。その修行の際に私淑していた空海ゆかりの地を巡るかのように日本の各地を巡った。そうした中で空海ゆかりの寺々のさびれ具合、さらに当時の京の状況等に世の末を感じ、憤りを覚え、新しい時代の到来の必要性をつよく思ったのだった。そのころ彼が注目したのが伊豆に配流されていた源頼朝という人物だった。

新しい時代の到来はこの頼朝に期待をかけることで可能になるであろうというビジョンのもと、頼朝に旗揚げすることを説得した。その結果鎌倉幕府創建という歴史上の流れを作り出したのであった。

ところが、俗名を遠藤盛遠といい出家後に文覚と名のったこの人物については明治に入って忽然と消えた。彼はそのエピソードとともに、『平家物語』（また『源平盛衰記』）が語り、そこに派生した説話的な文覚譚などが鎌倉時代、室町時代などを通して語られていたのである。そうした流れの一環に、とりわけ江戸時代になって歌舞伎で市川団十郎一門の演じる中心的演目に「荒事」と呼ばれた演目の代表として「文覚」は登場しそれは明治維新期にもなお常時演じられていた。ところが明治も二十年代を過ぎる頃から「文覚」なる人物は徐々に敬遠され、とうとう一九二二（大正十一）年、芥川龍之介による『袈裟と盛遠』が書かれたのをほぼ最後として、これ以降パタリと語られることはなくなっていった。

私は、その理由はなぜなのかを知りたくなって調べを進めると、思いがけずそれは皇国史観のもとで武家政権の始まりである「鎌倉幕府」というものが嫌われ、そうした風潮が高まる中で起きていた現象らしいことが分かってきた。その「鎌倉幕府」そして「鎌倉時代」への反発は昭和に入ってますます過激になった。そうなると時の潮流として頼朝も、「皇国の敵」として日本の歴史から消され兼ねない状況にさえなっていた。まして頼朝を教唆した「文覚」などは論外という扱いとなっていったのであった。

戦前という時代の潮流の中で消されていった歴史があったことはこの「文覚」や「鎌倉時代」だけではなかった。たとえば「関東地方や東北地方」の歴史も、文化も、風習も疎んじられる方向にあったことも、そのひとつであり、これまでも再三語ってきた「古墳」も実は同根の問題だったのである。

戦後の今になってもなお全く鎌倉幕府の形成された背景に関する研究は途絶えたままなのである。こう言うと、現在鎌倉は多くの観光客を集めてにぎわっている事実がある、と反論されそうであるが、じっくり振り返っていただきたい。『平家物語』（また『源平盛衰記』）は瀬戸内海に展開した源平合戦の部分だけがクローズアップされるだけで、「源氏の勝利で鎌倉幕府成立」という話として大筋は完結してしまっているのが現状である。

この件に限らず、東日本の古代史そのもの、あるいは古代以来、中世、近世、そして近代を含めて、とりわけ関東以北の日本歴史に果たした意味は、近代の歴史学に疎んじられたままなのである。

そして、こうした歴史学の極端な研究指向は今述べた「あづま・みちのく」に限らず、さらに日本全国に及んでいるとも言える。それはこれまで「日本歴史」の中心地として語られてきた畿内であってもクローズアップされ方の「明暗」は顕著な片寄りのもとにあるという事実も見えてきている。

これら「遅滞」した状況は「戦前」において意図的に停滞させてきた研究、という弊害によるものと私には思えてしまう。

三　「戦後七十年」という言葉――二〇一五（平成二七）年八月一四日「内閣総理大臣談話」から

この「戦後七〇年」という言葉がはやったのは二〇一五（平成二七）年八月一四日「内閣総理大臣談話」として語られた言葉の中にあった。

その談話は戦後七十年目となる終戦記念日の前日「戦後70年という大きな節目に当たって、先の大戦への道のり、戦後の歩み。そして20世紀という時代を振り返る」ことが目的、という談話で、これは、「21世紀構想懇談会を開いて、有識者の皆さんが熱のこもった議論を積み重ねた結果、一定の認識を共有できた。私はこの提言を歴史の声として受けとめたいと思います。そして、この提言の上に立って、歴史から教訓を酌み取り、今後の目指とすべき道を展望したいと思います。……政治は歴史に謙虚でなければなりません。政治的、外交的な意図によって歴史がゆがめられるようなことは決してあってはならない。このことも私（安倍晋三）の強い信念であります。」との前置きで始まったものだった。

その談話の展開を三つの段に分けてみると

1　先の大戦への道のり

2　戦後の歩み

3　20世紀を振り返り、今後進むべき道を考える」ということになる。

右の内容で「2　戦後の歩み」は「自らの行き詰まりを力によって打開しようとした過去」の反省のもと「いかなる武力の威嚇や行使も、国際紛争を解決する手段としては、もう二度と用いない、と誓った。」とある。一見、平和の堅持という言い方で美しいが、肝心な戦前に対する分析に関して「自らの行き詰まりを力によって打開しようとした過去」と述べるものの、その内容に関しては何も語られていない、という物足りなさが残ると思った。

この談話に「政治的、外交的な意図によって歴史がゆがめられるようなことは決してあってはならない」とある。このことは、過去にそういう事実があった、ということの確認なのであろうと考える。しかし、その具体的な内容はこの中には全くなかった。私は既に掲げてある第二次大戦終末における本土空襲の実態の表を再度ここに示したいのだ。

私は、現代日本の中に「自らの行き詰まり」状況を作り上げたそのおおもとに「国の歴史」とりわけ「古代史」の部分での問題があるように思われ、「戦後」の大事な部分はそれへの正しい分析と反省にあると考える。

しかし「……唯一の戦争被爆国として、核兵器の不拡散と究極の廃絶を目指し、この不動の方針を、これからも貫いて

戦時・空襲被害

全国戦災都市別被害状況表（昭和54年3月内閣総理大臣官房管理室による日本戦災遺族会への委託調査『全国戦災史実調査報告書』より・部分省略）　数字は消失戸数

北海道	旭川市	不詳
	室蘭市	1.141
	釧路市	1,006
	帯広市	47
	根室市	2.357
	本別町	392
青森県	青森市	17,849
岩手県	盛岡市	
	花巻市	不詳
	釜石市	4.121
宮城県	仙台市	11,120
	石巻市	不詳
	塩釜市	483
秋田県	秋田市	不詳
山形県	酒田市	不詳
福島県	郡山市	不詳
	いわき市	不詳
茨城県	水戸市	10,104
	日立市	14,750
	足利市	不詳
	真岡市	不詳
	田沼町	不詳
栃木県	宇都宮市	9,173
群馬県	前橋市	11,518
	高崎市	701
	桐生市	不詳
	伊勢崎	1,953
	太田市	382
埼玉県	川越市	不詳
	熊谷市	3,797
	川口市	不詳
千葉県	千葉市	8,904
	銚子市	5,142
	船橋市	不詳
	舘山市	不詳
	木更津市	不詳
	松戸市	不詳
東京都	23区	755,735
	八王子市	13,538
	立川市	817
神奈川県	横浜市	100,091
	川崎市	38,514
	平塚市	7,200
	藤沢市	不詳
	小田原市	不詳
新潟県	新潟市	不詳
	長岡市	9,339
富山県	富山市	2,249
福井県	福井市	22,847
	敦賀市	4,119
山梨県	甲府市	17,920
長野県	長野市	2
	上田市	0
岐阜県	岐阜市	20,427
	大垣市	4,976
静岡県	静岡市	24,459
	浜松市	34,000
	沼津市	27,444
	清水市	7,361
	磐田市	861
愛知県	名古屋市	13,498
	豊橋市	86,168
	岡崎市	7,543
	一宮市	10,468
	瀬戸市	22
	豊川市	不詳
三重県	津市	10,294
	四日市市	10,478
	伊勢市	4,518
	桑名市	7,131
	上野市	不詳
滋賀県	大津市	不詳
大阪府	大阪市	310,955
	堺市	18,446
	豊中市	2,000
	高槻市	不詳
兵庫県	神戸市	142,856
	姫路市	10,798
	尼崎市	11,951
	明石市	10,968
	西宮市	15,301
	芦屋市	3,054
	伊丹市	不詳
	相生市	不詳
和歌山県	和歌山市	27,853
	海南市	194
	有田市	740
	御坊市	122
	田辺市	199
	新宮市	701
	串本町	109
鳥取県	米子市	不詳
	境港市	不詳
岡山県	岡山市	不詳
広島県	呉市	23,589
	福山市	不詳
山口県	下関市	不詳
	宇部市	6,233
	山口市	不詳
	徳山市	4,622
	防府市	不詳
	下松市	不詳
	岩国市	886
	小野田市	12
	光市	900
徳島県	徳島市	不詳
香川県	高松市	16,355
愛媛県	松山市	14,300
	今治市	不詳
	宇和島市	7,252
	八幡浜市	不詳
	西条市	不詳
高知県	高知市	12,524
福岡県	北九州市	33,832
	福岡市	12,693
	大牟田市	11,082
	久留米市	4,506
長崎県	佐世保市	12,106
	島原市	不詳
	諫早市	不詳
	大村市	634
熊本県	熊本市	10,623
	荒尾市	723
	宇土市	不詳
大分県	大分市	2,358
	別府市	不詳
	中津市	不詳
	日田市	不詳
	佐伯市	不詳
宮崎県	宮崎市	2,397
	延岡市	3,765
	日南市	250
鹿児島県	鹿児島市	21,961
	川内市	2,042
	串木野市	2,328
	阿久根市	850
	出水市	不詳
	指宿市	不詳
	国分市	919
	西之表市	264
	垂水市	2,714
	貴入町	不詳
	山川町	570
	頴娃町	93
	知覧町	97
	東市来町	97
	東郷町	167
	姶良町	不詳

合計　2,189,440

まいります。」と結ぶものの、肝心の戦後における「国の歴史」に関する反省がどうだったかの中身はない。私には「戦後七十年を虚心に振り返る」そのことの本質的な意味をこの談話では「意図的に避けた」そんなふうに思えた。

「……終戦八十年、九十年、さらには百年に向けて……」と首相談話の末尾にある。

私自身、一九四二（昭和一七）年の生まれで、横浜での大空襲の中を逃げまどった経験はあったのだが、それは母親に背負われながらのものだった。ただ、一方、戦後の焼け野原のことや、いわゆる戦後の五年目、十年目、あるいは二十年目……と、日本そのものが復興し、経済成長していく様子はほとんど私自身の人生そのものと重なっているのである。しかし経済発展のその陰に……。なお「古代史の病理」は放置された。

ここ、私の手元に一冊の書籍《私の「戦後70年」》（岩波書店編集部編・岩波書店・二〇一五年刊）という本がある。その冒頭、編集部による「はじめに」に以下のような表現が見られる。

七〇年の歳月が経過した今日、戦争を体験した人たちが少なくなり、戦争体験の証言がますます貴重なものとなりつつあります。戦後の日本の歩みについて考えるにあたり、私たちはまず、戦前・戦中・戦後の日本を知っている人たちの声に改めて耳を傾けたいと考えました。

ここに収録されているのは一九四〇（昭和一五）年以前に生まれた四一人の方々の体験や意見である。そしてそれら全てが戦前の社会の、多くの不合理とそこに結びついてあった「戦争」という現象、このことについて体験をとおして語っている。

私も今、後期高齢者といわれる年齢になっており、「戦争体験」ということでは乏しいものではあるものの、主に「戦後の混乱期」を知る者として、何らかのメッセージを届けるべきではないか、という思いになっている。

私は二〇一五年という年に「総理大臣談話」にあった「戦後七十年」という言葉が飛び交ったことを思いつつ、この言葉の流行の陰に、国の代表者自身が表向き「平和の大切さ」を語りながら一方で意図的に「戦争への道の七十年」を語ることを避けていた思考の虚偽性が存在しているのではないかとさえ思えてしまう。「平和」を語るのは正論のはずなのだが、承知しながら戦争に至った原因を語らないままでの「平和論」は空虚であり、時には「欺瞞」とさえ思えるのである。

この七十年に、あと十年を加えたとき、つまり八十年になったとき、この「時間」は、明治維新から敗戦までの「時間」と重なることになる。

では、今から十年後にやってくるはずの「戦後八十年」とははたしてどんな結末を用意しているのだろう。

四　相似形不祥事、連鎖の深層

今日(こんにち)ただいまの日本を思う。

景気がいいんだからそっとしておけ、「言わぬが華」、そんな状態で二十年・三十年……五十年……と続いてきた「戦後」のわが国。その欺瞞性では立ち行かなくなって音を立てて崩壊し始めてきている、そういった状況の、まっただ中とも言えるのが「戦後七十年目」という一年だったのではないかという気がする。

日本人はきまじめで、優秀、という自己評価の中で「ついうっかり」ということも含めて、現在ただいま日本は崩壊の方向に突きすすんでいると言えるのではないか。

現代の「企業」「組織」の多くが、「言わぬが華」などの「指摘しない体質」と全く共通する、いや共通するというより、あらゆる欺瞞の「根源」こそ「古代史」が正せない「国」、そのものなのではないか、と私は思っている。

いうなら「日本」という国は戦後といわれた間ずっと、「虚」の体制の中で過ごしてきて、そのあまり、現在「危うさ」

は「飽和期」にさしかかっている。この飽和に気づかないこれ以降の十年であれば、わが国は「崩壊」に向かってゆくのではないか。

今この時が「崩壊」か「再生」かの岐路とも言える時代なのではないだろうか。「遅きに失した」感はあるが、まだ間に合う。「戦前」以来二度目の八十年が訪れようとしている。これから訪れる二度目の八十年が、再び「一億層玉砕」ということにならないように、私たちは心しなければならない。

私は昨今の社会現象の中に、民間の組織や会社、あるいは政府内部等々に目立ち始めたさまざまな不祥事の連鎖を見た。それらをマスコミ報道で追うにつけて、事の構造に虚偽・隠蔽・強権といった言葉や現象がパターン化してついていることが気になった。そのほとんどが相似形を呈しており、この類似した問題が多発する背後にその現象の「大本」とも言うべき問題がわが国には継続的に、かつ社会のいたるところに存在していたのではないかと感じた。

それはいわゆる「戦後」と呼ばれてきた約七十年間、時を重ねながらじっくり醸成され、その事態がたまりにたまって昨今飽和状況を呈して、表面化せざるを得なくなってきたという現象なのではないかと思うのである。そこに必要なのは「歴史」との真摯な対話であろう。

これを書いている昨今、またまた厚生労働省の「政府の基幹統計」、つまり政策推進のための基本になる統計のあり方に「不正」とそれを「隠蔽」し続けていたという、そのことが毎日のように新聞をにぎわせている、という事態が展開している。

あとがき

日本古代史に対して「問題」を提起したもう一冊の本をここに紹介しておきたい。それは、「ちくま学芸文庫」『日本史への挑戦──「関東学」の創造をめざして』である。この著者は森浩一氏と網野善彦氏二人であり、両氏が対談しながら内容を進めている。お二方は既に前後して物故しておられるが、森氏は考古学を専門とし、網野氏は日本歴史学で主に中世史を専門にしておられ、それぞれ、一般読者にわかりやすい表現で多くの示唆を与えてくださっていた著名な歴史学者である。

そのお二人の共著である本が以前から気にかかっていた。それというのもタイトルが『日本史への挑戦』であったこと、そして副題が「関東学」であり、かつその方面での学の「創造をめざして」とも表現しており、それは私自身がテーマとしてこれまでも多く取り上げていた「あづま・みちのく」にかかわる分野であることや、歴史学主流の世界から「放置されている」と思えていた問題について語り合い、現行の「定説・常識」への疑問・不満……に言い及んでいる、ということだったからであった。

さらにもう一点加えれば、専門家でありながら、その専門である歴史分野へ「戦いを挑んでいる」ということ、そしてそれがここでは主要テーマとなっており、歴史学者が「日本史」、あるいはその「日本史学界」そのものに「挑戦」すべき問題をもち、「学問的論文」の形式ではなく、一般的な著述の中で意思表示をしているというそのことに関心が向いたからである。

つまりこの『日本史への挑戦』という書籍の出版された当時、名の知れた現役の歴史学者であったお二人が、歴史部門で「学問として体をなしていない」部分があるという思いを持ち、それへの意思表示であり、歴史学の世界への挑戦なのであるということがこれによって見えたからである。

言い方を変えれば、この著作物の標題には現在の「日本史」という学問の分野には「発想の制限」といった状況があるということの指摘なのだろう。そしてその「限界」に対して「学問世界での公式論文」ではない一般書籍を通してアピールをしよう、という意志がこめられている、と私は思ったのである。

私はこのたび、自身「素人が何を言う」という声を聞く思いでこのたびの自著の執筆を進めていた。それはあまりにも著名な学者の説に対して「名指しして」「疑問点ありと思う」と言い及んでいる部分もあるからである。ただ、そこにはそれらの大学者に対し敬意を抱くことはあっても、あげつらう意図などは決してない。

同じ専門家同士では実際の名を具体的に出して「疑問」をぶつけることをしないのが紳士的、という傾向にあって、「大先輩に失礼である」、「慮りを持つべし」、あるいはさまざまに「忖度し、遠慮する」という感覚もあるらしい。

私は日頃から「素人だからできる」ということもある、そんなことを思っており、あえて議論を呼びたくて述べたものである。

たしかに一般概念的に見て「知識的、経験的な部分」でははるかに劣っているだろう後輩が、あるいは専門家でもない輩が、それら先人に口を挟むことは「失礼・身の程知らず」と思われてしまうことはあり得るだろう。しかし、学問分野ではそうした「道徳」に縛られている限り、その世界は停滞したままになる、そんな場合もあるのではないか。

私はこのたびの著述の中で森浩一氏と網野善彦氏のこの『日本史への挑戦』から引用・言及することは割愛したものの、気持ちとしてこれと重なる意図はあるようにも思っており、ひそみにならって、せめて「議論のきっかけを示したい……」、「問題提起を試みたい……」、そう思っていた。これがこのたび『日本古代史の病理』を世に問うた私自身の真意でもある。

ところで、彩流社の竹内淳夫氏は一九九一（平成三）年の「『みちのく伝承』——実方中将と清少納言の恋」の出版でお世話になって以来、いつもながら前向きに、私のつたない論に耳を傾けて下さって来た。

今日、私がここにあるのも二十八年間、十五冊にもおよぶ出版物を、ご容認下さった氏のお陰である。

このたびのこの本は、これまでお世話になり、発表してきた私の書籍全てに共通して述べてきたテーマだった「古代史への疑問」についての、私なりの集大成のつもりの著述である。

そして、竹内氏はこのたびもこうした私のわがままにおつきあい下さり、かつこの書籍の編集には自らが当たってくださった。

改めて巻末ながら竹内氏への謝辞としたい。

二〇一九年一二月吉日

相原精次

〔著者紹介〕
相原精次（あいはら・せいじ）
歴史作家
1942（昭和17）年横浜生まれ。
1965（昭和40）年國學院大学文学部卒業。
同年4月より奈良市にある私立中・高等学校に国語教師として赴任。5年間勤務後、横浜に戻る。
2003（平成15）年4月、神奈川県立高等学校を定年退職。執筆活動に専念。
〈主な著書〉
『文覚上人一代記』（青蛙房）、『かながわの滝』（神奈川新聞社）
『みちのく伝承・清少納言と実方中将の恋』、『文覚上人の軌跡——碌山美術館の「文覚」像をめぐって』、『鎌倉史の謎——隠蔽された開幕前史』、『図説「鎌倉史」発見——史跡・伝説探訪の小さな旅』、『「濃・飛」秘史 文覚上人と大威徳寺——鎌倉幕府創建への道』、『平城京への道——天平文化をつくった人々』、『古墳が語る古代史の「虚」——呪縛された歴史学』、『解析『日本書紀』——図版と口語訳による『書紀』への招待』（以上彩流社）
『神奈川の古墳散歩』、『関東古墳散歩——エリア別徹底ガイド』、『東北古墳探訪——東北六県＋新潟県 古代日本の文化伝播を再考する』、『千曲川古墳散歩——古墳文化の伝播をたどる』（以上共著・いずれも彩流社）他。

日本古代史（にほんこだいし）の「病理（びょうり）」——戦争体験（せんそうたいけん）を風化（ふうか）させる学界（がっかい）の風潮（ふうちょう）

2020年2月10日　初版発行　　定価は、カバーに表示してあります

著　者　相　原　精　次
発行者　河　野　和　憲

発行所　株式会社　彩　流　社
〒101-0051 東京都千代田区神田神保町3-10　大行ビル6F
TEL 03-3234-5931 FAX 03-3234-5932
ウェブサイト http://www.sairyusha.co.jp
E-mail sairyusha@sairyusha.co.jp

印刷　モリモト印刷㈱
製本　㈱難波製本
装幀　小林厚子

乱丁本・落丁本はお取り替えいたします。　ISBN 978-4-7791-26185 C0021